Praxis der Wirtschaftsinformatik – Inhalt

Web 3.0 & Semantic Web

- 2   **Cartoon**
- 3   **Editorial**
- 4   **Einwurf** von Michael Mörike
- 6   Ulrich Ultes-Nitsche
      Web 3.0 – wohin geht es mit dem World Wide Web?
      Grundlagen zum Social Semantic Web
- 13 Harald Sack
      Semantische Suche
      Theorie und Praxis am Beispiel der Videosuchmaschine yovisto.com
- 26 Ingo Bax, Christian Burtchen, Janos Moldvay, Michael Otto
      Social Tagging: Semantische Informationsverarbeitung am Beispiel der Profildaten des XING-Netzwerks
- 35 Gerold Schneider, Heinrich Zimmermann
      Text-Mining-Methoden im Semantic Web
- 47 Andreas Hotho, Dominik Benz, Folke Eisterlehner, Robert Jäschke, Beate Krause, Christoph Schmitz, Gerd Stumme
      Publikationsmanagement mit BibSonomy – ein Social-Bookmarking-System für Wissenschaftler
- 59 Christian Bizer, Christian Becker
      Semantische Mashups auf Basis des Linked Data Web
- 70 Stephan Gillmeier, Urs Hengartner, Sandro Pedrazzini
      Wie man mit der Wikipedia semantische Verfahren verbessern kann
- 81 Edy Portmann, Adrian Kuhn
      Extraktion und kartografische Visualisierung von Informationen aus Weblogs
- 115 **Glossar**

Weitere Fachthemen

- 91 Ute Steinecke, Walter Straub
      Unstrukturierte Daten im Business Intelligence – Vorgehen, Ergebnisse und Erfahrungen in der praktischen Umsetzung
- 102 Michael Reiss, Dirk Steffens
      Augmented und Blended Learning: Potenzial hybrider Lernumgebungen

Rubriken

- 117 **Notizen**
- 119 **Bücher**
- 125 **Vorschau**
- 127 **Stichwortverzeichnis**
- 128 **Impressum**

WIE DER YETI REINHOLD MESSNER FAND...

Editorial

Nova Spivack, CEO der Firma Radar Networks aus San Francisco, verbindet die Webentwicklung mit der Zeitachse: Web 1.0 (1990-2000), Web 2.0 (2000-2010), Web 3.0 (2010-2020), Web 4.0 (2020-2030) ... Somit liegen wir richtig, liebe Leserinnen und Leser, denn Sie halten das Heft HMD 271 über Web 3.0 gerade noch rechtzeitig in Ihren Händen ;-)))

Die HMD-Herausgeberschaft war sich bei der Planung des Heftes bezüglich des Inhalts einig, denn es sollten Themen wie semantische Suche, Social Tagging, semantische Mashups, Social Bookmarking etc. behandelt und diskutiert werden. Einzig der Titel war im Herausgebergremium umstritten: Einige plädierten für Web 3.0, andere für Semantic Web. Als eidgenössischer Kompromiss kam der Titel Web 3.0 & Semantic Web zustande.

Sind Sie nicht auch verwirrt und verunsichert durch die Häufung webbezogener Begriffe? Wenn ja, dann studieren Sie den Einführungsbeitrag von Ulrich Ultes-Nitsche über die Reise ins World Wide Web! Als Eselsbrücke hilft Ihnen eventuell die vielzitierte Gleichung Web 3.0 = Web 2.0 + Semantic Web oder die vereinfachte Formel Web 3.0 = Social Semantic Web. Übrigens: In Ihrer Handbibliothek steht ein früheres Heft, HMD 255, über Web 2.0.

Überlassen wir den Streit um Begriffe den Experten und konzentrieren wir uns auf die inhaltliche Diskussion des semantischen Web. Der Kern eines solchen Web ist die Möglichkeit, die Bedeutung der Multimediaobjekte und deren Beziehungen untereinander zu erfassen. Das Resultat einer Suche im semantischen Web wäre demnach nicht nur eine Auflistung aller Objekte, die den Suchbegriff enthalten, sondern auch eine Menge von Objekten, die thematisch in enger Beziehung miteinander stehen.

Die Grundidee einer semantischen Datenverarbeitung ist alt und wurde bereits in Forschungsprojekten des MIT (Semantic Information Processing, Marvin Minsky & Seymor Papert) oder bei der Nutzung des Computers für natürliche Sprachen an der Cambridge Language Research Unit (Semantic Networks, Richard H. Richens) in den Sechzigerjahren des letzten Jahrhunderts entwickelt. Das Spannende an unserer Zeit ist die Tatsache, dass das semantische Web existiert und bereits erste Früchte trägt. Um konkret zu bleiben: Studieren Sie den semantischen Tag-Graphen am Beispiel des XING-Netzwerkes, durchforsten Sie die technologische Themenlandschaft, generiert aus Weblog-Inhalten, oder klicken Sie sich aufs Social-Bookmarking-System BibSonomy! Diese und weitere spannende Entdeckungen machen Sie beim Studium der Beiträge im Themenschwerpunkt.

Liebe HMD-Leserinnen und -Leser, mit dem Schwerpunktheft Web 3.0 & Semantic Web erhalten Sie einen State-of-the-Art über die Entwicklungen des World Wide Web. Sie erfahren, dass neben sozialen Beziehungen semantische Aspekte ebenfalls miteinbezogen werden müssen. Neben Grundlagen erhalten Sie erste erfolgreiche Fallbeispiele und können damit die Chancen und Risiken dieses technologischen Fortschritts besser abwägen. Wir wünschen Ihnen einen guten Start ins Jahrzehnt des Web 3.0!

Urs Hengartner   Andreas Meier

PS: Urs Hengartner ist ein Experte auf dem Gebiet des Semantic Web und hat als Gastherausgeber das HMD-Heft 271 mitgestaltet.

Michael Mörike

Semantic Web 3.0

Ich glaub's nicht und würde es doch gerne noch erleben!

Da soll sich eine Maschine durchs Netz wühlen und die Seiten gemäß ihrer Bedeutung, ihrer Information, besser aber das Wissen finden, das ich meine? Woher soll die Maschine wissen, was ich meine? Meine ich, suche ich, was ich sage, was ich schreibe?

Schon vor 50 Jahren zu Beginn meiner Beschäftigung mit der IT – sorry, damals hieß das noch EDV – war von Elektronengehirnen die Rede. Bis heute ist mir keines begegnet, obwohl ich die Augen dafür extra weit geöffnet halte. Und nun versuche ich gesund und also hoffentlich lange zu leben, damit ich es möglichst noch mitbekomme. Schließlich ist es eine spannende Zeit – heute –, zu der sich die Informationsverarbeitung mehr und mehr unabhängig macht vom biologischen Leben – mithilfe des Menschen, der dies auch noch nützlich findet.

Was, wenn die Maschine dann anfängt, mir zu finden und zu zeigen, was ich wissen sollte, nicht was ich wissen wollte? Nun aber mal langsam und schön der Reihe nach!

Derzeit finden Crawler Webseiten nach den Wörtern, die in ihnen vorkommen. Aber auch wenn noch so geschickt mehrere Wortteile kombiniert werden, es sind und bleiben Zeichenketten, nach denen gesucht wird. Um die Bedeutung von Webseiten erfassen zu können, müssen die Wörter in eine spezielle normierte Sprache, in eine Ontologie, übersetzt werden. Damit werden ganze Netze von verbundenen Begriffen definiert. Diese Einbettung in eine Ontologie, in die Welt einer künstlichen Sprache, muss noch manuell geschehen und gibt doch nur eine bestimmte Sicht vor. Wann wird es automatisch funktionieren? Wann wird die Nachrichtenseite der ARD so dargestellt sein? In welcher Ontologie soll sie dargestellt werden? In der staatlich verordneten? Benötigen wir überhaupt eine Ontologie, die die ganze Wirklichkeit beschreibt? Benötigen wir wirklich eine neue künstliche Sprache?

Ich glaube nicht, dass uns eine technisch definierte Ontologie weiterhilft.

Jede Ontologie ist zunächst ein Ausschnitt aus der Welt. Möge es den Entwicklern des Semantic Web 3.0 mit Unterstützung der menschlichen Gemeinschaft gelingen, diesen Ausschnitt so groß zu machen, dass es die Welt im Internet beschreibt.

Hat sich die Mühe dann gelohnt? Ist es nicht doch ein Irrweg?

Unser Gehirn erfasst die Welt unscharf. Es abstrahiert aus episodischem Wissen das semantische; es funktioniert mit vagen Assoziationen und Fuzzylogik. Die Linguisten erforschen diesen natürlichen Weg zunächst etwas langsamer, aber vermutlich nachhaltig erfolgreicher als die Ontologie-Techniker. Vielleicht wird eine Kombination beider Disziplinen erfolgreich? Mit linguistischen Methoden können dann Websites automatisch und schrittweise auf immer bessere und umfassendere Ontologien gemappt werden?

Wissen ist episodisch erworben und handlungsorientiert; schließlich will ich es nutzen. Wissen steht daher in einem persönlichen Kontext. Dazu muss die Ontologie passen!

Ich friere, sagt die Frau, und ihr Mann steht auf und schließt das Fenster.
Ich friere noch, sagt die Frau, und er steht auf und holt ihren Pullover.
Ich friere immer noch, sagt die Frau, und er steht auf und bringt das Fieberthermometer.

Wissen ist handlungsorientiert. Eine Ontologie kann da nur eine grobe Basis dafür sein, auch wenn sie mithilfe von Millionen von Webnutzern schrittweise aufgebaut wird.

Ich glaube, auf Web 3.0 müssen wir noch etwas warten. Und das ist langfristig auch gut so!

Mit dem semantischen Web 3.0 wird es mir erleichtert, nach Informationen zu suchen. Es wird uns nützen, indem es unsere Lebensqualität steigert; es ist ohne Zweifel eine Form humaner Nutzung der IT. Eine semantische Suchmaschine für ein Web 3.0 macht das Internet humaner, indem es die Bedeutungszusammenhänge darstellt. Insofern wäre es besser, wenn wir nicht mehr lange warten müssten.

Wenn man dann im nächsten Schritt mithilfe von Wearable Computing einem mit dem Internet verbundenen Stück Silizium beibringt, das persönliche Umfeld (innerhalb der Sphäre der Privacy) mit aufzuzeichnen, die persönlichen Episoden mit zu erleben und daraus dann im Netz nach dem jeweils anstehenden, erforderlichen Wissen – passend zum persönlichen Umfeld – zu suchen, hat man es dem Menschen nochmals bequemer gemacht.

Wenn der Mann dann stirbt, kauft sich die Frau einen Roboter, der das Fenster schließt, den Pullover holt und das Fieberthermometer bringt.

Das wird dann überall auf der Welt gleich gemacht, denn die Wissensdatenbank dahinter ist das eine Internet, das Weltwissen, zusammengetragen von Menschen.

Dort steht auch, wie man diese Maschinen baut. Dann ist es nur noch ein kleiner Schritt, bis sich die Maschinen selbst bauen können. Sie werden die Wirtschaft so steuern, dass sie von Menschen gebaut werden, von den Knechten dieser einen Maschine, deren Gehirn das Internet ist, das die Menschen selbst aufgebaut haben. Die Menschen werden zu Knechten des Internets, der Weltwissensdatenbank, der im Internet gesammelten Informationen.

Wir Menschen basteln fleißig daran! Siehe die Arbeiten in diesem Heft.

Klar: Es ist noch ein weiter Weg dahin! Die Konstruktion des semantischen Web 3.0 ist nur ein weiterer Schritt von vielen in diese Richtung. Jeder Schritt bringt eine Verbesserung unserer Lebensqualität (semantisches Suchen, unterstützende Roboter, automatische Aufzeichnung unserer Erlebnisse, korrekte Deutung von gewünschter Hilfe etc.). Aber zum Schluss ist die Summe aller Verbesserungen unsere eigene Versklavung.

Ist nicht jede einzelne Verbesserung auch ein kleiner Schritt zur weiteren Versklavung? Sind wir nicht bereits abhängig vom Internet? Geht es noch ohne? Der Aufbau der Ontologie bindet viele Kräfte. Am Ende haben wir dem Internet seine Sprache erfunden, in der wir uns mit ihm unterhalten werden müssen. Geben wir dann unsere Sprache auf?

Klar: Es ist noch ein weiter Weg dahin! Ich werde es wohl nicht mehr erleben – zum Glück!

Es wird noch Jahrzehnte dauern. Aber was sind Jahrzehnte, gemessen an der Zeit, die die Natur gebraucht hat, um einem Lebewesen Lesen und Rechnen beizubringen? In unserem Zeitalter erschafft die Evolution mithilfe des Menschen ihr eigenes von der Biologie unabhängiges Hirn. Vielleicht dauert es noch ein paar Tausend Jahre, aber es steht ganz kurz bevor. Ich finde, wir leben in einer unheimlich spannenden Zeit!

Leider werde ich es nicht mehr erleben.

Dipl.-Physiker Michael Mörike
Vor dem Kreuzberg 28
72070 Tübingen
michael.moerike@gmx.de
www.moerike.net

Ulrich Ultes-Nitsche

Web 3.0 – wohin geht es mit dem World Wide Web?
Grundlagen zum Social Semantic Web

In diesem Übersichtsartikel stelle ich in groben Zügen das Web 3.0 und die um dieses Konzept existierenden Technologien vor. Er soll als Einleitung zu den in dieser Ausgabe vorliegenden Fachbeiträgen dienen. Vor allem Neulinge, die sich mit diesem Thema zum ersten Mal beschäftigen, sollen von dieser Einführung profitieren können. Natürlich hoffe ich, dass auch Web-3.0-Kenner ihre Vorstellungen und Ideen hier wiederfinden. Grob gesprochen beinhaltet das Web 3.0 die Möglichkeit, dass Webseiten die Bedeutung ihrer Inhalte in einer eindeutigen, maschineninterpretierbaren Form mitteilen können, woraus sich vielfältige Möglichkeiten für das automatische Auffinden von Inhalten und für die am Web angebotenen Dienste ergeben.

Inhaltsübersicht

1 Vom Web 2.0 zum Web 3.0
   1.1 Ein Beispiel
   1.2 Die Grundidee des Web 3.0
2 Die Struktur von Ressourcen im Web 3.0
   2.1 Ontologien
   2.2 Eine existierende Ontologiesprache: OWL
   2.3 Ressourcenbeschreibungen
   2.4 Ressourcenstruktur
3 Soziale Webanwendungen
   3.1 Wikis
   3.2 Collaborative Tagging
4 Probleme
   4.1 Sicherheit
   4.2 Vertrauen
5 Kritische Würdigung und persönliche Einschätzung
6 Literatur

1 Vom Web 2.0 zum Web 3.0

Hinter dem Schlagwort Web 3.0 versteckt sich vor allem die Idee eines mit Bedeutung (Semantik) angereicherten World Wide Web, das sogenannte Semantic Web. Das Web 2.0 lieferte uns bereits neue Möglichkeiten der sozialen Interaktion, sein Nachfolger, das Web 3.0, ermöglicht uns jetzt noch zusätzlich, nach dedizierten Inhalten maschinenunterstützt zu suchen, Inhalte in Relation zueinander zu setzen und Ähnliches. Hierzu müssen Webinhalte natürlich in geeigneter, d.h. maschineninterpretierbarer Form angeboten werden.

Webinhalte, die in maschinenlesbarer Form ihre Bedeutung »anbieten«, erlauben erst, die Idee von Webdiensten zu realisieren. Dies lässt sich vielleicht an einem Beispiel näher erläutern.

1.1 Ein Beispiel

Angenommen ich habe in einem Restaurant »Kaiserschmarren« gegessen. Ich weiß nicht genau, wie der zubereitet wird, möchte ihn aber gerne nachkochen. Im guten alten WWW hätte ich eine Suchmaschine bemüht, die mir zum Suchbegriff »Kaiserschmarren« Seiten von Restaurants geliefert hätte, die Kaiserschmarren auf der Speisekarte haben, vielleicht noch Firmen, die Kaiserschmarren tiefgekühlt anbieten, und ähnliche Seiten. Sicher wären auch Seiten mit Rezepten dabei gewesen, aber ich hätte in der Ergebnisliste der Suchmaschine selbst danach suchen müssen.

Im Web 2.0 wäre es vielleicht schon einfacher gewesen: Ich hätte ein soziales Forum aufgesucht, in dem sich Kaiserschmarrenliebhaber austauschen. Dort hätte ich mich über diverse Rezepte und Kniffe informieren können. Allerdings hätte ich auch hier erst einmal einen gewissen Suchaufwand betreiben müssen.

Die Vorgehensweise im Web 3.0 ist nun eine vollkommen andere: Der Web-3.0-Agent auf meinem Computer wird sich auf die Suche nach

Kaiserschmarrenrezepten machen. Infrage kommen nur Webseiten, die auch über sich sagen, dass sie Rezepte für Kaiserschmarren enthalten, und die meinem Agenten auch noch mitteilen, wie ihr Inhalt zu lesen ist, um daraus das Rezept zu extrahieren. Sollte mein Agent auch wissen, dass ich eine bestimmte Lebensmittelallergie habe, wird er nur Rezepte suchen, die bestimmte Inhaltsstoffe vermeiden. Kennt mein Web-3.0-Agent nicht alle Bestandteile des Rezepts, könnte er noch einen anderen Webdienst besuchen, der Informationen darüber liefert, welche Kochzutaten den Stoff enthalten, gegen den ich allergisch bin. Kennt der Web-3.0-Agent noch meine Vorlieben (z.B. wenig Rosinen, viel Zimt und einigermaßen viel Zucker), wird er ein geeignetes Rezept für mich finden. Weiß er darüber hinaus, welche Zutaten sich bereits in meiner Küche befinden, sucht er noch schnell nach einem Geschäft in meiner Nähe, das über das Web 3.0 mitteilt, dass es alle fehlenden Bestandteile des Rezeptes vorrätig hat, noch geöffnet ist und sogar innerhalb einer Stunde eine entsprechende Lieferung zu mir nach Hause machen kann. Er könnte dann sogar in meinem Namen die Bestellung aufgeben, wenn ich ihn entsprechend autorisiert habe.

1.2 Die Grundidee des Web 3.0

So weit die Vision des Web 3.0. Vieles existiert natürlich so noch nicht, aber viele Forscherteams arbeiten weltweit daran, dass diese Vision einmal Wirklichkeit werden könnte. Einer der bekanntesten Visionäre des Web 3.0 ist Sir Tim Berners-Lee, der »Vater« des WWW. Zusammen mit James Hendler und Ora Lassila hat er einen sehr empfehlenswerten Übersichtsartikel in *Scientific American* geschrieben [Berners-Lee et al. 2001]. Für ihn gilt die simple Gleichung in Abbildung 1.

$$\text{Web 2.0} + \text{Semantic Web} = \text{Web 3.0}$$

Abb. 1: Gleichung für Web 3.0 nach Tim Berners-Lee

Statt mittels intelligenter Texterkennung zu versuchen, Webinhalte von ihrer Bedeutung zu verstehen, setzt Web 3.0 auf eindeutige Beschreibungssprachen der Semantik der Webinhalte. Damit ist die einzige Voraussetzung dafür, Web-3.0-Inhalte auf ihre Bedeutung hin zu analysieren, die Fähigkeit, diese formalen Beschreibungssprachen interpretieren zu können. Somit handelt es sich beim Web 3.0 um keine Anwendung von künstlicher Intelligenz – und es ist daher auch nicht den Grenzen künstlicher Intelligenz unterworfen –, sondern um eine Anwendung formaler Beschreibungssprachen, mit denen sogenannte Ontologien beschrieben werden.

Im Folgenden werde ich die meiner Ansicht nach wesentlichen Aspekte des Web 3.0 darstellen: Ontologien und RDF, soziale Webanwendungen sowie die Sicherheitsproblematik. Die Auswahl ist subjektiv getroffen mit der Zielsetzung, einen Überblick zu geben, um die nachfolgenden Beiträge dieser Ausgabe gut einordnen zu können.

Interessierten Leserinnen und Lesern ist der lesenswerte wissenschaftliche Übersichtsartikel [Horrocks & Patel-Schneider 2003b] zum *Semantic Web* empfohlen.

2 Die Struktur von Ressourcen im Web 3.0

2.1 Ontologien

Letztendlich ist das Ziel von Web 3.0, neben den bereits in Web 2.0 existierenden sozialen Aspekten, maschinenlesbare Wissensrepräsentationen im Web zur Verfügung zu stellen. Diese Wissensrepräsentationen heißen Ontologien [Uschold & Gruninger 1996].

Ontologien haben eine fest vorgegebene Struktur, und ein Web-3.0-Agent, der das Wissen aus der Repräsentation extrahieren möchte, muss die Kenntnis haben, wie die Elemente dieser Struktur semantisch zu interpretieren sind. Neben individuellen Elementen enthalten Ontologien typischerweise auch Eigenschaften. Diese drücken in logischer Form ein Wissen über die Relation zwischen Elementen der Ontologie aus (dies sind typischerweise Einschränkungen über Wertekombinationen für die entsprechenden Elemente). Durch logische Ableitung lassen sich daraus aber auch andere Relationen entweder ableiten oder ausschließen. Ein gern verwendetes Beispiel zur Illustration dieses Sachverhalts ist das folgende: Angenommen wir haben eine Ontologie vorliegen, die Wissen über Personen darstellt. In dieser Ontologie gebe es verwandtschaftliche Relationen (z.B. über Eltern-Kind-Verhältnisse) sowie medizinisches Wissen (z.B. über Blutgruppen). Eine Eigenschaft wäre dann z.B. eine Aussage darüber, dass bestimmte Blutgruppenkombinationen eine Eltern-Kind-Beziehung zwischen Personen ausschließen (eine Person mit Blutgruppe 0 wird nie ein Elternteil mit Blutgruppe AB haben). Dies ist eine ausschließende Eigenschaft.

Eine oben angesprochene logische Ableitung wäre dann die Information, dass, wenn eine Eltern-Kind-Beziehung besteht und ein Elternteil Blutgruppe AB hat, das Kind nicht Blutgruppe 0 haben kann. Dies ist eine logische Ableitung, da die gegebene Eigenschaft zunächst etwas über mögliche Elternschaft in Abhängigkeit von Blutgruppen aussagt, wir aber, hieraus abgeleitet, eine Aussage über die mögliche Blutgruppe machen, abgeleitet aus einem Wissen über die Eltern-Kind-Beziehung.

2.2 Eine existierende Ontologiesprache: OWL

Die *Web Ontology Language* (OWL, nicht WOL) [W3C 2004] ist die wichtigste existierende Sprache zur Beschreibung von Ontologien. OWL wurde aus der Vorläufersprache DAML+OIL abgeleitet. Neben einer selbstverständlich eindeutigen Syntax hat OWL eine eindeutige Semantik; eine Eigenschaft, die ihre Vorgängersprachen nicht besaßen. OWLs eindeutige Semantik leitet sich aus der Äquivalenz von OWL zur Beschreibungslogik ab [Horrocks & Patel-Schneider 2003a].

OWL besteht aus:
- Klassen (benutzerdefinierte Klassen, die der Ontologie eine Struktur geben; Unterklassendefinitionen sind zulässig; z.B. eine Klasse Rezept mit der Unterklasse Kaiserschmarrenrezept),
- Instanzen (konkrete Ausprägungen von Klassen im Sinne der Objektorientierung; z.B. ein konkretes Kaiserschmarrenrezept),
- Eigenschaften (Relationen in Form logischer Prädikate zwischen Klassen, Instanzen und gegebenenfalls Datentypen; die Eigenschaft *Autor* könnte z.B. ein konkretes Rezept mit einer Person in Verbindung setzen) und
- Operationen (mengentheoretische Operation auf Klassen, die allgemein als Menge ihrer individuellen Ausprägungen (Instanzen) angesehen werden; z.B. könnte die Vereinigung von Kaiserschmarrenrezepten, Pfannkuchenrezepten usw. eine Rezeptinstanz Mehlspeisenrezepte liefern).

Ein Beispiel für eine konkrete OWL-Anwendung ist *GoodRelations*, eine Ontologie für kommerzielle Webangebote [Hepp 2008]. *GoodRelations* enthält ein reichhaltiges Vokabular, um alle notwendigen Elemente und Beziehungen in kommerziellen Webangeboten zu beschreiben. Beispielsweise gibt es ein Teilvokabular zur Preisbeschreibung, das neben dem eigentlichen Preis auch darüber Informationen liefert, welche Bezahlmöglichkeiten es gibt, wann der Preis gültig ist, ob aus der Zahlung Garantieansprüche erwachsen und Ähnliches.

2.3 Ressourcenbeschreibungen

Wie im vorherigen Abschnitt bereits angesprochen, tauchen in Ontologien Daten bestimmter Typen auf. Um eine geeignete Datendurchlässigkeit zu gewährleisten, braucht es im Web 3.0 Datenaustauschformate. Hierzu dient das RDF (*Resource Description Framework*; www.w3.org/RDF). Daten müssen eindeutig, d.h. maschineninterpretierbar, dargestellt werden. RDF gewährleistet dies. RDF ist eine Datenmodellierungssprache ähnlich *Entity-Relationship*-Diagrammen. RDF ist XML-basiert (mit einer grafischen Interpretation). RDF Schema (RDFS) ist hierzu ein Mechanismus, die Syntax und einfache semantische Anforderungen an RDF-Dokumente auszudrücken, so wie XML Schemas für XML-Dokumente verwendet werden.

2.4 Ressourcenstruktur

Aus dem bisher Gesagten ergibt sich die in Abbildung 2 dargestellte Struktur für Web-3.0-Ressourcen.

Hierin ist SPARQL (SPARQL Protocol and RDF Query Language) die Schnittstelle zu den Anwendungen, die auf die Ressource zugreifen möchten [W3C 2008].

3 Soziale Webanwendungen

Wie in der Einleitung bereits erwähnt, lässt sich das Web 3.0 verkürzt als Web 2.0 + Semantic Web definieren. Was wir bisher vom Web 3.0 gesehen und besprochen haben, waren Aspekte des Semantic Web. Was noch fehlt, ist ein Hinweis auf ein paar der bereits im Web 2.0 existierenden sozialen Webanwendungen [Governor et al. 2009].

3.1 Wikis

Ein *Wiki* ist ein kollektiv editierbares Dokument, das häufig zusätzlich mit Foren und ähnlichen Kommunikationsmitteln ausgestattet ist. In Wikis können Informationen von vielen Nutzerinnen und Nutzern gemeinsam erstellt und aktuell gehalten werden. Eines der prominentesten Beispiele für Wikis ist die Wiki-basierte Web-Enzyklopädie Wikipedia (*www.wikipedia.org*). Ein solches Wiki wird auch *syntaktisches Wiki* genannt.

Moderne Wikis erlauben es zusätzlich, ihren Inhalt in maschinenlesbarer Form zu kommunizieren. Diese Wikis heißen *semantische Wikis*. Hierbei muss von vornherein definiert sein, wie das im Wiki vorhandene Wissen nach außen repräsentiert wird: Zusätzlich zum Standardtext im Wiki muss es maschinenlesbare Elemente geben, die einer formalen Sprache folgen und damit eindeutig maschinell interpretierbar werden.

In Abbildung 3 sieht man die zu Anfang erwähnte Gleichung Web 3.0 = Web 2.0 + Semantic Web besonders schön. Die Web-2.0-Anwendung Wiki wird um semantische Elemente erweitert und wird damit zu einer Web-3.0-Anwendung, die gegenüber ihrer Web-2.0-Schwester zusätzlich das Feature der Maschinenlesbarkeit der enthaltenen Informationen besitzt. Eine solche Erweiterung stellt natürlich auch Anforderungen an die Benutzer semantischer Wikis, die sich an die Regeln der formalen Beschreibungssprache halten müssen, um tatsächlich semantische Inhalte im Wiki zu erzeugen.

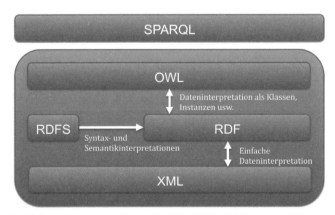

Abb. 2: Struktur für Web-3.0-Ressourcen

Abb. 3: Semantisches Wiki

3.2 Collaborative Tagging

Hinter dem Begriff *Collaborative Tagging* (auch *Social Tagging*, *Social Indexing* oder *Folksonomy* genannt) verbirgt sich die Idee, dass Nutzerinnen und Nutzer dieser Technologie Webinhalte mittels sogenannter *Tags* um Informationen in Form von Beschriftungen (Annotationen) ergänzen und dadurch Inhalte kategorisieren. Hierbei entstehen mehrfach annotierte Dokumente (z.B. durch die Nutzer Denise und Frank – vgl. Abb. 4).

Abb. 4: Collaborative Tagging

Collaborative Tagging ist auch ein interessantes sozialwissenschaftliches Forschungsthema, das sich mit kollaborativer Intelligenz beschäftigt sowie dem Entstehen von Wissensstrukturen aufgrund nicht moderierter Zusammenarbeit.

4 Probleme

4.1 Sicherheit

Das *Semantic Web* bietet unglücklicherweise einige Möglichkeiten zum Missbrauch. Da Ressourcen zumindest zum Teil von Maschinen gelesen werden, die daraufhin weitere Entscheidungen automatisiert treffen können, ist es notwendig, dass Ressourcen auch korrekte Informationen liefern. Wenn einem Nutzer bzw. einer Nutzerin bereits vertrauenswürdige Ressourcen bekannt sind, muss unter anderem sichergestellt sein, dass ein Ressourcenzugriff auch tatsächlich bei der entsprechenden Ressource landet und nicht nur bei einer scheinbar identischen Kopie, die bewusst falsche Informationen liefert. Um dies zu gewährleisten, müssen kryptografische Verfahren eingesetzt werden, die die Authentizität der Ressourcen garantieren. Falls die Kommunikation mit der Ressource vertraulich stattfinden soll, braucht es ebenfalls Kryptografie.

Allerdings reicht Kryptografie alleine nicht aus. Sie schützt z.B. nicht gegen zwar bekannte Ressourcen, die sich jedoch bösartig verhalten. Web 3.0 ist daher eine Anwendung, die das Konzept des Vertrauens benötigt.

4.2 Vertrauen

Im Bereich der Informationssicherheit gibt es für Anwendungen wie das Web 3.0 seit einiger Zeit die Bestrebung, das soziale Konzept des Vertrauens auf die Kommunikation zwischen Maschinen zu übertragen. Bereits im Kontext von sicherer E-Mail-Kommunikation sind in den 1980er-Jahren Vertrauenskonzepte eingeführt worden (z.B. in PGP (Pretty Good Privacy) [Zimmermann 1995]). Zur Bildung von Vertrauen (im Kontext technischer Systeme) gibt es folgende Möglichkeiten:

Um Vertrauen aufzubauen, muss es eine Historie von Interaktionen der beteiligten Systeme geben, die von den Systemen gespeichert wird. Haben sich die Systeme über einen längeren Zeitraum korrekt verhalten, wird das Vertrauen in diese Systeme steigen. Außerdem werden Empfehlungsstrukturen verwendet, um Vertrauen aufzubauen (empfiehlt ein für mich vertrauenswürdiges System ein anderes System als vertrauenswürdig, dann werde ich bereits zu Anfang ein höheres Vertrauen in dieses mir unbekannte System haben, als wenn ich eine erste Interaktion mit einem unbekannten System durchführe). Letztendlich wird aus historischen Interaktionen und Empfehlungen ein numerischer Wert berechnet, der das Vertrauen relativ zu einer Vertrauensskala festlegt. Ob ein System mit einem anderen interagieren wird, hängt dann davon ab, ob der Vertrauenswert über einem vom System festgelegten Schwellwert liegt. Weiterhin helfen *Blacklists*, nicht vertrauenswürdige Systeme zu publizieren.

5 Kritische Würdigung und persönliche Einschätzung

In diesem Artikel habe ich kurz ein paar wesentliche Aspekte des Web 3.0 übersichtsartig vorgestellt: Die semantischen Eigenschaften des *Semantic Web* werden mit den sozialen Aspekten des Web 2.0 kombiniert. Damit ist das Web 3.0 eine echte Weiterentwicklung des Web 2.0.

Das Web 3.0 bietet sicher viele Möglichkeiten. Gleichwohl stellt es aufgrund seiner inhärenten Komplexität eine große Herausforderung dar. Sehr viele Teilsysteme müssen in konsistenter Weise miteinander interagieren, um die verschiedenen Aspekte des Web 3.0 zu realisieren. Die am häufigsten anzutreffende Kritik ist daher, dass das Web 3.0 zwar eine sehr schöne Wunschliste von zu realisierenden Komponenten darstellt, diese aber aufgrund der ungeheuren Komplexität des notwendigen Zusammenspiels nie zu den im Web 3.0 angestrebten Resultaten führen werden.

Dieser Kritik schließe ich mich zum Teil an, da ich auch nicht glaube, dass das Web 3.0, so wie stellenweise propagiert, in seinem vollen Umfang kommen wird (genau aus den genannten Komplexitätsüberlegungen). Dennoch ergeben sich aus der Forschung am Web 3.0 sehr viele interessante Ideen und Überlegungen, von denen wir zukünftig sicher profitieren werden (z.B. wie Computer grundsätzlich das, was sie können, in maschinenlesbarer Form vermitteln).

6 Literatur

[Berners-Lee et al. 2001] *Berners-Lee, T.; Hendler, J.; Lassila, O.:* The Semantic Web. In: Scientific American Magazine, Mai 2001, *www.scientificamerican.com/article.cfm?id=the-semantic-web*; Zugriff am 22.11.2009.

[Governor et al. 2009] *Governor, J.; Hinchcliffe, D.; Nickull, D.:* Web 2.0 Architectures. O'Reilly, 2009.

[Hepp 2008] *Hepp, M.:* GoodRelations: An Ontology for Describing Products and Services Offers on the Web. In: Knowledge Engineering: Practice and Patterns, 16th International Conference EKAW 2008, Acitrezza, Italy, 2008, S. 332-347.

[Horrocks & Patel-Schneider 2003a] *Horrocks, I.; Patel-Schneider, P. F.:* Reducing OWL Entailment to Description Logic Satisfiability. In: 2nd International Semantic Web Conference (ISWC2003), Florida, USA, 2003, S. 17-29, *http://ect.bell-labs.com/who/pfps/publications/reducing-iswc.pdf*; Zugriff am 30.11.2009.

[Horrocks & Patel-Schneider 2003b] *Horrocks, I.; Patel-Schneider, P. F.:* Three Theses of Representation in the Semantic Web. In: The 12th International World Wide Web Conference (WWW2003), Budapest, Hungary, May 2003, S. 39-47, *http://ect.bell-labs.com/who/pfps/publications/representation-theses.pdf*; Zugriff am 01.12.2009.

[Uschold & Gruninger 1996] *Uschold, M.; Gruninger, M.:* Ontologies: Principles, Methods and Applications. In: Knowledge Engineering Review, 11(2), 1996, S. 93-155.

[W3C 2004] *World Wide Web Consortium*: OWL Web Ontology Language Reference. W3C Recommendation, 2004, *www.w3.org/TR/owl-ref*; Zugriff am 22.11.2009.

[W3C 2008] World Wide Web Consortium: SPARQL Query Language for RDF. W3C Recommendation, 2008, www.w3.org/TR/rdf-sparql-query; Zugriff am 01.12.2009.

[Zimmermann 1995] Zimmermann, P.: PGP Source Code and Internals. MIT Press, 1995. (Nicht mehr erhältlich; nützliche Informationen sind auf Phil Zimmermanns Homepage zu finden: www.philzimmermann.com/DE/background/index.html; Zugriff am 01.12.2009.)

Prof. Dr. Ulrich Ultes-Nitsche
Universität Fribourg
Departement für Informatik
Boulevard de Pérolles 90
CH-1700 Fribourg
uun@unifr.ch
www.unifr.ch

Herbert Kubicek, Steffen Brückner

**Businesspläne für
IT-basierte Geschäftsideen**

Betriebswirtschaftliche
Grundlagen anhand von Fallstudien

*2010, 320 Seiten, Festeinband
€ 39,00 (D)
ISBN 978-3-89864-639-0*

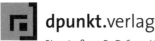 dpunkt.verlag

Ringstraße 19 B · D-69115 Heidelberg · fon: 06221/1483 40
fax: 06221/148399 · e-mail: bestellung@dpunkt.de · www.dpunkt.de

Harald Sack

Semantische Suche
Theorie und Praxis am Beispiel der Videosuchmaschine yovisto.com

Traditionelle Suchmaschinen stoßen im World Wide Web heute schnell an ihre Grenzen. Einerseits liefern Suchanfragen oft Listen mit Millionen von Ergebnisdokumenten zurück, sodass die Vollständigkeit des Suchergebnisses nicht mehr beurteilt werden kann. Andererseits finden sich darin zahlreiche nicht relevante Informationen, verursacht durch die Mehrdeutigkeiten, unterschiedlichen Kontext oder Pragmatik. Wünschenswert wären sowohl eine höhere Treffgenauigkeit und damit Qualität der erzielten Suchergebnisse sowie ein besserer Überblick über die Ergebnisse bzw. über den gesamten Suchraum. Abhilfe verspricht eine Suche, die sich am tatsächlichen Inhalt der durchsuchten Dokumente und dessen Bedeutung orientiert anstatt wie heute üblich am Vergleich von Zeichenketten, wobei Kontext und Pragmatik berücksichtigt werden müssen. Im Semantic Web wird die Bedeutung multimedialer Dokumente mithilfe geeigneter Wissensrepräsentationen explizit gemacht. Werden diese semantischen Annotationen in den Suchprozess integriert, eröffnen sich neue Möglichkeiten, die Qualität der erzielten Suchergebnisse zu verbessern und speziell an Benutzerbedürfnisse anzupassen. Inhaltliche Zusammenhänge zwischen einzelnen Dokumenten können explizit gemacht werden und erlauben über Klassifikationen und Kategorisierungen neue Wege der Visualisierung des Such- und Ergebnisraumes hin zu einer explorativen Suche, die es dem Benutzer gestattet, die Suchergebnisse und damit im Zusammenhang stehende Informationen zu erkunden. Diese neuen Möglichkeiten der semantischen Suche sollen am Beispiel der Videosuchmaschine yovisto.com dargestellt werden.

Inhaltsübersicht

1 Suchmaschinen im Vormarsch
2 Grenzen des traditionellen Information Retrieval im WWW
　2.1 Information Retrieval im WWW
　2.2 Probleme traditioneller WWW-Suchmaschinen
3 Semantische Suche
　3.1 Semantic Web, Linked Data und semantische Technologien
　3.2 Semantisch unterstütztes Information Retrieval mithilfe von Ontologien und Linked Data
4 yovisto.com – eine semantische, akademische Videosuchmaschine
　4.1 Inhaltsbasierte Videosuche in aufgezeichneten Lehrveranstaltungen
　4.2 Einsatz semantischer Technologien zur explorativen Videosuche in yovisto.com
5 Ausblick
6 Literatur

1 Suchmaschinen im Vormarsch

Am 13. März 2009 feierte das World Wide Web (WWW) am europäischen Kernforschungszentrum CERN seinen zwanzigsten Geburtstag. Der britische Physiker Sir Tim Berners-Lee, der als Vater des WWW gilt, lieferte im März 1989 mit seinem kurzen Memorandum »Information Management: A Proposal« [Berners-Lee 1989] das Startsignal für das weltumspannende, multimediale Informationssystem, dessen unglaublicher Erfolg sich aus seiner offenen Architektur herleitet. Dabei hält das rasante Wachstum des WWW ungebrochen an und schon lange ist es auf eine Größe angewachsen, die ohne automatisierte Hilfsmittel nicht bewältigt werden könnte. Suchmaschinen wie Google sind es, die mit ihren automatisierten Webcrawlern das WWW durchforsten, relevante Dokumente erfassen und auswerten und uns damit überhaupt erst den Zugriff auf die von uns benötigte Information ermöglichen. Im Juli 2008 vermeldete das Google Weblog, dass der Google Webcrawler mehr als eine Billion (10^{12}) Dokumente erfasst habe [Google 2008]. Diese Zahl betrifft dabei nur einen Teil der insgesamt über das WWW erreichbaren Dokumente und lässt zugriffsbeschränkte Informationen, die meisten dynamisch generierten Inhalte und die Informationsbestände der zahlreichen Intranets unberücksichtigt. Wären wir alleine auf handrecherchierte Webportale und Hyperlinkverknüpfungen angewiesen, keiner fände sich mehr im WWW zurecht.

So sind heute Suchmaschinen das probate Mittel zur Informationsrecherche im WWW. Doch die Vielzahl der Medien- und Dokumentenvarianten mit all ihren Mehrdeutigkeiten und ihrer Komplexität sowie die schiere Masse an vorhandenen Informationsressourcen führen traditionelle WWW-Suchmaschinen schnell an ihre Grenzen.

2 Grenzen des traditionellen Information Retrieval im WWW

2.1 Information Retrieval im WWW

Die grundlegende Aufgabe einer Suchmaschine besteht in der Ermittlung von Dokumenten, die bezogen auf eine Suchanfrage als relevant eingestuft werden. Dokumente und Informationsressourcen werden dazu indexiert, d.h. in eine abstrakte Repräsentationsform gebracht, in der eine Ähnlichkeitsbestimmung zwischen den durchsuchten Informationsressourcen und der Suchanfrage den Ausschlag für die anschließende Ergebnisauswahl liefert. Um die Qualität der erzielten Suchergebnisse abschätzen zu können, werden üblicherweise einfache statistische Maßzahlen zu Hilfe genommen, die angeben, wie genau (Precision) und wie vollständig (Recall) die erzielten Suchergebnisse sind.

Werden beim reinen Text Retrieval lediglich Sammlungen von Textdokumenten betrachtet, erweitert das multimediale Information Retrieval den Dokumentenbestand um Bild-, Audio- und Videodaten. Aus Textdokumenten lassen sich Deskriptoren (Metadaten) gewinnen, indem eine Untermenge der enthaltenen Terme ausgewählt wird. Dagegen ist die Ableitung inhaltlich aussagekräftiger Deskriptoren aus multimedialen Daten ohne Textanteile wesentlich schwieriger.

Low-Level-Deskriptoren lassen sich direkt aus statistischen Analysen der Multimediadaten gewinnen, wie z.B. Aussagen über die Farbverteilung eines Bildes, den Verlauf der Lautstärke einer Audiosequenz oder die Helligkeitsdifferenzen zweier aufeinanderfolgender Einzelbilder einer Videosequenz. Low-Level-Deskriptoren erlauben zunächst keine Aussagen über den Inhalt der betrachteten Daten. Sie eignen sich insbesondere für eine ähnlichkeitsbasierte Suche, bei der z.B. Bilddateien gefunden werden sollen, deren Inhalt nach visuellen Kriterien gemessen einem vorgegebenen Bild ähnlich sehen. High-Level-Deskriptoren dagegen besitzen ein höheres Abstraktionsniveau und repräsentieren nicht direkt visuelle oder auditive Parameter, sondern vielmehr deren inhaltliche Interpretation. Eine inhaltsbasierte Suche lässt sich in multimedialen Daten am besten über High-Level-Deskriptoren durchführen. Diese Metadaten können entweder manuell hinzugefügt oder mithilfe automatischer Analyseverfahren gewonnen werden.

Das WWW als verteiltes Hypermediasystem besteht aus miteinander über Hyperlinks vernetzten (multimedialen) Dokumenten. Suchmaschinen sammeln diese Dokumente mithilfe von Webcrawlern, die jedes erfasste WWW-Dokument auf darin enthaltene Hyperlinks untersuchen und diese weiterverfolgen. Die erfassten Dokumente durchlaufen dabei eine Prozesskette unterschiedlicher Analyseverfahren, an deren Ende für jedes Dokument eine Liste aussagefähiger Deskriptoren mit zugehöriger Relevanzgewichtung ermittelt wird, nach denen dann der gesamte Dokumentenbestand gezielt durchsucht werden kann. Die Vernetzung der WWW-Dokumente untereinander dient dabei als Indikator für die Relevanz der einzelnen Dokumente [Ribeiro-Neto & Baeza-Yates 1999; Brin & Page 1998].

Bilder, Audiodateien und insbesondere Videos bestimmen heute mehr und mehr das Erscheinungsbild des WWW. Dabei sind aktuelle Suchmaschinen bei der Suche in multimedialen Daten immer noch auf Textdaten angewiesen, die direkt über Analyseverfahren aus den Originaldaten gewonnen werden oder zusammen mit den Originaldaten abgespeichert vorliegen. Die automatische inhaltliche Analyse von multimedialen Dokumenten stößt heute schnell an ihre Grenzen. Noch immer ist das bild- und informationsverarbeitende System der menschlichen Wahrnehmung jeder automatisierten Analyse überlegen, insbesondere dann, wenn komplexe Transfer- und Abstraktionsleistungen notwendig werden. Daher werden die zur Informationssuche benötigten Metadaten heute meist noch manuell gewonnen.

2.2 Probleme traditioneller WWW-Suchmaschinen

Google als prominentester Vertreter der WWW-Suchmaschinen steht heute vielfach in der Kritik, da als Antwort auf eine Suchanfrage oft zu viele nicht relevante Ergebnisse präsentiert werden. Auf der anderen Seite kann heute kein Mensch mehr beurteilen, ob sich auch tatsächlich alle relevanten Ergebnisse in der Fülle der angebotenen Suchtreffer befinden. Verantwortlich dafür sind unter anderem sprachliche Mehrdeutigkeiten auf unterschiedlichen semantischen Abstraktionsebenen. Ein Wort selbst kann unterschiedliche Bedeutungen besitzen (Homonymie), so bezeichnet das Wort »Golf« sowohl eine Sportart, eine Automarke als auch einen Meeresarm. Eine klassische schlüsselwortbasierte Suche nach dem Begriff »Golf« resultiert in Ergebnisdokumenten, in denen das Wort »Golf« in unterschiedlichen Bedeutungen verwendet wird, von denen nicht alle der vom Benutzer intendierten Bedeutung entsprechen. Aber selbst wenn auf eine einheitliche Bedeutung geschlossen werden könnte, so kann ein Wort auch in unterschiedlichem Kontext und mit unterschiedlicher Absicht (Pragmatik) vom Autor des Dokuments verwendet worden sein, die mit den Absichten des suchenden Benutzers nicht übereinstimmen muss.

Ebenso können Dokumente mit synonymen Wörtern, die denselben Begriff mit anderen Worten beschreiben, über eine einfache schlüsselwortbasierte Suche nicht gefunden werden, da inhaltsrelevante Dokumente das eigentliche Suchwort nicht enthalten müssen. Neben solchen Synonymen können Begriffe auch mit Metaphern und anderen sprachlichen Ausdrucksmitteln umschrieben werden, ohne dass der inhaltlich damit bezeichnete Suchbegriff in einem an sich relevanten Dokument auftauchen muss. Daher liegt der Schluss nahe, dass vielmehr die inhaltliche Bedeutung (Semantik) eines Dokuments und nicht nur die darin verwendeten Zeichenketten im Vordergrund einer inhaltsbasierten Suche stehen müssen.

Das gängige Paradigma des Information Retrieval setzt unter anderem voraus, dass der Informationssuchende tatsächlich genau weiß, was er sucht. Ist dies jedoch nicht der Fall und möchte der Suchende lediglich einen Überblick über die vorhandenen Informationsressourcen zu einem bestimmten Themengebiet erlangen, wird dies im Falle der WWW-Suche nahezu unmöglich aufgrund der schieren Masse an Informationsressourcen im Suchraum. Eine mögliche Variante, zumindest einen besseren Überblick über die erzielten Suchergebnisse zu erhalten, bieten statistische oder auf maschinellem Lernen beruhende Clustering-Verfahren, die eine Sortierung und Filterung der erzielten Suchergebnisse nach weiteren, inhaltlichen Kriterien ermöglichen (facettierte Suche). Aber das Blättern im Katalog, gleich einem Bummel durch die Auslagen der Schaufenster einer Einkaufspassage, ist mit einer schlüsselwortbasierten WWW-Suchmaschine dennoch nicht möglich.

3 Semantische Suche

3.1 Semantic Web, Linked Data und semantische Technologien

Einen Ausweg aus dem Dilemma der Informationssuche im WWW verspricht die vor über zehn Jahren gestartete Initiative des *Semantic Web*. Tim Berners-Lee, der ursprüngliche Entwickler des WWW, kommentierte 1998 dessen bisherige Entwicklung kritisch. Das Web sei, so Berners-Lee, als gigantisches Informationsuniversum konzipiert gewesen, das nicht nur für die zwischenmenschliche Kommunikation geschaffen wurde, sondern den Menschen durch die aktive Teilnahme und Mitarbeit automatisierter und autonomer Computerprogramme unterstützen solle [Berners-Lee 1998]. Um dies zu erreichen, müssen die Inhalte der Informationsressourcen des WWW maschinell gelesen und korrekt interpretiert, d.h. verstanden werden. Während das klassische Information Retrieval zu diesem Zweck Analysetechniken aus der Linguistik und Statistik bemüht, um Rückschlüsse auf den Inhalt natürlichsprachlicher oder multimedialer Dokumente zu ziehen, d.h. die Bedeutung (Semantik) implizit aus der vorhandenen Information zu erschließen, beschreitet das Semantic Web einen grundsätzlich anderen Weg und setzt darauf, die Semantik der Information selbst explizit zu machen. Dazu müssen Informationsressourcen mithilfe semantischer Metadaten annotiert werden, die die Bedeutung der Inhalte selbst formalisieren und codieren, damit diese maschinell gelesen und korrekt interpretiert werden können.

Die Repräsentation der Semantik erfolgt mithilfe sogenannter »Ontologien«. Der Begriff Ontologie stammt aus der Philosophie und zählt zur Disziplin der Metaphysik, die sich primär mit dem Sein, dem Seienden als solchem und mit den fundamentalen Typen von Entitäten beschäftigt. Im Gegensatz zur Erkenntnistheorie (Epistemologie) beschreibt die Ontologie die Welt, wie sie tatsächlich ist und nicht, wie sie uns gefiltert durch unsere Sinnesorgane und durch unsere persönliche Erfahrung erscheint. In der Informatik reduziert sich der Ontologiebegriff auf eine rein technische Sichtweise und bezeichnet eine »*explizite, formale Spezifikation einer gemeinschaftlichen Konzeptualisierung*«, d.h. ein abstraktes Modell (Konzeptualisierung), das alle relevanten Begriffe innerhalb einer Domäne und deren Beziehungen untereinander abbildet, wobei die Bedeutung aller Begriffe vollständig definiert werden muss (explizit), und zwar in einer maschinenlesbaren Form (formal), und Konsens unter den kommunizierenden Parteien über die Bedeutung der Ontologie herrschen muss [Gruber 1993].

Einfache Beispiele für Ontologien aus unserem täglichen Leben sind z.B. Thesauri, also Wörterbücher, in denen inhaltliche Zusammenhänge zwischen einzelnen Begriffen aufgezeigt werden, wie z.B. Ober- und Unterbegriffe, Spezialisierungen und Verallgemeinerungen, Synonyme und assoziativ verknüpfte Begriffe. Zum Eintrag »Hose« wäre in einem Thesaurus die »Textilie« als Oberbegriff und die »Kniebundhose« als eine der vielen möglichen Spezialisierungen (Unterbegriff) angegeben. Die »Hose« ist ein Teil der »Kleidung« und besteht selbst aus verschiedenen Einzelteilen, wie »Hosenbund«, »Hosentasche«, »Gürtelschlaufen« usw. Als »Kleidungsstück« können weitere Begriffe, wie z.B. das »Bein«, die »Mode« oder der »Schneider«, mit der »Hose« assoziiert sein.

Neben Thesauri existieren einfachere Taxonomien und Partonomien, hierarchisch aufgebaute Wissensrepräsentationen, in denen Ober- und Unterbegriffe bzw. Teil-Ganzes-Beziehungen baumartig aufeinander aufbauen. Des Weiteren können an einzelne Begriffe Regeln oder Bedingungen geknüpft werden, deren Gültigkeit sich formal überprüfen lässt. So definiert die einfache Regel »Wenn A die Schwester von B ist und C die Tochter von A, dann ist B die Tante von C« eine Bedingung, die erfüllt sein muss, wenn zwischen zwei Entitäten die Beziehung »ist Tante von« definiert wird.

Im Semantic Web werden Ontologien mithilfe unterschiedlich ausdrucksstarker, formalsprachlicher Hilfsmittel realisiert, die hierarchisch in einer Schichtenarchitektur dargestellt werden können (siehe Abb. 1). Alle Ressourcen werden im Semantic Web mithilfe einer eindeutigen Adresse, eines Uniform Resource Identifier (URI), identifiziert. Alle zur Wissensrepräsentation verwendeten Sprachen bauen auf der Extensible Markup Language (XML) als Sprache zur universellen Vokabulardefinition auf. Mit ihr lassen sich Klassen (XML Schema Definition Language) und Instanzen dieser Klassen (XML) definieren. Einfache Zusammenhänge zwischen Objekten lassen sich mithilfe des darauf aufbauenden Resource Description Framework (RDF und RDF Schema) festlegen. Eine ausdrucksstärkere Semantik über weitere Einschränkungen oder zu erfüllende Bedingungen und Abhängigkeiten zwischen Klassen und Instanzen kann mit der Web Ontology Language (OWL) definiert werden. OWL selbst implementiert eine Beschreibungslogik (Description Logic), mit der eine formale Definition der im Semantic Web gebräuchlichen Wissensrepräsentationen erfolgt. Des Weiteren wird ein Austauschdatenformat für logische Regeln definiert (Rules Interchange Format, RIF). In der Schichtenarchitektur folgen dann weitere Abstraktionsebenen mit logikbasierten Systemen, die es erlauben, aus dem vorhandenen Wissen neue Schlussfolgerungen zu ziehen oder auch dessen Konsistenz zu prüfen. Die Plausibilität des repräsentierten Wissens lässt sich anhand der Herkunft (Provenienz) überprüfen (Web of Trust Layer). Den Abschluss der Semantic-Web-Architektur bildet eine Anwendungsschicht, die die Schnittstelle zwischen Benutzer und Semantic Web festlegt und gestaltet. Die Standardisierung der einzelnen Architekturebenen ist bislang bis zur Ontologieschicht vorgedrungen (Stand Nov. 2009), alles Darüberliegende ist, wie die Ontologieschicht selbst, noch Gegenstand der aktuellen Forschung. Das Semantic Web selbst ist als Ergänzung des bestehenden WWW zu sehen, dessen Ressourcen um eine formale Beschreibung ihrer inhaltlichen Bedeutung erweitert werden, damit diese maschinell gelesen und weiterverarbeitet werden kann [Berners-Lee et al. 2001].

Eine besondere Stellung innerhalb des Semantic Web nimmt aktuell der als *Linked Data* bezeichnete Bereich ein. Dahinter verbergen

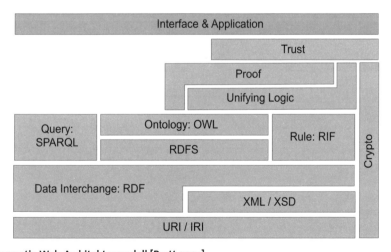

Abb. 1: Semantic-Web-Architekturmodell [Bratt 2007]

sich semantisch annotierte Daten, deren Grundlage strukturierte Datenbestände aus Datenbanken bilden, auf die bereits öffentlich über das WWW zugegriffen werden konnte. Zahlreiche Webportale und Websites basieren auf großen Datenbeständen, die mithilfe von Content-Management-Systemen und Datenbanken verwaltet werden. Allerdings sind diese Datenbanken jeweils unabhängig voneinander und zu unterschiedlichen Zwecken entwickelt worden. Die Semantik der darin befindlichen Daten wird lediglich implizit durch die darauf zugreifenden Programme implementiert. Ein Ziel des Semantic Web ist es jedoch, diese Semantik aus den Anwendungsprogrammen herauszuholen und mit in die Daten selbst zu integrieren, um so eine Unabhängigkeit dieser Daten von den jeweiligen Anwendungsprogrammen zu erreichen. Große Datenbestände strukturierter Daten werden als Linked Data in die semantische Markupsprache RDF überführt, damit sie interoperabel und unabhängig verwendet werden können. Damit lassen sich vormals nicht kompatible Datenbestände miteinander in Bezug setzen und gemeinsam in neuen Anwendungen nutzen. Die »DBpedia« [DBpedia 2009], das Linked-Data-Pendant zur Online-Enzyklopädie Wikipedia, mit der große Mengen frei verfügbaren Wissens im Semantic Web zur Verfügung gestellt werden [Bizer et al. 2008], bildet den Nukleus eines oft als »Linked Open Data Cloud« bezeichneten Netzwerks öffentlich verfügbarer Linked-Data-Ressourcen (siehe Abb. 2).

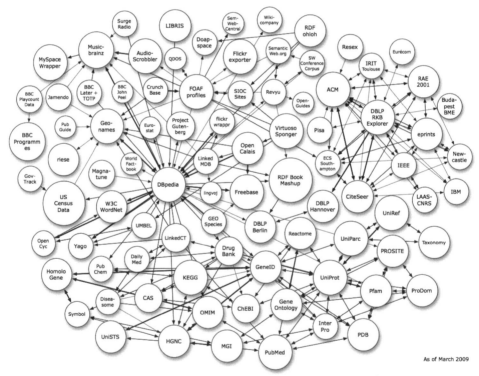

Abb. 2: Visualisierung der »Linked Open Data Cloud« im Semantic Web [LOD 2009]

3.2 Semantisch unterstütztes Information Retrieval mithilfe von Ontologien und Linked Data

Explizite formale Semantik kann in Form von Semantic-Web-kompatiblen Metadaten zur Verbesserung der Suche im WWW herangezogen werden. Dabei unterscheiden wir die Nutzung von Ontologien im Sinne von Klassen, Beziehungen zwischen Klassen sowie Einschränkungen, Bedingungen und Regeln, die an Klassen geknüpft sind, und die Nutzung einzelner Instanzen dieser Ontologien in der Form von Linked Data. Diese semantischen Metadaten können das klassische Information Retrieval auf die folgende Weise unterstützen:

- Sinnvolle und zielgerichtete Präzisierung und Erweiterung von Suchergebnissen (Query String Refinement)
- Herleitung von implizit vorhandener, verdeckter Information (Inference)
- Herstellung von Querverweisen und Assoziationen (Cross Referencing)
- Nutzung von semantischen Beziehungen zur Visualisierung und Navigation durch den Such- oder Ergebnisraum der Suche (explorative Suche)

Präzisierung und Erweiterung von Suchergebnissen (Query String Refinement)

Im traditionellen Information Retrieval lassen sich im Kontext einer Suchanfrage einzelne Terme der Sucheingabe (Query-String) mithilfe boolescher Junktoren verknüpfen. Werden zwei Terme mit einem logischen »UND« miteinander verknüpft, müssen beide Terme als Deskriptoren im Suchergebnis vorliegen, d.h., in einer textbasierten WWW-Suchmaschine müssen alle Ergebnisdokumente diese beiden Terme des Query-Strings enthalten. Das Ergebnis entspricht der Schnittmenge der beiden Ergebnismengen, die jeweils durch einen der beteiligten Terme ermittelt wurde. Durch das Hinzufügen weiterer Einzelterme und deren logischer UND-Verknüpfung lässt sich das Suchergebnis also weiter einschränken, d.h., mit den richtigen Termen kann so eine *Präzisierung* des ursprünglichen Suchergebnisses erreicht werden. Verknüpft man auf diese Weise den mehrdeutigen Term »Bank« mit dem Term »Finanzen«, werden die meisten Dokumente ausgefiltert, die den Term »Bank« in einer seiner anderen Bedeutungen beinhalten.

Verknüpft man hingegen mehrere einzelne Terme über eine logische ODER-Verknüpfung, werden die im Ergebnis gelieferten Dokumente einen der beiden Terme bzw. sogar beide Terme enthalten. Die resultierende Dokumentenmenge entspricht der Vereinigungsmenge der Ergebnismengen, die den jeweiligen Einzeltermen zugeordnet sind. Durch Hinzunahme weiterer Einzelterme und deren logischer ODER-Verknüpfung lässt sich dementsprechend eine *Erweiterung* des Suchergebnisses erreichen.

Die Frage ist jedoch, welche Terme sind jeweils zur Präzisierung bzw. Erweiterung der Sucheingabe am besten geeignet? Wird als Einzelterm-Sucheingabe ein mehrdeutiger Term gewählt, enthält das Suchergebnis voraussichtlich viele nicht relevante Dokumente. Um diesen mehrdeutigen Term zu präzisieren, kann man bereits mithilfe eines Thesaurus bzw. einer Taxonomie eine entsprechende Filterung der Suchergebnismenge erreichen. Für den mehrdeutigen Begriff »Golf« könnte so eine Präzisierung über die UND-Verknüpfung mit dem diskriminierenden Oberbegriff »Pkw« erfolgen. Dadurch werden nur noch Dokumente für das Ergebnis selektiert, die die Begriffe »Golf« und »Pkw« enthalten, und daher »Golf« im Sinne von »Pkw« konkretisieren. Die Wahrscheinlichkeit, dass sich Dokumente unter den Ergebnisdokumenten befinden, in denen der Begriff »Golf« im Sinne von »Meeresarm« oder »Sportart« verwendet wird, ist meist hinreichend gering. Ebenso können assoziierte Begriffe, wie z.B. »Straße« oder »Führerschein«, für eine Präzisierung eingesetzt werden. Diese können über einen Thesaurus oder eine Domain-Ontologie ermittelt werden, die den Begriff »Golf« im intendierten Sinne beinhaltet.

Eine semantische Suche kann in diesem Zusammenhang unterschiedliche Möglichkeiten der Präzisierung des gesuchten Begriffes vorschlagen oder die dazu ermittelten Suchergebnisse direkt in differenzierter Weise zur Darstellung bringen. Die konkrete Festlegung auf eine eindeutige Bedeutung erfolgt dann über die vom Benutzer durchgeführte Auswahl. In der gleichen Weise kann die semantische Suche eine Erweiterung des Suchergebnisses in unterschiedliche Bedeutungskontexte vorschlagen. Dies ist insbesondere dann von Vorteil, wenn sich unter den erzielten Suchergebnissen zu wenige bzw. keine für den Benutzer relevanten Ergebnisse befinden. In diesem Fall hilft eine gezielte Erweiterung des Suchraums durch die Beistellung synonymer oder bedeutungsähnlicher Begriffe aus einem Thesaurus oder einer geeigneten Domain-Ontologie. Um etwa die Suchphrase »Bank« zu erweitern, könnte man diese mit synonymen Termen, wie z.B. »Kreditanstalt« oder »Sparkasse«, mit assoziierten Termen, wie z.B. »Konto« oder »Kredit«, oder aber auch mit konkreten Ausprägungen (Instanzen) der Klasse »Bank«, wie z.B. »Raiffeisen« oder »Hypobank«, erweitern, um die Anzahl der erzielten relevanten Suchergebnisse zu erhöhen.

Herleitung von implizit vorhandener, verdeckter Information (Inference)

Durch die Ergänzung des ursprünglichen Query-Strings mit Termen, die aus relevanten Ontologien stammen, wird nicht nur eine zielgenauere Suche ermöglicht, sondern vielmehr auch eine assoziativ motivierte Suche, die anhand impliziter Zusammenhänge Naheliegendes erschließt und aufdeckt, und so dem Suchenden einen Einblick in vorhandene Informationen gewährt, die er über eine traditionelle Informationssuche nie gefunden hätte.

Prinzipiell unterscheidet man hier zwischen zwei unterschiedlichen Arten der Herleitung impliziter Information:

- Die häufigste Form ist dabei das *deduktive Reasoning*, bei dem aus explizit gespeicherten Fakten auf implizites Wissen geschlossen wird. Ist z.B. die Entität »Alice« eine Instanz der Klasse »Mutter« und die Klasse »Mutter« eine Unterklasse der Klasse »Frau«, kann daraus gefolgert werden, dass »Alice« ebenfalls eine »Frau« ist.
- Umgekehrt werden mithilfe von *induktivem Reasoning* aus vorhandenem Faktenwissen allgemeine Behauptungen aufgestellt. Sei z.B. die Entität »Alice« eine Instanz der Klasse »Frau« und sei »Alice« mit der Entität »Franz« über die Eigenschaft »hatKind« verbunden. »Barbara« sei ebenfalls eine Instanz der Klasse »Frau«, allerdings ohne eine Verbindung zu einer weiteren Instanz über die Eigenschaft »hatKind«. Dann kann eine neue Klasse »Mutter« aus dem positiven Beispiel »Alice« und dem negativen Beispiel »Barbara« gelernt werden. Mithilfe einer Beschreibungslogik könnte der Sachverhalt folgendermaßen ausgedrückt werden:

– Alice $\in$ Frau, hatKind(Alice, Franz), Barbara $\in$ Frau
– Mutter $\subseteq$ (Frau $\cap$ $\exists$ hatKind)

Herstellung von Querverweisen und Assoziationen (Cross Referencing)

Auf ähnliche Weise lassen sich Querverweise und Assoziationen zwischen Instanzen oder Klassen ermitteln. Dabei geht es prinzipiell darum, zusätzliche Suchergebnisse bereitzustellen, die zwar den Suchbegriff nicht direkt enthalten, aber mit diesem inhaltlich in Zusammenhang stehen. Grundlage ist dabei ebenfalls wieder eine Domain-Ontologie bzw. Thesauri oder auch Kookkurrenzanalysen in repräsentativen Dokumentenkorpora, mit deren Hilfe Zusammenhänge zwischen zwei Entitäten gefunden werden, die sich nicht auf den ersten Blick erschließen. Dabei wird versucht, zwei Instanzen einer gemeinsamen Klasse bzw. Oberklasse zuzuordnen. Anhand gemeinsamer Ausprägungen von Eigenschaften, die diesen Instanzen über ihre Klassenzugehörigkeit zugeordnet werden können, lassen sich implizite Zusammenhänge als Querverbindungen entdecken.

Wird z.B. nach dem Einzelterm »Hemingway« gesucht, muss zunächst erkannt werden, dass es sich dabei um den Namen eines bekannten US-amerikanischen Autors handelt (Instanzerkennung). Die konkrete Entität »Ernest Hemingway« kann z.B. über die Linked-Data-Ressource »DBpedia« einer Ontologie zugeordnet werden und gehört dort der Klasse »amerikanische Autoren« an. Wenn also bekannt ist, dass »Ernest Hemingway« ein »amerikanischer Autor« ist, können weitere Instanzen dieser Klasse bestimmt werden, wie z.B. »Edgar Allan Poe«, deren gemeinsame Klassenzugehörigkeit eine assoziative Verbindung zwischen diesen ausdrückt (siehe Abb. 3). Mit dem Namen dieser Instanzen, deren Herleitung implizit erfolgte, kann die Suchanfrage erweitert werden.

Explorative Suche als neues Suchparadigma

Aktuelle WWW-Suchmaschinen orientieren sich am klassischen Suchparadigma, d.h., um eine gesuchte Informationsressource zu finden, gibt der Benutzer in seiner Suchabfrage einen für die gesuchte Informationsressource charakteristischen Suchbegriff ein. Im Falle des textbasierten Information Retrieval werden Textdokumente zurückgeliefert, die den Suchbegriff tatsächlich enthalten. Der Benutzer geht also von der Annahme aus, dass die zu findenden Informationsressourcen den verwendeten Suchbegriff beinhalten. Der Benutzer muss also in etwa wissen, was er sucht.

Bei der Suche in einem Bibliothekskatalog sucht der Benutzer nach Autoren, Titeln, Verlagen oder Schlagworten. Entweder kennt der Benutzer den Namen des betreffenden Autors bzw. den Buchtitel, oder aber er versucht sich an einer thematischen Zuordnung des von ihm gesuchten Werkes und schlägt diese im Schlagwortkatalog nach, in dem den Informationsressourcen von autoritativer Stelle, d.h. vom Autor, dem Verleger oder dem Bibliothekar, Schlagwörter zugeordnet wurden. Da aber Benutzer und Schlagwortautor unterschiedlicher Auffassung über die treffende Zuordnung von Schlagwörtern sein können, ist diese Variante der Suche nicht immer zielführend.

Anders ist die Situation, wenn der Benutzer nicht genau weiß, was er sucht. Wenn er sich z.B. erst einmal einen Überblick über die zu einem Themengebiet vorhandenen Informationsressourcen bzw. über den gesamten Suchraum verschaffen möchte. Im WWW ist dies heute aufgrund der vorhandenen Dokumentenmenge unmöglich. In der Bibliothek dagegen hat der Benutzer die Möglichkeit, die Bücherregale selbst zu betrachten, in denen die vorhandenen Informationsressourcen entspre-

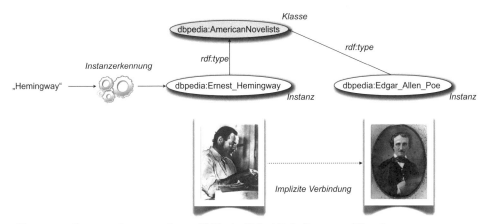

Abb. 3: Herstellung von Querverweisen mithilfe der Linked-Data-Ressource DBpedia (Fotos: wikipedia.org)

chend einer vorgegebenen Systematik eingeordnet wurden. So kann er innerhalb eines Themengebiets »herumstöbern« und dabei zufällig auf Bücher stoßen, die ihn interessieren, wobei er sich dessen zuvor gar nicht bewusst war. Diese Möglichkeit der »zufälligen und glücklichen Entdeckung« wird im Englischen als »*Serendipity*« bezeichnet. Es geht dabei also darum, neue Suchergebnisse zu entdecken, nach denen der Benutzer zunächst gar nicht gesucht hatte. Diese Art der zielgerichteten Erkundung des Suchraums ist uns aus unserem täglichen Leben vertraut und wird im Gegensatz zur zielgerichteten Suche als »explorative Suche« bezeichnet. Um eine *explorative Suche* zu realisieren, muss das Wissen um die Inhalte und Zusammenhänge der zu durchsuchenden Dokumente mithilfe geeigneter Domain-Ontologien und Linked-Data-Ressourcen repräsentiert werden.

Über thematisch passende Domain-Ontologien werden Klassenzugehörigkeiten und Beziehungen von Klassen untereinander repräsentiert, die sowohl zwischen den Instanzen als auch zwischen den Klassen explizite und implizite inhaltliche Verbindungen herstellen. Diese Verknüpfungen werden dazu genutzt, die traditionelle Informationssuche zu erweitern und Wege entlang dieser Verbindungen aufzuzeigen, mit deren Hilfe der vorhandene Suchraum zielgerichtet erkundet werden kann [Sack 2005]. So wird die Informationssuche selbst zu einem Sucherlebnis, angetrieben durch die Neugierde des Benutzers, die sie auf der anderen Seite aber auch zu beflügeln vermag.

4 yovisto.com – eine semantische, akademische Videosuchmaschine

Ein Beispiel für die im vorangegangenen Abschnitt beschriebene explorative Suche soll anhand der Videosuchmaschine yovisto.com aufgezeigt werden. Das in dieser Videosuchmaschine verwaltete Videomaterial beschränkt sich aktuell auf ca. 8.000 Aufzeichnungen universitärer Lehrveranstaltungen und wissenschaftlicher Vorträge, schwerpunktmäßig in deutscher und englischer Sprache.

4.1 Inhaltsbasierte Videosuche in aufgezeichneten Lehrveranstaltungen

Die Videosuchmaschine yovisto ermöglicht eine zielgenaue und inhaltsbasierte Suche in den verwalteten Videoressourcen. Dies wird durch eine komplexe, automatisierte inhaltliche Analyse der Videoaufzeichnungen mit daraus gewonnenen zeitbezogenen Metadaten erreicht. Die Videoanalyse umfasst dabei folgende Technologien:

- *Automatische Segmentierung:* Die Videoaufnahme wird in einzelne, inhaltlich kohärente Sequenzen unterteilt. Den einzelnen Sequenzen werden inhaltliche Metadaten zugeordnet.
- *Intelligente Schrifterkennung* (Intelligent Character Recognition, ICR): Zu jeder erkannten Bildsequenz werden repräsentative Einzelbilder (Key-Frames) bestimmt, die den Inhalt der Sequenz möglichst gut repräsentieren. Universitäre Vorlesungen und wissenschaftliche Vorträge werden heute meist von textbasierten Präsentationen (Folien, Desktop-Präsentation, Tafelanschrieb etc.) unterstützt, in denen die inhaltlich wichtigsten Punkte zusammengefasst werden. Diese Texte werden im Videobild identifiziert, mithilfe geeigneter Texterkennungsmethoden extrahiert und als Metadaten verwendet.
- *Audioanalyse:* Zusätzlich kann eine Spracherkennung (Automated Speech Recognition) verwendet werden, die eine (fehlerbehaftete) Transkription der gesprochenen Inhalte einer Sequenz erlaubt. Aufgrund der meist schlechten Aufnahmebedingungen (kein professionell ausgebildeter Sprecher, keine Studiobedingungen, Störgeräusche etc.) enthalten die erkannten Texte zahlreiche Fehler und sind qualitativ im Vergleich zu den mittels ICR erzielten Metadaten nebenrangig.

Zusätzlich erlaubt yovisto eine benutzergenerierte, zeitbasierte Verschlagwortung (Tagging) der Videoinhalte, die nicht autoritative zeitbezogene Metadaten für die Videosuche generiert. Bei der einfachen Videosuche wird auf eine Suchphrase hin der vorhandene Metadatenbestand durchsucht und dem Benutzer eine Auswahl relevanter Suchergebnisse präsentiert, die einen zielgenauen Zugriff auf die gewünschten Inhalte innerhalb der einzelnen Videos ermöglicht [Sack & Waitelonis 2006].

4.2 Einsatz semantischer Technologien zur explorativen Videosuche in yovisto.com

Zur qualitativen Verbesserung der Videosuche in yovisto.com wurde ein erster Prototyp zur explorativen Videosuche auf Basis semantischer Technologien implementiert [yovisto 2009]. Grundlage der semantischen Suche ist eine vorangegangene semantische Videoanalyse. Dabei werden aus den bereits vorhandenen textuellen Metadaten Schlüsselwörter ausgewählt, die einer Linked-Data-Entität zugeordnet werden können. Diese Abbildung wird automatisch vorgenommen und umfasst bislang noch keine Disambiguierung, sodass Homonyme mehreren Entitäten zugeordnet werden können. Eine Disambiguierung erfolgt entweder manuell durch einen Benutzer oder aber automatisch mithilfe einfacher statistischer Verfahren (Koreferenz- und Kontextanalyse, Clustering, Machine Learning). So können (textuelle) Schlüsselwörter mit strukturierten Daten und semantischen Wissensrepräsentationen ergänzt werden, die die Grundlage einer explorativen Suche bilden.

Zur explorativen Suche werden explizite und implizite inhaltliche Zusammenhänge einzelner Entitäten genutzt, d.h., zu den jeweils vorhandenen semantischen Metadaten einer Informationsressource werden weitere Metadaten bestimmt, die mit diesen inhaltlich zusammenhängen. Ist also z.B. ein Videosegment mit dem Schlüsselwort »Stephen King« annotiert, wird über eine Verknüpfung mit den DBpedia-Daten die DBpedia-Entität des US-amerikanischen Autors »Stephen King« bestimmt und mit dem Schlüsselwort verbunden. Über die enzyklopädischen Daten der DBpedia werden zusätzliche Informationen verknüpft, wie z.B. das literarische Genre des Autors (»Fantasy«, »Science Fiction«), sein Geburtsort (»United States«) oder auch andere verwandte Autoren (»Edgar Allan Poe«) sowie weitere assoziativ verbundene Entitäten (z.B. »Maine«, »Desperation«, »Author«, »Pseudonym«). Zusätzlich erfolgt ein automatischer Abgleich, ob zu diesen verknüpften Begriffen überhaupt Videosegmente in der zugrunde liegenden Datenbank vorhanden sind und wie viele Suchtreffer diesbezüglich erzielt werden können. Begriffe, zu denen keine Videosegmente gefunden werden können, werden sofort ausgefiltert.

Eine einfache explorative Navigationshilfe wird in Abbildung 4 dargestellt. Links neben der eigentlichen Trefferliste für den Suchbegriff »Stephen King« werden weiterführende Suchbegriffe und die dazu vorhandene Anzahl an Informationsressourcen angezeigt, für die ihrerseits durch Anklicken erneut eine Suche ausgelöst werden kann. Dabei werden qualifizierte Assoziationen, bei denen die Beziehung zwischen Suchbegriff und assoziiertem Begriff benannt werden kann, von unqualifizierten Assoziationen ohne Nennung der verknüpfenden Beziehung unterschieden. So werden die mit dem ursprünglichen Suchbegriff in Bezug stehenden Begriffe als Navigationselement verwendet, mit dem eine explorative Suche im vorhandenen Gesamtdatenbestand durchgeführt werden kann [Waitelonis & Sack 2009].

5 Ausblick

Die im vorangegangenen Abschnitt vorgestellte Implementation einer explorativen Suche befindet sich bislang noch in einem prototypischen Entwicklungszustand. Standardevaluationen des Information Retrieval folgen ebenfalls dem bereits beschriebenen Paradigma, dass der Benutzer weiß, wonach er sucht. Um einen quantitativen Nachweis zur verbesserten Suchqualität der explorativen Suche zu erbringen,

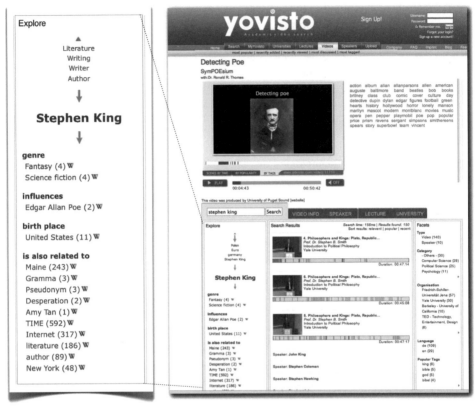

Abb. 4: Explorative Videosuche im semantischen yovisto-Prototyp mit dem Suchbegriff »Stephen King« und einer Detailvergrößerung des explorativen Navigationselements

werden zu diesem Zweck aktuell spezielle Evaluationsverfahren entwickelt.

Darüber hinaus wird aktuell an einer weiterführenden Nutzung der vorhandenen semantischen Metadaten gearbeitet, bei der die erkannten Assoziationen und Beziehungen auch im Rahmen eines Vorschlagmechanismus zur benutzerunterstützten Schlüsselwortvergabe (Suggested Tagging) und zur Disambiguierung verwendet werden. Die prototypische Implementierung bietet noch großes Potenzial zur Verbesserung der Auswahl tatsächlich relevanter inhaltlicher Zusammenhänge und ebenso in der grafischen Aufbereitung und Darstellung der Ergebnisse, die dem Benutzer das spielerische Erkunden und zufällige Entdecken interessanter Suchergebnisse ermöglichen soll.

Semantische Technologien erlauben zusätzlich die Realisierung intelligenter personalisierter Vorschlagsmechanismen (Recommender Systems). Über inhaltliche Zusammenhänge der vom Benutzer bereits ausgewählten Suchergebnisse können diese mit inhaltlich »ähnlichen« bzw. in Zusammenhang stehenden Ressourcen verknüpft und entsprechend dem persönlichen Informationsbedarf als neues Ergebnis vorgeschlagen werden. Derartige Techniken finden vor allem im Musikbereich bereits Anwendung. Interessant für den Benutzer ist aber nicht nur ein eventuell relevanter Vorschlag, sondern auch der Grund, warum ausgerechnet diese Ressource vorgeschlagen wurde. Die konzise Darstellung dieser oft komplexen Zusammenhänge (Story Telling) ist für den Benutzer hinsichtlich der Akzeptanz vorgeschlagener Suchergebnisse von besonderem Interesse.

Generell gewinnt die Suche in multimedialen Daten zunehmend an Bedeutung. Insbesondere mobile Endgeräte mit beschränkten Verarbeitungs- und Darstellungskapazitäten stellen dabei eine besondere Herausforderung dar, bei der neue Methoden der inhaltlichen Visualisierung von Einzelmedien bzw. von ganzen Suchergebnismengen auf engem Raum, aber in übersichtlicher und rasch aufzufassender Weise besonders wichtig sind.

6   Literatur

[Berners-Lee 1989] Berners-Lee, T.: Information Management – A Proposal, *www.w3.org/History/1989/proposal.html*; Zugriff am 28.11.2009.

[Berners-Lee 1998] *Berners-Lee, T.:* Semantic Web Roadmap, Sept 1998, *www.w3.org/DesignIssues/Semantic.html*; Zugriff am 30.11.2009.

[Berners-Lee et al. 2001] *Berners-Lee, T.; Hendler, J.; Lassila, O.:* The Semantic Web. In: Scientific American, 284 (5), 2001, S. 34-43.

[Bizer et al. 2008] *Bizer, C.; Heath, T.; Idehen, K.; Berners-Lee, T.:* Linked data on the web. In: Proceedings of the 17th International Conference on World Wide Web (WWW), ACM, 2008, S. 1265-1266.

[Bratt 2007] *Bratt, S.:* Semantic Web, and Other Technologies to Watch, slide 24, World Wide Web Consortium, 2007, *www.w3.org/2007/Talks/0130-sb-W3CTechSemWeb/#(24)*; Zugriff am 30.11.2009.

[Brin & Page 1998] *Brin, S.; Page, L.:* The anatomy of a large-scale hypertextual Web search engine. Computer Networks and ISDN Systems, 30 (1-7), 1998, S. 107-117.

[DBpedia 2009] DBpedia, *http://dbpedia.org/*; Zugriff am 30.11.2009.

[Google 2008] The Official Google Blog: We knew the Web was Big …, 25.7.2008, *http://googleblog.blogspot.com/2008/07/we-knew-web-was-big.html*; Zugriff am 30.11.2009.

[Gruber 1993] *Gruber, T. R.:* Toward Principles for the Design of Ontologies Used for Knowledge Sharing. In: International Journal Human-Computer Studies, 43(5-6), 1995, S. 907-928.

[LOD 2009] Linked Data – Connect Distributed Data across the Web, *http://linkeddata.org/*; Zugriff am 30.11.2009.

[Ribeiro-Neto & Baeza-Yates 1999] *Ribeiro-Neto, B.; Baeza-Yates, R.:* Modern Information Retrieval. ACM Press, Addison-Wesley, 1999.

[Sack 2005] *Sack, H.:* NPBibSearch: An Ontology Augmented Bibliographical Search. In: Proceedings of SWAP 2005, the 2nd Italian Semantic Web Workshop, Trento, Italy, December 14-16, 2005, CEUR Workshop Proceedings.

[Sack & Waitelonis 2006] *Sack, H.; Waitelonis, J.:* Integrating Social Tagging and Document Annotation for Content-Based Search in Multimedia Data. In: Proceedings of the 1st Semantic Authoring and Annotation Workshop (SAAW 2006), Athens (GA), USA, 2006.

[Waitelonis & Sack 2009] *Waitelonis, J.; Sack, H.:* Towards Exploratory Video Search by Using Linked Data. In: Proceedings of 2nd IEEE International Workshop on Data Semantics for Multimedia Systems and Applications (DSMSA 2009), December 14-16, 2009, San Diego, California, 2009, S. 540-545.

[yovisto 2009] Prototyp zur explorativen Suche in yovisto.com, *http://testing.yovisto.com/*; Zugriff am 30.11.2009.

Dr. Harald Sack
Hasso-Plattner-Institut für
Softwaresystementwicklung GmbH
Prof.-Dr.-Helmert-Str. 2-3
14482 Potsdam
harald.sack@hpi.uni-potsdam.de
www.hpi.uni-potsdam.de

Ingo Bax, Christian Burtchen, Janos Moldvay, Michael Otto

Social Tagging: Semantische Informationsverarbeitung am Beispiel der Profildaten des XING-Netzwerks

Social Tagging verbindet zwei der bedeutendsten Online-Entwicklungen: die Neuorganisation von Information im weitesten Sinne und die soziale Verbreitung und Verwendung derselben. Folksonomies sind integraler Bestandteil des Semantic Web und mithin auch ein Thema für soziale Netzwerke wie XING. XING ist der europäische Marktführer im Bereich Business-Networking und hat derzeit über 8,3 Millionen Nutzerprofile. Auf diesen finden sich reichhaltige, von Benutzern mit überwiegend freier Wortwahl eingegebene, beruflich relevante Informationen wie auch diverse Tags, die in den Kategorien »Interessen«, »Ich suche« und »Ich biete« vom Nutzer selbst auf dem Profil eingegeben werden.

In diesem Beitrag stellen wir eine Methode vor, die es erlaubt, mittels statistischer Analysemethoden aus den in den Nutzerprofilen von XING enthaltenen Tags Ontologien zu erzeugen, mittels derer universell einsetzbare semantische Vorschlagmechanismen gewonnen werden, die in verschiedenen Bereichen der Plattform eingesetzt werden können, um den Nutzern relevante Inhalte anzubieten.

Inhaltsübersicht

1 Definition und Bezugsrahmen
2 Materialisierte Sichten
  2.1 Extraktion der Deskriptoren
  2.2 Parallelisierung mittels MapReduce
3 Semantische Tag-Graphen
4 Tag-Empfehlungen
5 Evaluation
6 Ausblick
7 Literatur

1 Definition und Bezugsrahmen

Social Tagging verbindet zwei der bedeutendsten Entwicklungen der Onlinewelt: die Neuorganisation von Information und ihre sozial gesteuerte Verbreitung. Alle Vorgänge, bei denen online in einem Netzwerkkontext Informationen und Deskriptoren durch Benutzer vergeben werden, führen zum Entstehen von entsprechenden Folksonomies, wie die resultierenden Deskriptorenkataloge genannt werden. Die Vergabe von Hashtags bei Twitter, aus denen der Kurznachrichtendienst etwa die *trending topics* ermittelt, zählt ebenso dazu wie Social-Bookmarking-Dienste oder das kollaborative Markieren von Personen und Themen bei Facebook und Flickr.

XING, ein 2003 online gestartetes Business-Netzwerk mit weltweit mehr als acht Millionen Mitgliedern (Stand: 3. August 2009), bietet auf seiner Plattform Geschäftsleuten die Möglichkeit, sich und die eigene Arbeit zu präsentieren und mit Kollegen, Branchenvertretern oder Dienstleistern zu kommunizieren. Eine semantische Analyse der Daten, die durch die Mitglieder freiwillig für bessere Findbarkeit und effizienteres Netzwerk eingegeben werden, erlaubt es, den Benutzern einen echten Mehrwert zu bieten. Entscheidend für eine größere Nutzerzufriedenheit ist die Relevanz der Vorschläge, ob sie Jobangebote betreffen oder mögliche Bekannte, mit denen man auf der Plattform noch nicht verbunden ist.

Schlagwörter per Freitexteingabe vergeben, das können Benutzer auf ihrem Profil in den Textfeldern zu »Interessen«, »Ich suche«und »Ich biete« (vgl. Abb. 1). Hier entsteht aufgrund einer nicht wörterbuchgebundenen Verschlagwortung eine große, nutzergenerierte Tag-Da-

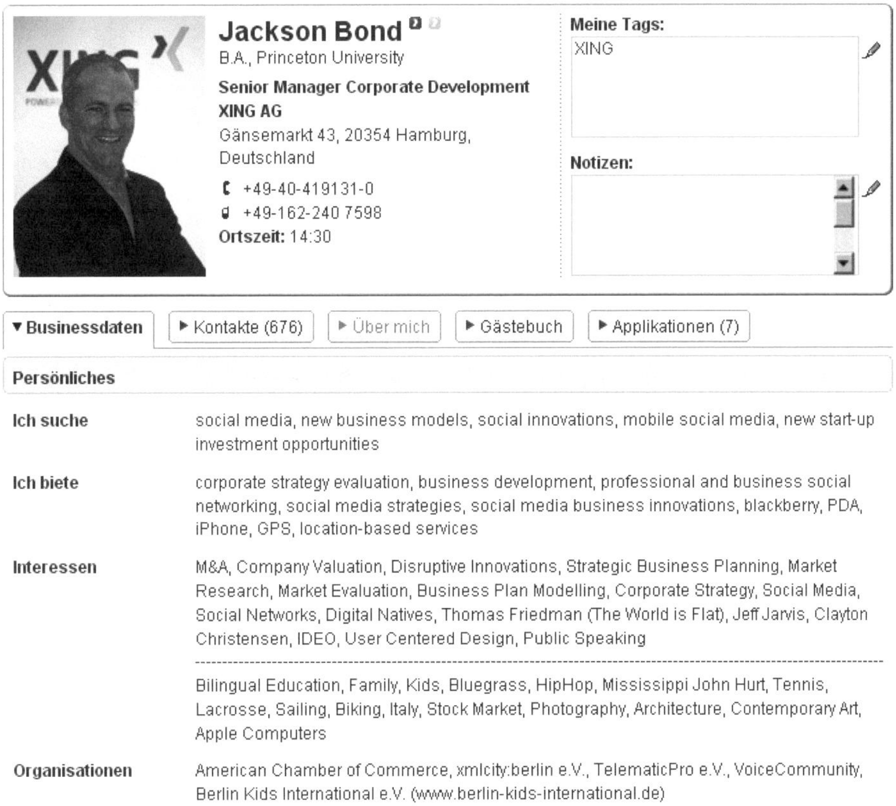

Social Tagging

Abb. 1: Tags in Freitextfeldern bei einem XING-Profil

tenbank. Diese Informationen stellen eine reichhaltige Datenbasis dar, mittels derer durch eine geeignete Vorverarbeitung, Aggregation und Indizierung eine Folksonomy [Mathes 2004] erzeugt werden kann.

Um daraus abseits einer Volltextsuche Mehrwert für die Mitglieder zu erzeugen, können aus den vergebenen Tags mithilfe statistischer Analysemethoden Ontologien gebildet werden. Dazu verwenden wir einen mehrstufigen Prozess, der die Extraktion von Deskriptoren aus den Nutzerprofilen beinhaltet, sowie eine Indizierung und Häufigkeitsanalyse der Deskriptoren (vgl. Abschnitt 2).

Auf dieser Basis wird schließlich ein semantischer Graph erzeugt, dessen Kanten durch die normalisierten Kookkurrenzen der Deskriptoren in den Nutzerprofilen gewichtet werden (vgl. Abschnitt 3).

Mithilfe des semantischen Graphen lassen sich verschiedene interessante Anwendungen realisieren, von denen wir eine in diesem Beitrag vorstellen möchten. Es handelt sich um einen semantischen Vorschlagsmechanismus, bei welchem dem Benutzer während der Deskriptoreneingabe Vorschläge für weitere Begriffe unterbreitet werden, die zu den bisher eingegebenen Termen in einer semantischen Ähnlichkeitsbeziehung stehen (vgl. Abschnitt 4). Mit solchen Vorschlägen erhöhen wir für das einzelne Mitglied unmittelbar den Mehrwert des Netzwerks – ein besser ausgefülltes Profil erhöht die Chancen, aktiv von Mitgliedern gefunden zu werden, aber auch die Möglichkeit, über weitere Algorithmen automatisch Vorschläge etwa für interessante Gruppen oder Kontakte zu erhalten. Somit kann XING die Bindung des einzelnen Benutzers erheblich erhöhen und dadurch mehr Aktivität und Nutzerzufriedenheit generieren.

2 Materialisierte Sichten

Im Gegensatz zu anderen bekannten Web-2.0-Diensten wie Flickr oder Delicious, bei denen Folksonomies dadurch entstehen, dass mehrere Benutzer kollaborativ eine Menge von Ziel-Objekten mit Deskriptoren versehen [Gemmell et al. 2008], verläuft die soziale semantische Verschlagwortung bei XING auf einem anderen Weg: Es existiert keine Menge von Zielobjekten als solche, sondern Benutzer versehen ausschließlich ihre eigenen Profile mit Deskriptoren.

Das Schema der Produktionsdatenbank der XING-Plattform ist benutzerzentriert, was bedeutet, dass es darauf optimiert ist, sehr effizient Antworten zu liefern auf Anfragen wie zum Beispiel »Bei welcher Firma arbeitet Benutzer X?« oder »Welche Interessen hat Benutzer X?«. Der hier auftretende Anwendungsfall verlangt jedoch, dass die umgekehrten Fragen von Interesse sind, also etwa »Welche/Wie viele Benutzer arbeiten bei Firma Y?« oder »Welche/Wie viele Benutzer interessieren sich für Thema Z?«. Um auch für diese Anfragen effiziente Antworten zu ermöglichen, wird in diesem Abschnitt gezeigt, wie ein als materialisierte Sicht aufzufassender sogenannter »invertierter Index« aus den benutzerzentrierten Daten erzeugt werden kann.

Wie wir im Folgenden zeigen werden, ist eine solche Datenbasis nichtsdestotrotz vollkommen ausreichend, um nutzerprofilübergreifend die spezielle Form einer Folksonomy $D = (U,T,A)$ zu erzeugen. Diese Folksonomy besteht aus einer Menge von Benutzern U, aus einer Menge von Deskriptoren T und einer Menge von Annotationen A. Letztere haben die folgende Form:

$$A \subseteq \{(u,t)|\ u \in U, t \in T\}$$

Neben der Folksonomy D sind außerdem zwei weitere Funktionen von Belang:

$$freq(t) = \|\ \{(u,t') \in A, t' = t\}\ \|,$$

die die Gesamtanzahl der Vorkommnisse eines Deskriptors t in A bezeichnet, und die Funktion

$$U(t) = \{u|(u,t') \in A, t' = t\}_,$$

die die Menge der Benutzer bezeichnet, die einen Deskriptor t in ihrem Profil haben.

Im Folgenden zeigen wir aus technischer Sicht, wie große Datenmengen solcher Deskriptoren aus den XING-Benutzerprofilen extrahiert werden können und wie sich diese mittels der MapReduce-Technik (vgl. Abschnitt 2.2) [Dean & Ghemawat 2004] in einem invertierten Index zusammenfassen lassen.

Das Resultat kann als eine Art materialisierte Sicht auf die Profildaten gesehen werden, die die Menge der Deskriptoren T und die beiden oben genannten Funktionen $freq(t)$ und $U(t)$ definiert.

2.1 Extraktion der Deskriptoren

Um Deskriptordaten aus Nutzerprofilen zu extrahieren, wird ein simpler lexikalischer Scanner, ein sogenannter Tokenizer, eingesetzt, der alle strukturierten Informationen in flache Listen einzelner Wörter zerlegt.

Diese Begriffe werden dann mittels einer Normalisierungsfunktion vorverarbeitet, um eine höhere Datenkonsistenz zu erzielen. Dabei werden beispielsweise Leer- und Sonderzeichen entfernt und alle Zeichen in Großbuchstaben umgewandelt. So fasst man etwa »MySQL«und »MYSQL« oder »PHP-Skripte« und »PHP Skripte« zusammen, die anderenfalls getrennt aufgelistet würden.

Formal kann dies als eine Funktion $T(u)$ beschrieben werden, die zu einem gegebenen Benutzer die Menge der Deskriptoren definiert, die in seinem Profil vorkommen. Diese Funktion wird im folgenden Prozess genutzt, um den invertierten Index zu erzeugen.

2.2 Parallelisierung mittels MapReduce

Während das Erzeugen eines invertierten Index für kleinere Datenmengen trivial erscheint, ist dies bei großen Datenmengen nicht der Fall. Hier erfordern es die zeitlichen und technischen Rahmenbedingungen, die Berechnung mittels geeigneter Techniken zu parallelisieren.

Für genau diese Problemstellung wurde von Google 2004 die sogenannte MapReduce-Technik vorgestellt.[1] Dabei wird Parallelisierung ermöglicht, indem die Berechnung in zwei Phasen unterteilt wird, eine »Map«- und eine »Reduce«-Phase:

1. In der »Map«-Phase werden die Eingabedaten in viele kleine Blöcke zerlegt, die parallel abgearbeitet werden können und sich so in eine geeignete Zwischenrepräsentation überführen lassen.
2. In der »Reduce«-Phase werden die Daten aus der Zwischenrepräsentation erneut in Blöcke zerlegt, die wiederum parallel abgearbeitet werden können, um die gewünschte Zielrepräsentation zu erhalten.

In Abbildung 2 ist dargestellt, wie die MapReduce-Technik zur Erfüllung unserer Aufgabe genutzt werden kann. Zunächst werden die Profildaten der Nutzer in Blöcke unterteilt, die parallel von einer Anzahl an Worker-Servern (Server, die sich dediziert um parallele Datenverarbeitung kümmern) abgearbeitet werden. Bei der Verarbeitung eines Blocks liest ein Worker für jeden Nutzer zunächst dessen Profildaten aus der Nutzerdatenbank und wendet die oben beschriebene Tokenizer-Funktion $T(u)$ an, um eine Liste von Annotationen (u, t) zu erhalten. Diese Annotationen werden dann in die Zwischenrepräsentationstabellen tag* und user_tag* geschrieben.

Danach beginnt die »Reduce«-Phase, die die Zwischenrepräsentationstabellen tag* und user_tag* in Blöcke zerteilt, die wieder von einer Worker-Farm parallel verarbeitet werden können, um die gewünschten Zielrepräsentationstabellen tag und user_tag zu erhalten. Dabei werden die absolute Häufigkeit jedes Deskriptors in der Spalte »count« in der Tabelle tag festgehalten. In der Tabelle user_tag werden für schnellere Datenbankoperationen numerische IDs der Deskriptoren verwendet.

Diese Zielrepräsentation kann als eine materialisierte Sicht auf die Profildaten betrachtet werden, welche die Menge der Deskriptoren T (Spalten »id« und »name« in der Tabelle »tag«), die Funktion freq(t) (Spalte »count« in Tabelle tag) und die Funktion U(t) (Tabelle »user_tag«) definiert.

3 Semantische Tag-Graphen

Aus den im vorherigen Abschnitt entstandenen Tag-Profil-Relationen lassen sich Informationen über die semantischen Beziehungen von Tags untereinander berechnen. Hierzu wird die Annahme getroffen, dass zwischen Tags, die häufig zusammen innerhalb eines Nutzerprofils auftreten, ein relevanter semantischer Zusammenhang existiert.

Die Häufigkeiten des gemeinsamen Auftretens werden normalisiert. Hierzu werden »Lift-Werte« berechnet, d.h. Überwahrscheinlichkeiten für die Verbindungsstärke. Diese Lift-Werte stellen für zwei Tags a und b die Wahrscheinlichkeit eines gemeinsamen Auftretens im Verhältnis zu den jeweiligen Wahrscheinlichkeiten des einzelnen Auftretens eines Tags dar:

$$lift(a,b) = \frac{cooc(a,b) \times \| U \|}{occ(a) \times occ(b)}$$

Dabei beschreibt $cooc(a, b)$ die Häufigkeit des gemeinsamen Auftretens (Kookkurenz) der Tags a und b innerhalb eines Nutzerprofils. Beispielsweise bedeutet $cooc(a, b) = 23$,

---

[1]. Für Details zur MapReduce-Technik sei der Leser auf die Originalarbeit [Dean & Ghemawat 2004] verwiesen. Alternative Verfahren zur Berechnung von materialisierten Sichten bzw. invertierten Indizes sind nicht Gegenstand dieses Beitrages.

Social Tagging

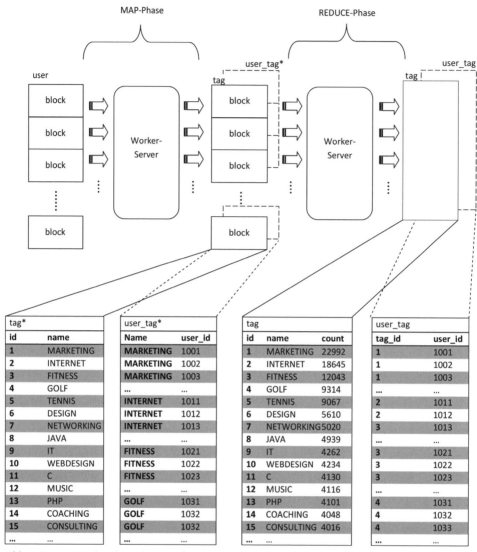

Abb. 2: Erzeugung eines invertierten Index mittels der MapReduce-Technik [Dean & Ghemawat 2004].

dass die Tags a und b in 23 unterschiedlichen Nutzerprofilen gemeinsam auftreten.

Die Funktionen $occ(a)$ und $occ(b)$ stellen die Frequenz des Auftretens von Tag a bzw. b über alle Nutzerprofile dar, und U ist die Gesamtanzahl der unterschiedlichen Nutzerprofile. U wird benötigt, falls Lift-Werte über unterschiedliche Arten von Profilen (etwa Premium- und Basismitglieder) und Bereiche der Profile (»Ich suche«, »Ich biete«, »Interessen«, …) berechnet und miteinander verglichen werden sollen.

Wie zu erkennen ist, sind die Lift-Werte symmetrisch, d.h. $lift(a, b) = lift(b,a)$.

Die Menge der Verbindungen zwischen den Tags und die Schlagwörter an sich können als Graph abgebildet werden. Hierbei stellen die Verbindungen die Kanten und die einzelnen

Tags die Knoten des Graphen G dar. Dabei sind die Kanten gewichtet und ungerichtet:

$$G = (T, E),$$

wobei T der Menge an Tags (Knoten) und E der Menge an Verbindungen (Kanten) zwischen den Begriffen entsprechend.

E ist somit:

$$E = \{(a, b, w) | a, b \in T, a \neq b, w = lift(a,b), lift(a,b) > Y\}.$$

Y ist hierbei ein Schwellenwertparameter, der ein Minimum von Zusammengehörigkeitsstärke definiert.

Folksonomies, wie in Abschnitt 2 definiert, stellen isoliert betrachtet noch keine effiziente organisatorische Struktur dar [Begelman et al. 2006; Damme et al. 2007; Heymann & Garcia-Molina 2006]. Bezogen auf die XING-Folksonomy lassen sich lediglich Aussagen dazu treffen, welcher Nutzer welche Tags zum Annotieren genutzt hat. Wie relevant ein Tag innerhalb der Folksonomy ist oder wie stark der Zusammenhang zwischen zwei unterschiedlichen Tags ist, lässt sich über diese einfache Organisationsform nicht ohne Weiteres ermitteln.

Der beschriebene Tag-Index wie auch der Tag-Graph erlauben es, solche Fragestellungen effizient zu beantworten (siehe auch Abb. 3). Zudem ermöglichen sie die Entwicklung von Funktionen auf der XING-Plattform, die den Kundennutzen erhöhen (Autovervollständigung, Tag-Empfehlung etc.). Durch Anwendung des Tag-Graphen beispielsweise können den Nutzern über ein Empfehlungssystem auf der Plattform zu beliebigen Mengen an Tags weitere relevante Schlagwörter vorgeschlagen werden [Sood et al. 2007; Lipczak 2008]. Somit stellen der Tag-Index und der Tag-Graph effiziente und aufeinander aufbauende Schichten organisatorischer Struktur dar.

Eine weitere Schicht organisatorischer Struktur ist die Gruppierung von Tags nach

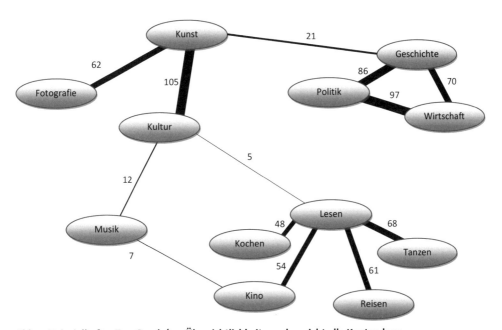

Abb. 3: Beispielhafter Tag-Graph (zur Übersichtlichkeit wurden nicht alle Kanten bzw. Verbindungen berücksichtigt)

semantischer Zusammenhangsstärke. Diese Tag-Cluster sind die Basis einer Reihe weiterer interessanter Empfehlungsfunktionalitäten auf XING [Bax & Moldvay 2009]. Auf die detaillierte Beschreibung dieser höheren organisatorischen Struktur und möglicher Anwendungsszenarien soll hier nicht weiter eingegangen werden.

4 Tag-Empfehlungen

Die Empfehlung von Tags hilft dem Nutzer zum Beispiel dabei, sein Profil effizienter mit den für sein Profil relevanten Begriffen zu füllen [Pirolli 2008]. Quantitativ und qualitativ gut gefüllte Nutzerprofile stellen für XING und die Mitglieder einen hohen Wert dar.

Nur Mitglieder mit solchen Profilen sind für andere Nutzer über eine Suche wie »Mitglieder, die bieten, was ich suche« auffindbar und damit ansprechbar. Zudem basieren die Algorithmen, mit denen XING den Mitgliedern Stellenangebote vorschlägt, zum Teil auf den Tags in den Profilen und funktionieren dementsprechend umso besser, je spezifischer ein Nutzer sich über Tags beschrieben hat.

Der Algorithmus hinter dem Empfehlungssystem funktioniert wie folgt:

1. Der Nutzer wählt zunächst ein Tag a aus.
2. Die Engine zeigt alle zu Tag a relevanten Begriffe an, indem alle mit a verbundenen Tags nach den Verbindungsgewichten (die Kantenstärken im Graphen) absteigend sortiert werden und die häufigsten Terme als Empfehlungen angezeigt werden (siehe Abb. 4).
3. Der Nutzer wählt ein weiteres Tag b aus.
4. Die Kanten von a und b zu allen anderen Schlagwörtern werden zusammengefasst und die Gewichte summiert. Anschaulich heißt das, wenn Tag a zu Tag x eine Kante mit dem Gewicht 12 und Tag b zu Tag x eine Kante mit dem Gewicht 8 besitzt, so wird die »gemeinsame« Kante von Tag a und b zu Tag x mit dem Gewicht 20 bewertet.

Allgemeiner lässt sich dieser Vorgang durch folgende Formel beschreiben:

$$w(S, x) = \sum_{s \in S} lift(s, x),$$

wobei S die Menge der durch den User selektierten Tags ist und x das Tag darstellt, zu dem die Assoziation berechnet werden soll.

5. Nun werden alle von Tag a und b ausgehenden Kanten gemäß den summierten Kantengewichten $w(S, x)$ sortiert und eine festzulegende Anzahl der relevantesten Begriffe als Empfehlungen angezeigt, wobei im Vergleich zu Schritt 2 neu hinzukommende Tags fett hervorgehoben werden (siehe Abb. 5).
6. Eventuell weitere Auswahl von Tags durch den Nutzer, in diesem Fall weiter zu Schritt 4.

Ein Aspekt, der bei dieser Art des Vorschlagens von Tags berücksichtigt werden muss, ist, dass der Nutzer dazu geneigt sein bzw. verleitet werden könnte, schon bestehende Tags auszuwählen, anstatt komplett neue und in der XING-Folksonomy noch nicht vorhandene Tags in sein Profil einzutragen [Chi & Mytkowicz 2008].

Abbildung 4: Tag-Empfehlungen, nachdem das Tag »Geschichte« durch den Nutzer ausgewählt wurde

Allerdings ist unserer Einschätzung nach der Effizienzgewinn beim Ausfüllen der Nutzerprofile höher zu gewichten als das Risiko, nicht mehr genügend neue Tags hinzuzugewinnen, zumal ohnehin schon mehrere Millionen Begriffe in der Datenbank abgelegt worden sind. Zudem bleibt es dem Nutzer durch die Applikation natürlich freigestellt, die vorgeschlagenen Tags auszuwählen oder eben völlig neue Tags als Freitext einzutragen.

Die beschriebene Tag-Recommender-Engine wird noch im Rahmen eines Prototyp getestet und ist noch nicht im Einsatz auf der Plattform.

5 Evaluation

Wie schon erwähnt, erhöhen Tag-Empfehlungen und das »Click2Tag« (Anklicken von empfohlenen Tags) die Effizienz bei der Eingabe von neuen Tags durch den Nutzer [Pirolli 2008]. Ein gegensätzlicher Aspekt hierzu ist allerdings die Gefahr, dass der Nutzer durch das »Click2Tag« zu sehr dazu ermutigt wird, nur empfohlene Tags auszuwählen und keine neuen und in der Folksonomy noch nicht vorhandenen Tags über das »Type2Tag« (Eintippen von Tags) einzugeben [Chi & Mytkowicz 2008]. Dieses könnte im Extremfall dazu führen, dass keine neuen Tags zu der Folksonomy hinzukommen, da die Nutzer ausschließlich die empfohlenen und schon vorhandenen Tags auswählen. Für unser Anwendungsszenario ist es allerdings relevanter, Nutzer überhaupt dazu zu bewegen, sich selbst durch die Vergabe von Tags zu beschreiben. Zudem ist die Folksonomy von XING schon recht mächtig, es wurden durch die Nutzer schon mehr als 1,2 Millionen unterschiedliche Tags verwendet.

Wie schon weiter oben beschrieben, ist die Tag-Empfehlungs-Funktionalität noch nicht im Livebetrieb auf der Plattform. Die Effizienz dieser Funktionalität wurde aus Zeitmangel auch noch nicht hinreichend überprüft. Dazu würde zuerst die Kennzahl festgelegt werden, anhand derer die Effizienz der Funktionalität beurteilt werden soll (beispielsweise Anzahl der Tags auf dem Profil). Dann müsste ein herkömmlicher AB- bzw. Hypothesentest durchgeführt werden, bei dem eine repräsentative Testgruppe für das neue Feature auf der Plattform freigeschaltet wird, während die ebenfalls repräsentative Kontrollgruppe die neue Funktionalität nicht zu sehen bekommt. Nach einem vorher festgelegten Zeitraum wird dann der Unterschied zwischen Test- und Kontrollgruppe hinsichtlich der definierten Kennzahl mithilfe eines einfachen t-Testes untersucht. Stellt sich hierbei heraus, dass die Anzahl der Tags in den Nutzerprofilen in der Testgruppe signifikant gestiegen ist, ist die Tag-Empfehlungs-Funktionalität als erfolgreich zu bewerten und für alle Nutzer einzusetzen.

6 Ausblick

In diesem Artikel haben wir beleuchtet, wie XING mithilfe statistischer Analysemethoden eine semantische Schlagwortverarbeitung der von seinen Nutzern eingegebenen Freitextbeschreibungen durchführt.

Die Kenntnis über die semantischen Beziehungen von Tags untereinander machen die Einsatzgebiete in einem sozialen Netzwerk

Abb. 5: Tag-Empfehlungen, nachdem die Schlagwörter »Geschichte« und »Politik« ausgewählt wurden

endlos: Alle Entitäten des Netzwerks, beispielsweise Nutzerprofile, Diskussionsgruppen, Jobs oder Firmen, lassen sich zu sich selbst und zu allen anderen in eine (gewichtete) Beziehung setzen. Das bedeutet, XING kann Nutzern passende Jobs vorschlagen oder interessante Diskussionsgruppen. Man kann zu einer solchen Gruppe ähnliche Gruppen anzeigen, die für den Nutzer ebenfalls interessant sein könnten usw.

Der Kernnutzen besteht also darin, dem XING-Nutzer für ihn persönlich relevante Inhalte zu präsentieren. Auf diese Weise fungiert das soziale Netzwerk als Filter für Relevanz. Letztere ist entscheidend, um die Benutzung eines sozialen Business-Netzwerks so effizient wie möglich zu machen. Die XING AG ist bestrebt, auf diesem Gebiet weiter zu forschen, um die Plattform für den Nutzer weiter attraktiv und Wert stiftend gestalten zu können.

7 Literatur

[Bax & Moldvay 2009] *Bax, I.; Moldvay, J.:* Data-Driven Ontologies for Recommender Engines in Social Networks, In: Proceedings 1st Int'l Workshop on Mining Social Media, Sevilla, Spain, 2009, S. 101-111.

[Begelman et al. 2006] *Begelman, G.; Keller, P.;. Smadja, F.:* Automated Tag Clustering: Improving search and exploration in the tag space. In: Proceedings Collaborative Web Tagging Workshop at WWW 2006, Edinburgh, Scotland, 2006.

[Chi & Mytkowicz 2008] *Chi, E. H.; Mytkowicz, T.:* Understanding the Efficiency of Social Tagging Systems using Information Theory. In: Proceedings of the 19th ACM Conference on Hypertext and Hypermedia; 2008 June 19-21; Pittsburgh, PA. NY: ACM; 2008, S. 81-88.

[Damme et al. 2007] *Damme, C. van; Hepp, M.; Siorpaes, K.:* FolksOntology: An Integrated Approach for Turning Folksonomies into Ontologies. In: Proceedings Workshop Bridging the Gap between Semantic Web and Web 2.0 (ESWC 2007), Innsbruck, Austria, 2007.

[Dean & Ghemawat 2004] *Dean, J.; Ghemawat, S.:* MapReduce: Simplified Data Processing on Large Clusters. In: Proceedings 6th Symposium on Operating System Design and Implementation, San Francisco, CA, 2004.

[Gemmell et al. 2008] *Gemmell, J.; Shepitsen, A.; Mobasher, M.; Burke, R.:* Personalization in Folksonomies Based on Tag Clustering. In: Proceedings 6th Workshop on Intelligent Techniques for Web Personalization and Recommender Systems, 2008, S. 37-48.

[Heymann & Garcia-Molina 2006] *Heymann, P.; Garcia-Molina, H.:* Collaborative Creation of Communal Hierarchical Taxonomies in Social Tagging Systems. Technical Report 2006-10, Stanford, InfoLab, April 2006.

[Lipczak 2008] *Lipczak, M.:* Tag Recommendation for Folksonomies Oriented towards Individual Nutzers. In: Proceedings of the ECML/PKDD 2008 Discovery Challenge Workshop, part of the European Conference on Machine Learning and Principles and Practice of Knowledge Discovery in Databases, Antwerp, Belgium, 2008.

[Mathes 2004] *Mathes, A.:* Folksonomies – Cooperative Classification and Communication Through Shared Metadata. Computer Mediated Communication, 2004.

[Pirolli 2008] *Pirolli, P.:* http://web.mac.com/peter.pirolli/Professional/Blog/Entries/2008/113_SparTagu.us_%3A_Increasing_Tag_Production_%26_Improving_Memory.html, Zugriff am: 25. September 2009

[Sood et al. 2007] *Sood, S. G.; Hammond, K. J.; Owsley, S. H.; Birnbaum, L.:* TagAssist: Automatic tag suggestion for blog posts. In: Proceedings Int'l. Conf. Weblogs and Social Media, 2007.

Dr. Ingo Bax
Christian Burtchen
Janos Moldvay
Michael Otto
XING AG
Gänsemarkt 43
20354 Hamburg
{ingo.bax, christian.burtchen,
janos.moldvay, michael.otto}
@xing.com
www.xing.com

Gerold Schneider, Heinrich Zimmermann

Text-Mining-Methoden im Semantic Web

Aufbau, Pflege und Nutzung großer Wissensdatenbanken erfordern den kombinierten Einsatz menschlicher und maschineller Informationsverarbeitung. Da große Teile des menschlichen Wissens in Textform vorliegen, bieten sich Methoden des Text Mining zur Extraktion von Wissensinhalten an. Dieser Artikel behandelt Grundlagen des Text Mining im Kontext des Semantic Web. Methoden des Text Mining werden besprochen, die für die halbautomatische Annotierung von Texten und Textteilen eingesetzt werden, insbesondere Eigennamenerkennung (Named-Entity Recognition), automatische Schlüsselworterkennung (Keyword Recognition), automatische Dokumentenklassifikation, teilautomatisches Erstellen von Ontologien und halbautomatische Faktenerkennung (Fact Recognition, Event Recognition). Es werden auch kritische Hintergrundfragen aufgegriffen. Das Problem der zu hohen Fehlerrate und der zu geringen Performanz automatischer Verfahren wird diskutiert. Zwei Beispiele aus der Praxis werden vorgestellt: Erstens das Forschungsprojekt OntoGene der Universität Zürich, in dem Protein-Protein-Interaktionen als Relationstripel aus der Fachliteratur extrahiert werden, und zweitens ein ontologiebasierter Tag-Recommender, der die manuelle Vergabe von Schlüsselwörtern an Wissensressourcen unterstützt.

Inhaltsübersicht

1 Annotierungsaufwand für das Semantic Web
2 Methoden des Text Mining für das Semantic Web
   2.1 Eigennamenerkennung (Named-Entity Recognition and Grounding)
   2.2 Automatische Schlüsselworterkennung (Keyword Recognition)
   2.3 Automatische Dokumentenklassifikation
   2.4 Automatische Faktenerkennung (Fact Recognition, Event Recognition)
   2.5 Teilautomatisches Erstellen von Ontologien
3 Hintergrundfragen
4 Beispiele aus der Praxis
   4.1 Protein-Protein-Interaktionen: OntoGene
   4.2 Ontologiebasierter Tag-Recommender
5 Schlussfolgerungen und Ausblick
6 Literatur

1 Annotierungsaufwand für das Semantic Web

Das Semantic Web hilft den Usern, Inhalte besser zu finden, zu organisieren und zu bearbeiten. Das Anreichern der Dokumente mit semantischer Information soll eine automatisierte Weiterverarbeitung, z.B. durch Softwareagenten, unterstützen. Während die Semantic-Web-Sprachen wie RDF(S) (Resource Definition Framework (Schema)) und OWL (Web Ontology Language) gut erforscht und standardisiert sind, gibt es viel weniger Forschung zur Frage, wie die enormen Mengen an Webdaten semantisch annotiert werden sollen, also die Transformation von konventionellen Webseiten zu reich annotierten Semantic-Web-Ressourcen.

Außer für Experimente und Demonstrationen ist die manuelle Eingabe von realistischen RDF- und OWL-Ontologien und -Ressourcen kaum machbar. Es gibt auch vielversprechende Ansätze, Untermengen der natürlichen Sprache direkt und ohne Mehrdeutigkeiten in Semantic-Web-Sprachen zu übersetzen [Kaljurand 2008]. Die klassische Antwort, um den Schwierigkeiten der Syntax von Semantic-Web-Sprachen ausweichen zu können, ist die Verwendung von Ontologie-Editoren wie z.B. Protégé oder OntoEdit. Die Tatsache, dass die Annotierung großer Textmengen zu aufwendig ist, bleibt aber bestehen, sodass umfassendere Aufgaben kaum realistisch machbar sind. Schon seit einigen Jahren wird deshalb vorgeschlagen (z.B. [Rinaldi et al. 2003]), Computerlinguistik und Sprachtechnologie (Natural Language Processing, NLP) zu verwenden. Wir erklären Basismethoden der Sprachtechnologie und des Text Mining in Abschnitt 2 und erläutern zwei konkrete Anwendungen in Abschnitt 4.

Nach den Erfahrungen mit Technologien der künstlichen Intelligenz (KI), bei der viele Ansätze zu große Fehlerraten aufwiesen oder nicht skalierten, ist Vorschlägen zur Verwendung von Sprachtechnologie einerseits mit Skepsis entgegenzutreten, wie wir in Abschnitt 3 berichten. Andererseits haben sich die Umstände geändert. Heutige Systeme sind stark statistisch basiert, Evaluierung und Skalierung stehen im Zentrum. Die Fehlerraten sind für einige Anwendungen tolerierbar klein geworden, für andere rücken halbautomatische Systeme, bei denen ein maschineller Klassifikator und der menschliche Annotator eng zusammenarbeiten, in den Fokus der Forschung.

2 Methoden des Text Mining für das Semantic Web

2.1 Eigennamenerkennung (Named-Entity Recognition and Grounding)

Das Erkennen von Instanzen von Eigennamen war schon lange eine weitverbreitete Anwendung der Sprachtechnologie. In einfachen Ausprägungen der Eigennamenerkennung werden Eigennamen und Ketten von Eigennamen gesucht. Meist verwendet man einen sogenannten *Tagger*, ein automatisches Tool, das für alle Wörter im Lauftext die Wortklasse (z.B. Substantiv, Eigenname, Verb, Adjektiv) angibt. Tagger haben meist Fehlerraten unter 5 Prozent, gerade im Englischen ist die Erkennung der Wortklasse Eigenname meist einfach, da sie im Gegensatz zu Substantiven groß geschrieben werden. Um verschiedene Schreibweisen desselben Begriffes aufeinander abzubilden, kommen Fuzzy-Match-Methoden (ähnlich wie bei Korrekturvorschlägen von Spell-Checkern) und Synonymlisten zum Einsatz.

Ein wichtiges Teilgebiet der Eigennamenerkennung ist die Terminologieerkennung, bei der Fachbegriffe gesucht werden, und diese müssen nicht unbedingt Eigennamen sein. Fachbegriffe kann man idealerweise daran erkennen, dass sie in Fachwörterbüchern vorkommen. Oft sind diese aber unvollständig. Sie können eventuell auch daran erkennbar sein, dass sie in allgemeinen Wörterbüchern nicht vorkommen, z.B. von einem allgemeinen Spell-Checker zurückgewiesen werden. Manchmal erkennt man sie an typischen Nominalisierungsendungen (z.B. *-ion, -ung*), manchmal an ihrem Kontext (steht z.B. nach dem Wort *sogenannt(er)* oder in Kursivschrift). Diese Kriterien sind aber lückenhaft. Wörter, die in Fachdokumenten häufig, allgemein aber seltener vorkommen, sind gute Termkandidaten (dazu kann man den TF-IDF-Algorithmus, den wir im nächsten Abschnitt besprechen, verwenden).

Mehrwortterme erkennt man recht gut daran, dass sie statistisch auffallend häufig in Kombination erscheinen, sogenannte Kollokationen (siehe z.B. [Evert 2005] für Kollokationsforschung).

Der Tatsache, dass richtig erkannte Instanzen ohne eine Zuordnung zu einer universellen Beschreibung nur beschränkte Anwendungen haben, wurde man sich erst später bewusst. Die Zuordnung (*is_a*) zu einem universell eindeutigen Bezeichner, z.B. zu einem Uniform Resource Identifier (URI), wird als *Grounding* bezeichnet. Grounding muss oft Mehrdeutigkeiten auflösen. So muss z.B. das Erkennen des Personennamens *Helmut Schmidt* als Lauftext noch nicht zwingend bedeuten, dass es sich um den Ex-Bundeskanzler handelt – es leben über ein Dutzend Helmut Schmidts in Deutschland. Terme oder Eigennamen, die nicht in Fachwörterbüchern oder anderen Ressourcen beschrieben sind, lassen sich schwierig grounden. Allenfalls kann man einen Annotator auffordern, ein Wörterbuch oder eine Ontologie zu ergänzen. Dessen Arbeit wird allerdings wesentlich erleichtert durch ein System, das in der Mehrzahl der Fälle richtige Vorschläge macht. [Weeds et al. 2005] stellen ein Verfahren vor, das in bis zu 75 Prozent der Vorkommen für Proteine das richtige Grounding vorschlägt. Das Verfahren basiert auf dem syntaktischen Kontext und geht im Prinzip davon aus, dass der syntaktische Kontext semantisch ähnlicher Wörter identisch ist. So sind z.B. fast alle syntaktischen Objekte des Verbs *essen* Lebensmittel.

Fachbegriffe – das Wort *Grounding* selbst ist ein gutes Beispiel – sind häufig mehrdeutig. Durch Kontext und Thema des Dokumentes lässt sich oft die Mehrdeutigkeit auflösen: Im Kontext von Flugzeugen trifft man typischerweise eine Lesart, im Kontext von Texten über Terminologieerkennung eine andere.

Das Erkennen von Instanzen und Zuordnen zu einer Klasse ist nur eine von unzähligen Relationen, die man im Semantic Web ausdrücken will. Die hier besprochenen Relationen mit Verweisen auf die Struktur dieses Abschnitts sind unten in der Übersicht erkennbar.

2.2 Automatische Schlüsselworterkennung (Keyword Recognition)

Viele der in einem Text gemachten Aussagen sind für den Text nicht zentral, sondern Hintergrundinformation, ein Nebenschauplatz, und dienen dem Aufbau eines Argumentes oder als Vorbereitung oder Reflexion einer Handlung oder These. Niemand würde behaupten, dass Shakespeares Macbeth ein Buch übers Händewaschen ist (obwohl Lady Macbeth das tut), dass Darwins wichtige Aussage sei, dass Tiere leben, dass eine Haupteigenschaft des Mikrowellenherdes sei, dass er am Strom angeschlossen werden muss (steht in der Betriebsanleitung), dass man darin keine Hunde trocknen soll (steht da manchmal auch).

Ein frühes auf künstlicher Intelligenz basierendes System, das aus Nachschlagewerken Faktenwissen über die Welt lernen sollte, habe angeblich als eine der zentralen Schlussfolgerungen folgenden Satz ausgespuckt: »Most people are famous.« Diese Aussage ist zwar absolut folgerichtig, da fast alle Leute, die im Großen Brockhaus eingetragen sind, berühmt sind, aber sie ist irrelevant.

Für die Keyword Recognition geht es gerade um die Erkennung relevanter Themen in einem Dokument (*Aboutness*). Ein simpler und weitverbreiteter Algorithmus ist *Term Frequency, Inverse Document Frequency (TF-IDF)*, der wie folgt funktioniert: Für jedes Wort in einem Dokument wird untersucht, wie häufig es in diesem Dokument vorkommt, geteilt durch die Anzahl der Dokumente in einem Referenzkorpus, in dem das Wort enthalten ist. Die Intention ist klar: Begriffe, die in einem Dokument oft erwähnt werden, sind wichtig (Term Frequency). Falls es aber Begriffe sind, die ganz allgemein oft vorkommen, so bleiben sie relativ unwichtig (Inverse Document Frequency). Jedes Wort erhält einen Score, die Wörter mit den höchsten Scores können als Tag dem Dokument zugewiesen werden, ähnlich wie Aboutness Tags aus dem Social Tagging. Wird ein allgemeines Referenzkorpus verwendet, so dominieren Fachbegriffe der Domäne des Dokumentes. Durch Wahl einer Textsammlung aus der Domäne

Erkennen von Instanzen und Zuordnen zu einer Klasse (*is_a*)	Abschnitt 2.1
Thema eines gegebenen Textes (*Aboutness*-Relation)	Abschnitt 2.2
Relationen zwischen einzelnen Texten	Abschnitt 2.3
Relationen zwischen im Text vorkommenden Instanzen	Abschnitt 2.4

kristallisieren sich die zentralen Begriffe, Terme und Themen des gegebenen Textes für einen Experten heraus.

Die Performanz dieses Verfahrens für Keyword Recognition ist für viele Anwendungen genügend gut. Aber wie Social Tagging ist das Verfahren mit dem Mangel behaftet, dass das Grounding oft unklar ist. Durch die Verwendung bekannter Ressourcen zur Erkennung von Synonymen und Mehrdeutigkeit, z.B. WordNet, lässt sich die Situation aber etwas verbessern.

Ein klassisches Einsatzgebiet von Keyword Recognition ist die Suche von Dokumenten zu einem gegebenen Thema, ein weiteres die automatische Dokumentenklassifikation, die wir im Folgenden erläutern.

2.3 Automatische Dokumentenklassifikation

Die Zuordnung von Dokumenten zu einer Klasse ist Aufgabe der automatischen Dokumentenklassifikation. Diese erlaubt es einem beispielsweise, verwandte Dokumente zu finden, eingehende Informationen dem geeigneten Experten zuzuspielen oder aufgrund von Produktbeschreibungen potenziell interessierte Kunden darauf aufmerksam zu machen.

Ein einfacher Ansatz zur Dokumentenklassifikation ist der Vergleich der Schlüsselwörter (siehe Abschnitt 2.2) der zu klassifizierenden Dokumente, sei es untereinander oder zu einer vorgegebenen universellen Semantic-Web-Klasse. Bei großer Überlappung der Schlüsselwörtermenge ist davon auszugehen, dass die Dokumente zur gleichen Klasse gehören. Je feiner granuliert die Unterteilung sein soll, desto mehr Schlüsselwörter sind jedoch nötig, und das Scoring der Schlüsselwörter sollte mit berücksichtigt werden. Vektormodelle können dies leisten. Jedem Schlüsselwort, oder gar jedem Wort im Dokument, wird dazu eine Dimension in einem Vektorraum zugeordnet mit der Häufigkeit des Wortes oder besser dem TF-IDF-Wert des Wortes. Stellen wir uns als einfaches Beispiel für ein Vektormodell vor, dass drei Dokumente, in denen nur die drei Schlüsselwörter *market*, *computer* und *government* vorkommen, durch ein Vektormodell verglichen werden. Jedes Schlüsselwort entspricht einer Dimension im Vektorraum. Die Worthäufigkeiten aus der Tabelle 1 ergeben dabei das Vektormodell in Abbildung 1.

Falls die Klassen, denen die Dokumente zugeordnet werden sollen, nicht schon vorgegeben sind, so kann man Clustering-Algorithmen verwenden zur automatischen Klassenbildung. Der Vergleich der Winkel zwischen verschiedenen Dokumenten (Kosinus als Ähnlichkeitsmaß) lässt Klassen bilden. In unserem Beispiel ist der Winkel δ zwischen den Vektoren für dok2 und dok3 besonders klein. Gruppen von Dokumenten, deren Vektoren sehr kleine Winkel bilden, formen eine Klasse. Die Klassenbeschreibung ergibt sich aus den häufigen Schlüsselwörtern, aber das Grounding der Klasse ist dann nicht eindeutig. Falls die Klassen vorgegeben und gegroundet sind, so kann man mit einer Schlüsselwortliste oder besser einer kleinen Sammlung prototypischer Dokumente den zentralen Vektor einer Klasse bestimmen und die Dokumente dann zuordnen.

Vektorbasierte Systeme sind im Information Retrieval weit verbreitet und haben viele Anwendungen. Eine Anwendung zur Auflösung von Wortsinnambiguitäten (z.B. Grounding in verschiedenen Kontexten) ist z.B. in [Schütze 1998] beschrieben.

Worthäufigkeit	market	computer	government
dok1	2	8	1
dok2	4	2	6
dok3	5	1	7

Tab. 1: Zählungen von drei Schlüsselwörtern in drei fiktiven Dokumenten

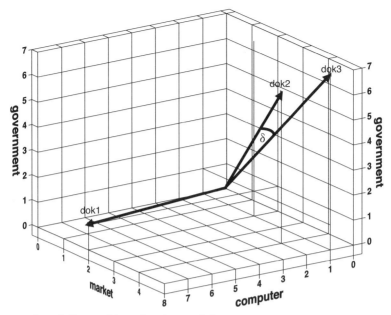

Abb. 1: Das aus der Tabelle 1 resultierende Vektormodell

Die bisher diskutierten Basistechnologien vermögen zwar die zentralen Themen eines Textes auszudrücken (Aboutness) und Ähnlichkeitsbeziehungen zwischen verschiedenen Dokumenten zu beschreiben, aber vieles, was man vom Semantic Web erwartet, können sie nicht erfüllen. Insbesondere sind sie nicht fähig, (1) Relationen zwischen im Dokument erwähnten Instanzen oder Klassen zu beschreiben und (2) beim Aufbau von Ontologien eine Hilfe zu bieten. Wir beschäftigen uns mit Punkt 1 im folgenden Abschnitt sowie in Abschnitt 3 und mit Punkt 2 in Abschnitt 2.5.

2.4 Automatische Faktenerkennung (Fact Recognition, Event Recognition)

Die meisten Ontologien verknüpfen definierte Konzepte mittels der semantischen Relationen *is-a* (Hyponymie), *part-of* (Meronymie) und *has-property*. Fachtexte enthalten aber auch Informationen, die weit über diese Relationen hinausgehen, aber für die Domäne zentral sind. In der Universitätsontologie in [Antoniou & Harmelen 2008] ist es zentral, wer welche Kurse unterrichtet. In einer chemischen Ontologie ist es z.B. sehr wichtig, zu wissen, welche Substanz mit welchen anderen Substanzen reagiert, eine Wissensform, die in unzähligen Publikationen in Form von Aussagen enthalten ist, z.B. in der Form *A has been shown to react with B*, in der die Domänenrelation *react* zwischen A und B, also das Faktum *react(A,B)*, ausgedrückt ist.

A has been shown to **react** with **B**. => react(A,B)

Um dieses Wissen zu extrahieren, werden entweder einfache Oberflächenmuster (»Surface Patterns«) oder aufwendige syntaktische Analysen eingesetzt. In Oberflächenverfahren wird z.B. von einem Domänenwort aus eine bestimmte Anzahl Wörter nach links und rechts geschaut, und dort stehende Terme werden als Argumente der Relation aufgefasst. Der Vorteil von syntaktischen Analyseverfahren besteht darin, dass die Fehlerraten niedriger sind. Zwar machen automatische Syntaxanalysetools (sog. *Parser*) auch Fehler, aber die Ableitung folgender falscher Fakten ist bei oberflächenbasierten Systemen viel wahrscheinlicher:

Experts fear the **virus** will spread.
=> fear(expert,virus)

C and **A react** with each other, but **B** with D.
=> react(A,B)

X, if processed with **A, reacts** with **B**.
=> react(A,B)

Wir stellen ein Beispiel in Abschnitt 4.1 vor.

2.5 Teilautomatisches Erstellen von Ontologien

Die bisher beschriebenen Zugänge erlauben es bestenfalls, in bestehenden Ontologien Instanzen Klassen zuzuordnen. Auf die Frage, wie Sprachtechnologie helfen kann, Begriffssysteme aufzubauen, gibt es erst Teilantworten.

Die Erstellung einer Ontologie bedarf ohnehin sorgfältiger Planung und Diskussionen mit allen Betroffenen, vom Anwender bis zum Experten. Die Zuordnung von Instanzen zu Klassen lässt sich leichter automatisieren. Trotzdem können sprachtechnologische Zugänge bei der Erstellung von Begriffssystemen Hilfe leisten, indem sie erstens Vorschläge liefern und zweitens mögliche Lücken aufdecken. Ein klassisches Vorgehen besteht darin, eine Reihe von linguistischen Mustern in Domänentexten zu suchen, die typischerweise nahe Verwandtschaft (Geschwister in der Ontologie) und Hyponymie ausdrücken. Es gibt wenige explizite Varianten, Synonymie und Hyponymie auszudrücken, Beispiele sind:

X und Y sind gleich
X ist eine Art von Y

Aber gerade uns selbstverständliche oder Experten bekannte Verwandtschaften werden kaum explizit ausgedrückt. Zum Glück sind implizite Nennungen viel häufiger. Deutsche Muster für implizite Geschwisterbeziehungen zwischen X und Y (und evtl. Z) sind z.B.:

X und/oder Y
X, Y und/oder Z
X, aber nicht Y

Analog gilt dies in vielen anderen Sprachen. Deutsche Muster für Hyponymiebeziehungen zwischen X und Y sind beispielsweise:

X, (wie) z.B. Y,
X, insbesondere Y,
X, vor allem Y,
alle X außer Y
Y und/oder andere/alle X

Oder im Englischen:

X, such as Y
X, including Y
X and in particular Y
Y and/or other/all X

Diese Muster werden auch nach ihrer Erfinderin als Hearst-Patterns bezeichnet [Hearst 1992]. Juristische Texte sind z.B. reich an Formulierungen, die solche Muster enthalten. Damit das Verfahren funktionieren kann, sind aber große Textmengen nötig.

Ein weiteres Verfahren zur Erkennung verwandter oder synonymer Begriffe besteht darin, Wörter zu erkennen, deren Kontext identisch oder sehr ähnlich ist. Beispielsweise treten die Wörter »Astronaut« und »Kosmonaut« selten im selben Text auf, aber die sie umgebenden Worte sind oft identisch. Der Kontext eines Wortes kann als Vektormodell dargestellt werden (siehe Abschnitt 2.3), Verfahren wie in [Schütze 1998] beschrieben können so zur Erkennung von Geschwistern in Ontologien verwendet werden und Vorschläge liefern, die Experten dann annehmen oder ablehnen. Anders als wenn man sich Begriffe aus den Fingern saugt, hat dieses Vorgehen den Vorteil, dass kaum Synonyme vergessen werden. Wenn man also einen tiefen Schwellenwert im Kosinusmaß setzt und bereit ist, viele Vorschläge zu verwerfen, wird die Ausbeute entsprechend groß.

Eine erfolgreiche Methode des Kontextverfahrens für das teilautomatische Erstellen von Ontologien ist, wie bei [Weeds et al. 2005] (siehe Abschnitt 2.1), den syntaktischen Kontext zu verwenden. In Kombination mit Clustering-

Methoden erreichen [Cimiano et al. 2005] eine Präzision von 29 Prozent bei einer Ausbeute von bis zu 65 Prozent.

Einen guten Überblick über den Stand der Forschung der hier in Abschnitt 2 vorgestellten Methoden geben [Buitelaar et al. 2005].

3 Hintergrundfragen

Wir haben wiederholt von Fehlerraten gesprochen. Fehlerrate ist 1 minus Erfolgsrate. Die klassischen Erfolgsratenmaße sind Präzision und Ausbeute sowie Kombinationen davon (z.B. f-Measure). Präzision misst, wie viele der von einem automatischen System vorgeschlagenen Vorkommen vom menschlichen Annotator als richtig eingestuft werden. Ausbeute misst, wie viele der von einem menschlichen Annotator gefundenen Vorkommen auch von einem automatischen System gefunden werden.

Ein allgemein bekanntes, ungeschriebenes Gesetz der Informationsverarbeitung, der Sprachtechnologie, der künstlichen Intelligenz, des Text Mining usw. ist, dass je derivierter oder indirekter oder vom Text abstrahierter eine Metainformation ist, desto größer ist die Fehlerrate. Während z.B. Tagging eine Fehlerrate von unter 5 Prozent aufweist, hat syntaktische Analyse, die typischerweise auf dem Tagging aufbaut, eine grob gesagt doppelt so hohe Fehlerrate. Semantische Analysen bauen klassischerweise auf der Syntax auf und haben wiederum wesentlich höhere Fehlerraten. Bezogen auf die Anwendung von Text Mining bedeutet das, dass man entsprechend der zunehmenden Schwierigkeit und aufgrund des teilweise aufbauenden Charakters der vorgestellten Technologien folgende Fehlerratenhierarchie erwarten muss:

Abschnitt 2.1 < Abschnitt 2.2 < Abschnitt 2.3 etc. ...

Obwohl die Sprachtechnologie ständig Fortschritte macht, gilt das Gesetz des abnehmenden Grenznutzens (»Ceiling Effect«): Für jede kleine Verbesserung erhöht sich der Aufwand exponentiell, und die Fehlerrate nähert sich asymptotisch einem gewissen Grenzwert (»Ceiling«), den man kaum mehr –höchstens mit einem prinzipiell anderen Verfahren – je unterschreiten kann.

Neben der zunehmenden Abstrahiertheit und Abhängigkeit von früheren Ergebnissen ist eine weitere Teilerklärung, dass die Divergenzen zwischen Annotatoren (»Inter-Annotator Disagreement«) für komplexe Entscheidungen auch höher sind. Ludwig Wittgensteins sprachphilosophische – und auf den ersten Blick abgehobene – Erkenntnisse erlangen hier klare, täglich deutlich spürbare Bedeutung: Man kann alles (ganz besonders betroffen sind Abstrakta) auf ganz verschiedene Weisen modellieren, je nach Sichtweise. Bei genauerer Betrachtung sind auch fast alle Wörter mehrdeutig. Wortsinn-Disambiguierung ist heute eine der großen Forschungsrichtungen der Computerlinguistik.

Ein Korollar, das als positiver Nebeneffekt aus dem Grenzwertnutzen folgt, ist, dass man oft mit einfachen Zugängen schon recht gute Ergebnisse erzielen kann. Insbesondere erreicht man oft schnell eine gute Präzision, während die Ausbeute bei einfachen Verfahren noch schlecht bleibt. Für schlussfolgernde Systeme gilt zum Glück: Präzisionsfehler (also etwas Falsches als richtig annehmen) sind viel schlimmer als ein Ausbeutefehler (also ein Fakt verpasst zu haben), somit kann man Systeme mit guter Präzision, aber schlechter Ausbeute doch gut einsetzen.

Ebenso ist es ein Glücksfall, dass natürliche Sprache stark redundant ist. Wichtige Nachrichten erscheinen meist in verschiedenen Zeitungen gleichzeitig in verschiedenen Formulierungen. Ein Autor, der die zentrale Aussage seines wissenschaftlichen Artikels nur einmal macht und sie nicht im Abstract und in den Schlussfolgerungen leicht anders formuliert wiederholt, ist ohnehin schlecht beraten: Das Risiko, dass auch menschliche Leser den springenden Punkt verpassen, wäre zu hoch. Als Folge der sprachlichen Redundanz wächst die Ausbeute automatischer Zugänge von alleine.

Obwohl auch heutige Systeme noch Fehler machen, haben sich viele Umstände seit den nur mäßigen Erfolgen im KI-Zeitalter geändert, wie wir nun zusammenfassen.

Erstens sind heutige Systeme stark statistisch basiert. Fakten, auf denen Schlussfolgerungen beruhen, liegen jeweils statistisch gewichtet vor. Im Falle von sich widersprechenden Schlussfolgerungen bricht das System nicht mehr zusammen, sondern die als wahrscheinlicher gewichtete Folgerung obsiegt. Fakten mit hoher statistischer Gewichtung sind meist zuverlässiger, haben aber geringe Ausbeute; somit kann durch die Wahl verschiedener Schwellenwerte oft ein geeigneter Kompromiss zwischen Präzision und Ausbeute gefunden werden. Eine enorme Effizienzsteigerung lässt sich bei statistischen Verfahren oft dadurch erreichen, dass wenig Erfolg versprechende Möglichkeiten durch Stutzen von Suchbäumen (»Pruning«) gar nicht in Betracht gezogen werden.

Zweitens stehen Evaluierung und Skalierung heute im Zentrum. Schon in der Evaluierungsphase werden realistische, große Datenmengen verwendet, sodass Skalierungsprobleme in der Zielanwendung wesentlich seltener auftreten.

Drittens sind die Fehlerraten aufgrund der Fortschritte für einige Anwendungen tolerierbar klein geworden. Für andere, meist komplexe Anwendungen rücken halbautomatische Systeme, bei denen ein maschineller Klassifikator und der menschliche Annotator eng zusammenarbeiten, in den Fokus der Forschung, wie wir im folgenden Abschnitt erläutern.

4 Beispiele aus der Praxis

In der Praxis gibt es schon viele Programme und Webservices, die einige der oben beschriebenen Sprachtechnologien verwenden, um Dokumente semantisch anzureichern. Ein beliebter Service ist z.B. OpenCalais. Der rohe Text wird in einer Webform eingereicht, der semantisch annotierte Text wird grafisch wie in Abbildung 2 illustriert, aber auch als RDF-File zurückgeliefert.

Die Eigennamenerkennung verschiedener Kategorien liefert gute Ergebnisse, die automatische Schlüsselworterkennung (als »Social Tags« bezeichnet) scheint intuitiv richtig. Die Faktenerkennung ist vermutlich oberflächenbasiert und scheint ziemlich partiell: Einige gefundene Ereignisse sind wenig relevant, andere relevante oder komplexere Relationen werden nicht gefunden, Letzteres deutet auf eine eher geringe Ausbeute. Keine der acht vorgeschlagenen generischen Relationen ist aber falsch, was auf eine gute Präzision hindeutet. Die hier gezeigte Annotierung ist nicht unbedingt repräsentativ, denn oft stehen registrierten und zahlenden Usern auch fortgeschrittenere Methoden zur Verfügung.

Wir betrachten im Folgenden zwei Beispiele von fortgeschrittenen Anwendungen etwas detaillierter.

4.1 Protein-Protein-Interaktionen: OntoGene

Die Extraktion von Interaktionen zwischen Proteinen (z.B. Genen) aus Fachzeitschriften, Patenten und anderen Publikationen ist eine wichtige Applikation von Information Retrieval, da sie für Systembiologie und Life Sciences zentral ist. Da biologisches Wissen gut strukturiert ist, bildet es auch eine Semantic-Web-Applikation. Proteine sind in großen systematischen Ontologien erfasst, z.B. UniProt (*www.uniprot.org*), die möglichen Interaktionen bilden eine geschlossene, gut dokumentierte Klasse (typische Relationswörter sind *bind, block, interact, react, activate, co-activate* etc.). Die Aufgabenstellung umfasst zwei Teile: 1. das Erkennen von Proteinen und deren Rückführung auf eine universelle Identität (Grounding, siehe Abschnitt 2.1) und 2. für Proteine, die im gleichen Satz vorkommen, zu entscheiden, ob sie in einer syntaktischen Beziehung, die eine biomedizinische Relation ausdrückt, stehen (siehe Abschnitt 2.4). Wir stellen dazu das Forschungsprojekt OntoGene (*www.ontogene.org*) an der Universität Zürich vor [Rinaldi et al. 2008; Kaljurand et al. 2009; Schneider et al. 2009].

Text-Mining-Methoden im Semantic Web

Abb. 2: Screenshot aus dem freien OpenCalais-Service

Im 1. Teil, Erkennen von Proteinen und Grounding, werden alle aus Ontologien wie UniProt bekannten Schreibweisen sowie deren typische Variationen (Leerfelder, Groß-/Kleinschreibung, arabische oder römische Zahlen, Bindestriche) in den vorliegenden Dokumenten gesucht. Die so erkannten Terme können nicht immer eindeutig einer Position in der Ontologie zugeordnet werden. Oft stehen sie, dies gilt vor allem für Proteine, die in verschiedenen Lebewesen eine wichtige Rolle spielen, an mehreren Orten. Basierend auf den im Dokument vorkommenden Organismen werden die Proteine so weit wie möglich disambiguiert. Das Verfahren ist im Detail beschrieben in [Kaljurand et al. 2009].

Im 2. Teil, Faktenerkennung, muss für alle Proteine, die im gleichen Satz enthalten sind, entschieden werden, ob im Text eine Interaktion zwischen ihnen beschrieben ist. Dazu vergleicht der Algorithmus alle syntaktischen Teilstrukturen, in denen zwei erkannte Proteine sowie ein Relationswort vorkommen, mit einer vorgängig erstellten Sammlung relevanter syntaktischer Muster. Die syntaktischen Muster sind flexibel, um die Abdeckung und damit die Ausbeute zu erhöhen. Beispielsweise kürzen sich die Muster automatisch um semantisch weniger relevante Worte, wie z.B. *a group of* in *A binds to a group of B*.

A binds to a group of B => A binds to B => bind(A,B)

Damit werden die syntaktischen Muster einfacher und genereller. Das genaue Verfahren ist in [Schneider et al. 2009] beschrieben. Wir haben mit verschiedenen Varianten unseres Systems an mehreren öffentlichen Wettbewerben (»Shared Tasks«) teilgenommen und überdurchschnittliche Ergebnisse erzielt, insbesondere eine relativ gute Ausbeute. Für Protein-Protein-Interaktionen (ohne komplexe Interaktion-Interaktion-Interaktionen) erreichten wir z.B. im BioNLP Shared Task[1] 57 Prozent Präzision und 40 Prozent Ausbeute, und im BioCreative II.5 Shared Task (*www.biocreative.org*) wurden wir als eines der drei besten Systeme klassiert.

Die erkannten Fakten werden als Tripel abgelegt. Da die Fehlerraten noch zu hoch sind für eine vollautomatische Anwendung, fügen wir nun einen halbautomatischen Zwischenschritt ein. Wir entwickeln interaktive grafische Tools, die gefundene Relationen darstellen und es Annotatoren erlauben, vorgeschlagene Relationen per Mausklick anzunehmen oder zu verwerfen. Der Screenshot eines solchen Tools ist in Abbildung 3 ersichtlich.

___
1. http://www-tsujii.is.s.u-tokyo.ac.jp/GENIA/SharedTask/

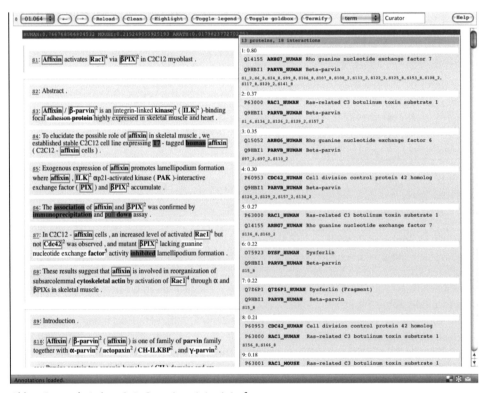

Abb. 3: Screenshot eines OntoGene-Annotator-Interfaces

Der Annotierungsaufwand wird viel kleiner, wenn ein Annotator einen Vorschlag annehmen oder verwerfen kann, statt einen ganzen Artikel lesen zu müssen: »For biologists, an automated system with high recall and even moderate precision [...] confers a great advantage over skimming text by eye« [Müller et al. 2004].

4.2 Ontologiebasierter Tag-Recommender

Große Social-Bookmarking-Plattformen, wie »del.icio.us«, repräsentieren Spuren von Milliarden von Tag-Events. In einem Tag-Event ordnet ein User zu einem bestimmten Zeitpunkt einer Webressource ein Tag zu. Ein einfacher Tag-Recommender schlägt ihm dabei Tags vor, die andere User für diese Ressource schon früher vergeben haben.

In anspruchsvolleren Anwendungsfällen ist der Benutzerkreis kleiner und die Tags müssen mit einem kontrollierten Vokabular abgeglichen werden. Auch automatische Annotationsservices, wie »OpenCalais«, können in solchen Szenarien höchstens Teilaufgaben erfüllen. Aufbau, Pflege und Nutzung von Fachontologien und zugeordneten Webressourcen gelingen am besten, wenn die Vorteile der menschlichen und der maschinellen Informationsverarbeitung geeignet kombiniert werden.

Der Einsatz eines ontologiebasierten Tag-Recommenders [Blumauer & Hochmeister 2009] kann wie folgt skizziert werden:

1. Ein Annotationsservice (z.B. »OpenCalais«) bestimmt charakteristische Terme für die zu taggenden Ressourcen.
2. Diese Terme werden mit Fachontologien verglichen und den Usern entsprechend angezeigt.
3. User taggen Ressourcen, indem sie angezeigte Terme auswählen oder eigene Terme eingeben.
4. Fachexperten pflegen Ontologien und nutzen dabei die Spuren der Tag-Events.

5 Schlussfolgerungen und Ausblick

Der Umgang mit Bedeutungsaspekten von Information ist eine genuin menschliche Tätigkeit. Die unüberschaubare Informationsmenge in globalen Netzen erfordert aber den Einsatz von maschinellen Verfahren zur Bedeutungsverarbeitung. Von semantischen Technologien können folgende Aktivitäten wirkungsvoll unterstützt werden:

1. Bestimmen von Schlüsselwörtern zu Dokumenten
2. Pflegen von fachspezifischen Begriffssystemen, die ein Grounding von Schlüsselwörtern und Termen ermöglichen
3. Extrahieren von Fakten aus Dokumenten
4. Suchen von Dokumenten zu einer gegebenen Fragestellung

Zu 1): Bei der Schlüsselwortbestimmung lassen sich heute mit vollautomatischen Verfahren schon recht gute Ergebnisse erzielen. Die Suche nach relevanten Dokumenten für menschliche Leser wird damit um einiges effizienter.

Zu 2): Fachspezifische Begriffssysteme (Ontologien) sind Modelle von Wissensbereichen und als solche Hauptresultate wissenschaftlicher Erkenntnis. Maschinelle Informationsverarbeitung dient zum Beispiel der Konsistenzprüfung.

Zu 3): Fakten, die halbautomatisch aus Dokumenten extrahiert werden, können dem Aufbau von Wissensbasen von Expertensystemen dienen. Die Unterstützung durch Softwareagenten erfolgt vorzugsweise so, dass automatisch Vorschläge generiert werden, aus denen der User auswählen kann. Zusätzlich zu dieser Auswahl soll dem User wo sinnvoll immer auch eine freie Eingabe ermöglicht werden.

Zu 4): In Zukunft werden Softwareagenten die Suche nach Dokumenten zu einer gegebenen Fragestellung im Hintergrund und weitgehend autonom durchführen können.

Zwar handelt es sich beim Semantic Web nach wie vor um eine Vision. Mit Text Mining und anderen Sprachtechnologien rückt die Realisierung dieser Vision aber in greifbare Nähe.

6 Literatur

[Antoniou & Harmelen 2008] *Antoniou, G.; Harmelen, F. van:* A Semantic Web Primer. 2nd ed., MIT Press, Cambridge, MA, 2008.

[Blumauer & Hochmeister 2009] *Blumauer, A.; Hochmeister, M.:* Tag-Recommender gestützte Annotation von Web-Dokumenten. In: Blumauer, A.; Pellegrini, T. (Hrsg.): Social Semantic Web. Springer-Verlag, Berlin, 2009, S. 227-243.

[Buitelaar et al. 2005] *Buitelaar, P.; Cimiano, P.; Magnini, B. (Hrsg.):* Ontology Learning from Text: Methods, Evaluation and Applications. IOS Press, 2009.

[Cimiano et al. 2005] *Cimiano, P.; Hotho, A.; Staab, S.:* Learning Concept Hierarchies from Text Corpora using Formal Concept Analysis. In: Journal of Artificial Intelligence Research 24, 2005, S. 305-339.

[Evert 2005] *Evert, S.:* The Statistics of Word Co-occurrences: Word Pairs and Collocations. Dissertation, Institut für maschinelle Sprachverarbeitung, University of Stuttgart, 2005.

[Hearst 1992] *Hearst, M.:* Automatic Acquisition of Hyponyms from Large Text Corpora. In: Proceedings of the 14th International Conference on Computational Linguistics, Nantes, France, 1992, S. 539-545.

[Kaljurand 2008] *Kaljurand, K.:* Attempto Controlled English as a Semantic Web Language. Dissertation. University of Tartu, Estonia, Faculty of Mathematics and Computer Science, Institute of Computer Science, 2008.

[Kaljurand et al. 2009] *Kaljurand, K.; Rinaldi, F.; Kappeler, T.; Schneider, G.:* Using Existing Biomedical Resources to Detect and Ground Terms in Biomedical Literature. In: Proceedings of AIME 2009, Verona, Italy, 2009, S. 225-234.

[Müller et al. 2004] *Müller, H.; Kenny, E.; Sternberg, P.:* Textpresso: An ontology-based information retrieval and extraction system for biological literature. PLoS Biology, 2(11):e309, 09, 2004.

[Rinaldi et al. 2003] *Rinaldi, F.; Kaljurand, K.; Dowdall, J.; Hess, M.:* Breaking the Deadlock. In: Proceedings of ODBASE, 2003 (International Conference on Ontologies, Databases and Applications of SEmantics), Catania, Italy, Springer-Verlag, 2003, S. 876-888.

[Rinaldi et al. 2008] *Rinaldi, F.; Kappeler, T.; Kaljurand, K.; Schneider, G.; Klenner, M.; Clematide, S.; Hess, M.; Allmen, J.; Parisot, P.; Romacker, M.; Vachon, T.:* OntoGene in BioCreative II. Genome Biology, 2008, 9, S. 13.

[Schneider et al. 2009] *Schneider, G.; Kaljurand, K.; Rinaldi, F.:* Detecting Protein-Protein Interactions in Biomedical Texts using a Parser and Linguistic Resources. Best Paper Award (2nd place). In: Proceedings of CICLing 2009, Mexico City. Springer-Verlag, LNC 5449, S. 406-417.

[Schütze 1998] *Schütze, H.:* Automatic Word Sense Discrimination. Computational Linguistics, 24 (1), 1998, S. 97-124.

[Weeds et al. 2005] *Weeds, J.; Dowdall, J.; Schneider, G.; Keller, B.; Weir, D.:* Using Distributional Similarity to Organise BioMedical Terminology. Terminology, 11(1), 2005, S. 3-4.

Dr. Gerold Schneider
Universität Zürich
Institut für Computerlinguistik
Binzmühlestr. 14
CH-8050 Zürich
gschneid@ifi.uzh.ch
www.ifi.uzh.ch

Dr. Heinrich Zimmermann
Fernfachhochschule Schweiz
Pestalozzistr. 33
CH-3600 Thun
heinrich@zimmermann.com
www.fernfachhochschule.ch

Andreas Hotho, Dominik Benz, Folke Eisterlehner, Robert Jäschke, Beate Krause, Christoph Schmitz, Gerd Stumme

Publikationsmanagement mit BibSonomy – ein Social-Bookmarking-System für Wissenschaftler

Kooperative Verschlagwortungs- bzw. Social-Bookmarking-Systeme wie Delicious, Mister Wong oder auch unser eigenes System BibSonomy erfreuen sich immer größerer Beliebtheit und bilden einen zentralen Bestandteil des heutigen Web 2.0. In solchen Systemen erstellen Nutzer leichtgewichtige Begriffssysteme, sogenannte Folksonomies, die die Nutzerdaten strukturieren. Die einfache Bedienbarkeit, die Allgegenwärtigkeit, die ständige Verfügbarkeit, aber auch die Möglichkeit, Gleichgesinnte spontan in solchen Systemen zu entdecken oder sie schlicht als Informationsquelle zu nutzen, sind Gründe für ihren gegenwärtigen Erfolg.

Der Artikel führt den Begriff Social Bookmarking ein und diskutiert zentrale Elemente (wie Browsing und Suche) am Beispiel von BibSonomy anhand typischer Arbeitsabläufe eines Wissenschaftlers. Wir beschreiben die Architektur von BibSonomy sowie Wege der Integration und Vernetzung von BibSonomy mit Content-Management-Systemen und Webauftritten. Der Artikel schließt mit Querbezügen zu aktuellen Forschungsfragen im Bereich Social Bookmarking.

Inhaltsübersicht

1 Social Bookmarking
2 BibSonomy
  2.1 Einführung
  2.2 Prinzipieller Aufbau
  2.3 Systemarchitektur
3 Publikationsverwaltung mit kooperativen Verschlagwortungssystemen am Beispiel BibSonomy
  3.1 Workflows
  3.2 Browsen und Suchen
  3.3 Integration
4 Forschung
  4.1 Ranking und Trendentwicklung
  4.2 Empfehlungssysteme
  4.3 Begriffshierarchien
  4.4 Entdeckung von Nutzergruppen
  4.5 Spambekämpfung
5 Ausblick
6 Literatur

1 Social Bookmarking

Kooperative Verschlagwortungssysteme haben nicht nur Einzug im Web gehalten, sondern beginnen auch, den Alltag eines Wissenschaftlers zu verändern. Die immer umfangreicher werdende Datenbasis und die weiterentwickelte Funktionalität der Systeme unterstützen Wissenschaftler bei der Literatursuche und -verwaltung. Am Beispiel des Social-Bookmarking- und Publikationsverwaltungssystems BibSonomy (*www.bibsonomy.org*) werden in diesem Artikel typische Arbeitsabläufe in solchen Systemen beschrieben, deren prinzipielle Eigenschaften diskutiert und aktuelle Forschungsansätze zur Verbesserung solcher Systeme herausgearbeitet.

Eine weiter gehende Einführung in das Thema und speziell in das System BibSonomy bieten die Publikationen [Hotho et al. 2006a; Hotho 2008], die auch die Grundlage für diesen Artikel bilden.[1]

Kooperative Bookmarking-Systeme bieten ihren Benutzern die Möglichkeit, Referenzen auf Webseiten im System zusammen mit Schlagwörtern zu speichern. Bei diesem Vorgang (auch bekannt als Tagging) werden die be-

---
1. Teile des Textes wurden in [Hotho 2008] schon einmal veröffentlicht.

schreibenden Schlagwörter – Tags genannt – zusammen mit der Referenz auf die Webseite, dem Bookmark, durch einen Benutzer im System abgelegt. Das Resultat ist ein sogenannter Post, d.h. ein Tripel, bestehend aus dem Benutzer, der Ressource und der Menge von Tags. Abbildung 1 zeigt den Dialog zum Verschlagworten einer Webseite.

Der Vorgang des Taggens lässt sich wie folgt beschreiben: Im Zentrum steht der Post, den ein Benutzer beim Taggen erzeugt. Ein Post beschreibt immer eine Ressource/Webseite durch einen oder mehrere Tags, die die Ressource möglichst gut aus Sicht des Benutzers charakterisieren. Mehrere Benutzer können die gleiche Ressource mit zum Teil unterschiedlichen Schlagwörtern taggen. Die zentralen Dimensionen von Bookmarking-Systemen sind daher Benutzer, Tags und Ressourcen (z.B. Bookmarks), die über eine dreistellige Relation miteinander in Beziehung stehen [Hotho 2008]. Die Zuordnung von Tags zu Ressourcen durch den Benutzer wird auch als eine leichtgewichtige Wissensrepräsentation angesehen, die Folksonomy genannt wird [Mika 2005]. »Leichtgewichtig« deshalb, weil keine formale Semantik die Beziehung zwischen Tags, den Ressourcen und den Benutzern mittels einer Ontologie festlegt. Die Semantik der Tags ergibt sich implizit durch ihre Benutzung. Folksonomy ist ein Kunstwort aus *folks* (Leute) und *taxonomy* (Kategoriensystem). Die Folksonomy und ihre Elemente bilden den Kern eines jeden kooperativen Bookmarking-Systems.

Vor- und Nachteile

Ein großer Vorteil von Bookmarking-Systemen ist die einfache Benutzbarkeit. Es dauert nur ein paar Sekunden, um einen Post zu erstellen, wobei die Tags vom Benutzer ohne Einschränkung gewählt werden können. Positiv fällt auf, dass nicht nur Webseiten, sondern im Prinzip alle Arten von Ressourcen getaggt werden können. Dies erleichtert den Zugriff auf z.B. Bilder oder Videos. Ein Teil des großen Erfolges der Plattformen YouTube (*www.youtube.com*) und Flickr (*www.flickr.com*) lässt sich auf diese einfache Handhabung zurückführen.

Eine große Nutzergemeinschaft ermöglicht es, dass schnell und einfach neue thematisch ähnliche Einträge gefunden werden können. Links zwischen den Einträgen verbinden die Nutzer miteinander und zeigen frühzeitig Trends im System auf, die Nutzer sonst erst später entdeckt hätten.

Bookmarking-Systeme stellen ihren Inhalt auf verschiedene Weisen zur Verfügung, auch über Programmierschnittstellen (APIs). Dadurch kann der Inhalt auf andere Arten als ursprünglich geplant genutzt und mit anderen In-

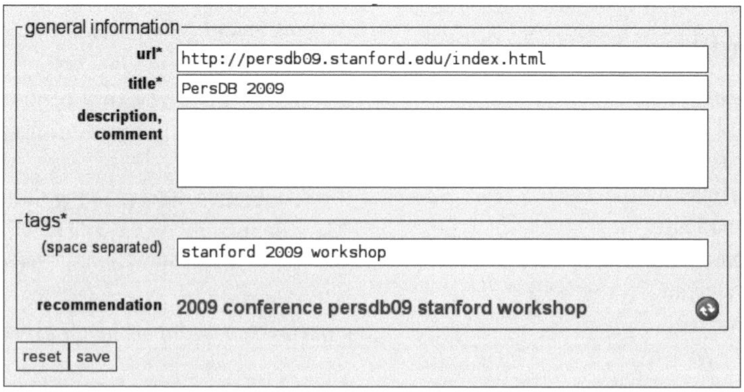

Abb. 1: Verschlagworten eines Bookmarks in BibSonomy mithilfe der Tags »stanford«, »2009« und »workshop«

halten in sogenannten Mashups verknüpft werden. Beispielsweise verknüpft der Dienst Plazes (*www.plazes.com*) die Karten von Google Maps mit den Positionsangaben, die Nutzer im System hinterlassen, und stellt sie übersichtlich dar. Um einen Überblick über aktuelle und archivierte Nachrichten bzw. populäre Bookmarks zu bekommen, fasst feed-Mashr die RSS-Feeds verschiedenster Dienste übersichtlich zusammen. Häufig binden Blogger ihre Bookmarklisten per RSS-Feed aus einem sozialen Lesezeichensystem in ihrem Blog ein und erhalten so automatisch aktuelle Linklisten zu bestimmten Themen.

Die meisten Nachteile entstehen durch die uneingeschränkte Nutzung von Tags durch nicht trainierte Nutzer, wodurch sich Ungenauigkeiten und Mehrdeutigkeiten ergeben. Die aus der natürlichen Sprache bekannten Phänomene wie Schreibfehler, Synonyme und Homonyme – also die Mehrdeutigkeit von Wörtern – treten auch hier auf. Auch der Abstraktionsgrad von verwendeten Tags ist häufig nicht eindeutig bestimmbar. Ein spezielles Phänomen stellen Begriffe dar, die durch Mehrwort-Lexeme bezeichnet werden. Die Schreibweise variiert von Nutzer zu Nutzer im Bookmarksystem. Beispielsweise kann man für »Europäische Union« die folgenden Schreibweisen beobachten: »EuropäischeUnion«, »Europäische_Union«, »Europäische-Union« und »Europäische Union«.

Neben diesen sprachlichen Problemen besteht bei einer steigenden Nutzerzahl das Problem des Rankings von Einträgen beim Suchen. Häufig wird auch nach erweiterten Strukturierungsmöglichkeiten gefragt. Erste Lösungen werden in Abschnitt 4 diskutiert. Ein Ranking, basierend auf der Struktur der Folksonomy, ist nicht auf die Anwendung von Webseiten beschränkt, da jegliche Art von Ressourcen verschlagwortet werden kann. Wichtig ist nur, dass die Klassifikationen vieler Nutzer als kollektive Leistung ins System einfließen und so eine gemeinsame Sicht auf die vorhandenen Informationen entsteht.

2 BibSonomy

2.1 Einführung

BibSonomy ist ein webbasierter Dienst zur Verwaltung von Webseiten und Publikationen, der seit Anfang 2006 online ist und vom Fachgebiet Wissensverarbeitung der Universität Kassel betrieben wird. Dieses für jeden frei nutzbare System erlaubt es, Lesezeichen (Favoriten, Bookmarks) für Webseiten zentral auf dem BibSonomy-Server abzuspeichern und zu verschlagworten. Als zweite Kernkomponente wurde in BibSonomy eine kollektive Literaturverwaltung eingebaut (siehe Abb. 2, rechte Spalte). Für interessierte Communities (z.B. Universitätsinstitute oder Projektteams) bietet BibSonomy die Einrichtung von Anwendergruppen im System an, sodass sowohl der interne als auch der externe Literaturaustausch organisiert werden kann. BibSonomy verwendet das BIBTEX-Format zur Speicherung der Publikationsdaten. Seine Publikationsverwaltung ist somit direkt in das Satzsystem LaTeX integriert, mit dem Forscher (insbesondere aus den Naturwissenschaften) ihre wissenschaftlichen Veröffentlichungen gleich druckfertig gestalten. Das System erzeugt automatisch Literaturlisten in weiteren Formaten (z.B. RTF, EndNote, XML, RDF), sodass die einmal eingegebenen Daten in verschiedenen Kontexten genutzt werden können.

BibSonomy ist derzeit das einzige System, das die Verwaltung von Lesezeichen und Publikationen verbindet. Es wurde mit Fokussierung auf die Anwendbarkeit im akademischen Bereich entwickelt; die Rückmeldungen von vielen Forscherkollegen sind in die Entwicklung des Systems eingeflossen. Das System hat aktuell ca. 6700 aktive Anwender, die sich ca. 380.000 Bookmarks und ca. 580.000 Publikationen teilen (Stand September 2009). Hierzu kommen mehr als eine Million Publikationen und ca. 20.000 Tagungs- und Personen-Homepages, die automatisch von der Computer-Science-Library DBLP übernommen werden. BibSonomy verzeichnet derzeit im Schnitt pro Tag 170.000

Besuche mit 500.000 Seitenzugriffen (mit steigender Tendenz). Während BibSonomy sowohl Bookmarks als auch bibliografische Informationen abspeichern kann, zielen die beiden verwandten Systeme CiteULike und Connotea nur auf das Verwalten von wissenschaftlichen Büchern und Publikationen. Alle Systeme unterstützen die Nutzer durch die automatische Übernahme von Metadaten aus bekannten digitalen Bibliotheken und aus Onlineangeboten von Verlagen. Obwohl das alternative System LibraryThing auch Bücher verwalten kann, hat es eine andere Zielgruppe. Es folgt der Idee eines digitalen Bücherregals, das im Internet abgelegt ist. Wissenschaftliche Abhandlungen stehen nicht im Vordergrund.

2.2 Prinzipieller Aufbau

Die meisten Zugriffe auf die in BibSonomy gespeicherten Daten erfolgen über das Webinterface. Dazu wurde ein leicht verständliches Schema der URLs entworfen. Die Elemente auf oberster Ebene *user, tag, url, bibtex, author, group, uri, search, friend, relation, concept, viewable* steuern die Zugriffe auf den Inhalt. Zum Beispiel bekommt man für das Tag *web* alle Posts nach Datum sortiert, wenn man die URL *http://www.bibsonomy.org/tag/web* anfragt.

Das Ergebnis ist in Abbildung 2 zu sehen. Möchte man nun den RSS-Feed zu dieser Seite erhalten, so ergänzt man einfach die URL um *rss* zwischen Hostname und Pfad zu *http://www.bibsonomy.org/rss/tag/web*. Falls nur die Publikationen in einem speziellen Format ausgegeben werden sollen, so kann man anstatt *rss* an der gleichen Stelle *publ* einfügen. Auf ähnliche Weise funktionieren alle Seiten in BibSonomy. Details findet man in [Hotho et al. 2006a] oder auf den Hilfeseiten[2].

BibSonomy ist mit seinen vielfältigen Funktionen nicht nur für Forscher und Privatanwender eine interessante, im Web stets verfügbare Plattform, sondern kann auch die typischerweise in Unternehmensintranetzen beobachteten Probleme beim Wiederfinden von Dokumenten bzw. Informationen überwinden. Es ist in der Lage, Verbindungen zwischen verschiedensten Informationsquellen im Unternehmen herzustellen, und kann auf diese Weise als Wissensmanagementanwendung in einem kommerziellen Umfeld eingesetzt werden. Eine zentrale Rolle nimmt dabei der in Abschnitt 4.1 beschriebene Rankingansatz ein, der mittelbar auf Basis der durch die Mitarbeiter gesammelten Informationen des Unternehmens die Bedeutung einzelner

---

2. www.bibsonomy.org/help/basic/semantics

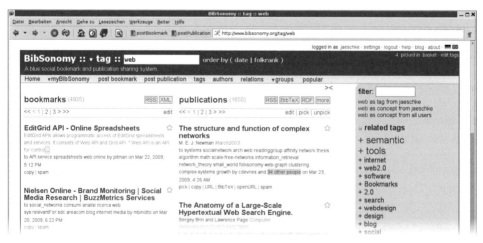

Abb. 2: Screenshot von BibSonomy mit der Liste aller Posts für das Tag »web«

interner Webseiten bzw. Ressourcen bezüglich gegebener Suchbegriffe berechnet. Auf diese Information können bisherige unternehmensinterne Suchmaschinen nicht zurückgreifen.

2.3 Systemarchitektur

Um einen besseren Einblick in die Arbeitsweise von BibSonomy zu geben, wird an dieser Stelle kurz die Architektur des Systems vorgestellt. Details findet man in [Hotho et al. 2006a]. In Abbildung 3 sieht man die zentralen Komponenten von BibSonomy. Die Schnittstelle zum Nutzer stellt ein Apache-Proxy-Server dar, der neben der Lastverteilung auch Zugangsbeschränkungen auf IP-Ebene vornimmt. Auch wird die Bandbreite pro IP-Adresse auf eine Obergrenze von 300 Anfragen pro Minute begrenzt. Eine relationale MySQL-Datenbank dient zum Speichern der Daten. Die Webapplikation BibSonomy wurde in einem Tomcat mithilfe von JavaServer Pages[3] und Java Servlets[4] umgesetzt. Mithilfe des Spring-Web-MVC-Frameworks (*www.springsource.org/*) sind Da-

---

3. http://java.sun.com/products/jsp
4. http://java.sun.com/products/servlets

tenrepräsentation (Model), -darstellung (View) und -verarbeitung (Controller) entkoppelt. Das System ist modular aufgebaut und die einzelnen Funktionen werden in dieser Form gekapselt. Dies ist beispielsweise in Abbildung 3 an der Datenbankschnittstelle zu erkennen, die die Datenbank vom Rest des Systems trennt.

Die Ziffern in Abbildung 3 demonstrieren den Fluss der Daten im System und geben so einen Einblick in dessen Arbeitsweise. Möchte ein Nutzer die Seite *http://www.bibsonomy.org/ user/nepomuk/fca* angezeigt bekommen, so wird ein HTTP-Request an den Apache-Proxy-Server (1) geschickt. Dieser leitet den Request an eine Tomcat-Instanz weiter (2). Das *Dispatcher-Servlet* des Spring-MVC-Frameworks (3) nimmt den Request entgegen und leitet ihn an den passenden Controller weiter (4). In diesem Fall möchte der Nutzer die Seite des Nutzers »nepomuk« sehen, für den der *UserPageController* zuständig ist. Der Controller holt sich die Daten über die Datenbankschnittstelle (*DatabaseLogic*), die die eigentliche Datenbank noch einmal kapselt, und reicht die passenden Daten an die Spring-View-Render-Komponente *JstlView* (6). Diese erzeugt das passende Layout, in diesem

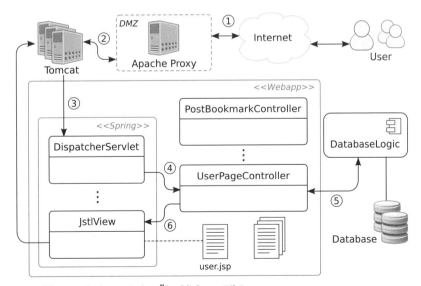

Abb. 3: Kontrollfluss und schematischer Überblick von BibSonomy

Fall eine HTML-Seite, die dann an den Nutzer ausgeliefert wird.

Alle in BibSonomy verarbeiteten Anfragen verlaufen im Wesentlichen nach diesem Prinzip. Allerdings ist der reale Kontrollfluss deutlich komplizierter, da weitere Komponenten (z.B. Zugriffsrechteverwaltung) die Daten unterwegs verarbeiten oder prüfen müssen. Durch die Trennung von Daten und Layout ist es leicht möglich, neue Sichten zu implementieren. Daher können wir in BibSonomy auch viele Exportformate anbieten.

3 Publikationsverwaltung mit kooperativen Verschlagwortungssystemen am Beispiel BibSonomy

Viele Forscher nutzen BibSonomy oder vergleichbare Systeme für die tägliche Arbeit. Sie sammeln und verwalten Bookmarks und Referenzen, die sie für das Schreiben von Aufsätzen und für die Lehre benötigen. Neben den Metadaten, die die zu speichernde Ressource beschreiben, muss der Nutzer Tags zur Beschreibung der Ressource vergeben. Die Tags bilden die Basis zur Verwaltung der Ressourcen.

Der typische Weg eines neuen Bookmarks oder einer neuen Referenz ins System wird im nächsten Abschnitt vorgestellt. Die Vorteile, die sich durch die gemeinschaftliche Arbeit ergeben, werden an Beispielen in Abschnitt 3.2 demonstriert. Der Abschnitt endet mit der Präsentation von Integrationsmöglichkeiten in andere Systeme.

3.1 Workflows

BibSonomy bietet eine Reihe von Möglichkeiten, die Metadaten von Bookmarks und Referenzen einzugeben. Neben der manuellen Eingabe, die mühsam ist, wurden verschiedene Komponenten zur Unterstützung des Nutzers bei der Eingabe in den Arbeitsablauf integriert. Dies macht die folgende Beschreibung deutlich.

Ausgangspunkt für viele wissenschaftliche Recherchen sind heute nicht mehr nur Bibliotheken, sondern viel häufiger das Internet. Anlaufpunkte sind die großen Suchmaschinen wie Google, Yahoo oder Bing. Findet man zum gesuchten Thema eine interessante Webseite, so kann man sich diese direkt in BibSonomy abspeichern. Hierbei ist ein sogenanntes Bookmarklet behilflich. Ein Bookmarklet ist eine Schaltfläche im Webbrowser, die mit einem kurzen JavaScript-Programm hinterlegt ist. Das Bookmarklet erhält man nach der Registrierung bei BibSonomy. Klickt man auf die Schaltfläche, so überträgt das Skript die URL, den Titel und den ggf. auf der Seite markierten Text zum Server. Im Ergebnis erscheint ein Dialog, wie er in Abbildung 1 zu sehen ist, in dem man (wie in Abschnitt 1 schon kurz eingeführt) eine eigene Beschreibung der Webseite in Form von Tags hinzufügen kann.

Eine erste Unterstützung durch das System erfährt der Benutzer in Form von empfohlenen Tags. Diese berechnet das System auf der Basis der bisher vom Nutzer getaggten Webseiten und der Informationen, die das System schon durch Tags anderer Nutzer über die Webseite hat. Damit versucht man dem Nutzer nützliche Tags vorzuschlagen. Durch Klicken auf ein vorgeschlagenes Tag kann der Benutzer dieses in seine Beschreibung übernehmen.

BibSonomy erlaubt nach diesem Prinzip nicht nur das Taggen von Bookmarks, sondern auch von Publikationen. Dazu müssen alle Metadaten einer Publikation eingegeben werden. Zusammen mit den Tags bilden sie dann den zu speichernden Post. Wie schon eingangs erwähnt, erlaubt BibSonomy die manuelle Eingabe, die allerdings mit relativ hohem Aufwand verbunden ist und auch nicht dem typischen Arbeitsablauf entspricht. BibSonomy bietet daher weitere Unterstützung an: So wie für die Webseiten gibt es mittlerweile spezielle Suchmaschinen nur für Publikationsdaten, wie z.B. Google Scholar oder CiteSeer. Auch gibt es viele von Verlagen und Bibliotheken betriebene Portale, die eine Suche nach Publikationen erlauben. Zum Teil werden diese Daten auch als Treffer bei Anfragen in den »normalen« Suchmaschinen wiedergegeben. Hat man eine solche Referenz gefunden (z.B. für den Beitrag [Hotho et al. 2006b] unter *www.springerlink.com/content/r8313654k80v7231/*), ist es mühsam, diese Daten manuell zu übertragen. Daher gibt es auch für Publikationen ein Bookmarklet, das der Nutzer anklicken kann, um eine Publikation in BibSonomy zu speichern. Allerdings werden diesmal aus technischen Gründen nicht direkt die Daten übertragen, sondern der Server fragt die gegebene URL an und übernimmt dann automatisch alle relevanten Informationen aus der Portalseite (in diesem Fall SpringerLink) in das BibSonomy-Formular. Im Ergebnis muss der Nutzer wieder nur die Tags ausfüllen, wobei ihn natürlich das Empfehlungssystem unterstützt. Sollten bestimmte Informationen fehlen oder unvollständig sein, können diese vor dem Speichern korrigiert werden. BibSonomy unterstützt zurzeit mehr als 60 verschiedene Portale[5] und vereinfacht damit das Sammeln von Publikationsdaten im Internet.

3.2 Browsen und Suchen

Ein weiterer Vorteil des Systems ergibt sich durch die Tatsache, dass viele BibSonomy-Nutzer Inhalte beisteuern. Dies erlaubt die Entwicklung von neuen Such- und Rankingmethoden, da die verschiedenen Beschreibungen der Ressourcen sich ergänzen. BibSonomy enthält nicht nur ein neues Rankingverfahren, sondern implementiert auch eine Vielzahl von Links, die das Browsen durch das System erlauben und zu spannenden neuen Webseiten und Publikationen führen können.

Browsen

In Abschnitt 1 wurden die drei zentralen Dimensionen einer Folksonomy (Nutzer, Tags und Ressourcen) eingeführt. In BibSonomy wird diese Folksonomy-Struktur direkt in Links übersetzt, d.h., jedes Vorkommen eines Nutzernamens, eines Tags oder eines Ressourcennamens wird mit einem Link auf die passende Entität hinterlegt. Zusätzlich gibt es Links auf eingeschränkte Sichten, z.B. auf alle Links des Nutzers »nepomuk«, die das Tag »fca« enthalten. Diese reichhaltige Linkstruktur erlaubt ein Browsen durch die Daten der Folksonomy, das zum unerwarteten Entdecken neuer Ressourcen führen kann. Eine solche Sitzung kann mit einer Anfrage nach einem Tag im System starten und schon bei der Analyse einer Ressource, eines Nutzers oder eines spannenden Eintrags stolpert man über neue, unerwartete Einträge.

Es gibt zumindest drei Gründe, die das unerwartete Entdecken neuer Informationen in BibSonomy unterstützen. Dies sind die sogenannte Small-World-Eigenschaft der Folksonomy, neue semantische Ähnlichkeitsmaße zwischen Tags bzw. Nutzern und die Spamentdeckungskomponente.

Die Small-World-Eigenschaft des Folksonomy-Graphen besteht aus zwei Aspekten. Zum einen sind die kürzesten Wege zwischen allen Knoten – also Nutzern, Tags und Ressourcen – mit einer durchschnittlichen Länge von ca. drei sehr kurz [Cattuto et al. 2007]. Das heißt, dass man im Mittel nur drei Klicks machen muss, um von einem Teil der Folksonomy zu einem beliebigen anderen zu gelangen. Zum anderen sind die Nachbarn eines Knotens eng verwandt und die Struktur des Graphen ist stark geclustert. Das führt dazu, dass man in der unmittelbaren Nachbarschaft eines Knotens gleichartige Dinge – z.B. thematisch verwandte Einträge – findet.

Viele Systeme enthalten Listen mit verwandten Tags. In [Cattuto et al. 2008] konnten wir zeigen, dass es eine Reihe von Ähnlichkeitsmaßen für Tags gibt, denen unterschiedliche Semantiken zugrunde liegen. Zwei dieser Maße (FolkRank und Cosinus-Ähnlichkeit) wurden in BibSonomy realisiert und geben Hinweise auf weitere verwandte Inhalte.

Ein großes Problem von offenen, webbasierten Systemen ist deren Missbrauch. Auch Bib-

---

5. www.bibsonomy.org/scraperinfo

Sonomy ist durch seine große Nutzerzahl, aber auch wegen seines hohen PageRanks, attraktiv für Spammer. Ohne Gegenmaßnahmen würden die Nutzer die interessanten Inhalte nicht finden können, da diese in der Masse des Spams untergehen würden. In Abschnitt 4.5 gehen wir kurz auf das Spam-Framework und die zugrunde liegenden Algorithmen ein, die auch Gegenstand aktueller Forschung sind.

Suchen

Eine zweite Komponente, die den Zugriff auf die gespeicherten Ressourcen erleichtert, ist die Such- und Rankingfunktion. Dazu haben wir in [Hotho et al. 2006b] den Algorithmus FolkRank entwickelt. Er nutzt wieder den zugrunde liegenden Folksonomy-Graphen, um die wichtigen Elemente in BibSonomy zu berechnen. FolkRank folgt dem Prinzip des PageRank-Algorithmus [Brin & Page 1998] von Google und basiert auf den Daten, die die BibSonomy-Nutzer über die gespeicherten Ressourcen gesammelt haben. Im Prinzip lässt sich der Algorithmus auch in anderen Systemen und für andere Ressourcentypen anwenden. Auch eine Anwendung auf Unternehmensdaten eines Intranets ist denkbar. Ein weiterer Aspekt, der Indizien für die Relevanz einer Ressource liefert, ist das Verhalten der Nutzer des Systems. Die Integration dieser in den Log-Dateien des Systems enthaltenen Information in die Berechnung des Rankings ist Gegenstand aktueller Forschung.

3.3 Integration

Eine Stärke von BibSonomy ist die Integration in verschiedene Systeme sowie das Vorhandensein offener Schnittstellen. Import und Export werden gleichermaßen unterstützt. Dabei werden die Daten nicht nur in formatierten Webseiten zu Verfügung gestellt, sondern auch in Formaten des Semantic Web. Auf diese Weise können die Daten leicht in andere Websysteme integriert werden. Zusätzlich stehen leichtgewichtige JSON-Exporte (JavaScript Object Notation) und eine große Zahl an Exportformaten für Literaturverzeichnisse zur Verfügung. Nutzer haben zusätzlich die Möglichkeit, diese Exportformate gemäß ihren eigenen Wünschen anzupassen.

Ein weiterer Pluspunkt ist die Integration in gängige Content-Management-Systeme. Es gibt Plug-ins für Typo3 und WordPress, aber auch die Integration in Zope durch die Übernahme von fertig formatierten BibSonomy-Seiten ist leicht möglich. Die Einbindung in andere CM-Systeme lässt sich leicht umsetzen.

Mithilfe der zur Verfügung gestellten REST-API[6] können nicht nur clientseitige Publikationsmanagementtools wie JabRef[7] direkt auf den BibSonomy-Daten arbeiten, sondern sie erlaubt auch eine nahtlose Integration in andere Systeme, wie z.B. in den Onlinekatalog der Universitätsbibliothek Köln.[8]

Durch diese Integration steht Wissenschaftlern ein mächtiges Werkzeug zur Verwaltung ihrer Publikationen zur Verfügung, das auch die Präsentation der eigenen Arbeiten im Internet einfach gestaltet. Die nächste Version von BibSonomy wird einen weiteren Schritt in diese Richtung gehen, indem sie jedem Benutzer auf Wunsch die Anzeige eines automatisch zusammengestellten Lebenslaufs ermöglicht.

4 Forschung

Die Flexibilität und Offenheit des BibSonomy-Systems sind ein wesentlicher Grund für seine hohe Akzeptanz. Jeder Benutzer kann entsprechend seinen eigenen Gewohnheiten und Vorlieben effizient Ressourcen kategorisieren und verwalten. Diese Flexibilität führt aber auch zu verschiedenen Problemen, die besonderer Lösungsansätze bedürfen. Insbesondere die Suche nach verschlagworteten Ressourcen anderer Benutzer ist schwierig, da es kein einheitli-

---

6. www.bibsonomy.org/help/doc/api.html
7. http://jabref.sourceforge.net
8. www.bibsonomy.org/help_de/tools/ bibsonomy_for_digital_libraries\# universitaet_koeln

ches Begriffssystem und keine allgemeinen Konventionen bei der Wahl von Schlagwörtern gibt. Bewährte Algorithmen aus dem Bereich Information Retrieval können nicht direkt übernommen werden, da die zugrunde liegenden Datenstrukturen (Folksonomies) von denen klassischer CMS abweichen.

In den folgenden Abschnitten werden aktuelle Forschungsansätze vorgestellt, die auf die Verbesserung jeweils unterschiedlicher Aspekte der Ressourcenverwaltung in kooperativen Verschlagwortungssystemen ausgerichtet sind und zum Teil auch schon den Weg in BibSonomy gefunden haben. Aufgrund des eingeschränkten Platzes verweisen wir im Folgenden im Wesentlichen nur auf eigene Artikel, die in direktem Bezug zu BibSonomy stehen. Die jeweiligen verwandten Arbeiten sind in den zitierten Artikeln ausführlich diskutiert.

4.1 Ranking und Trendentwicklung

Literaturrecherche ist einer der wichtigsten und häufigsten Anwendungsfälle für kooperative Verschlagwortungssysteme. Sobald das Ergebnis einer einzelnen Suchanfrage mehr Ressourcen liefert, als der Benutzer mit einem Blick erfassen kann, hat deren Reihenfolge (das Ranking) einen wesentlichen Einfluss auf den Erfolg einer Recherche.

Bei kooperativen Verschlagwortungssystemen werden die Suchergebnisse in der Regel chronologisch oder entsprechend der Popularität der Einträge sortiert. Internetsuchmaschinen setzen dagegen meist auf die Wichtigkeit der Webseiten und nutzen dies zum Ranking. In [Hotho et al. 2006b] haben wir den FolkRank-Algorithmus vorgestellt, basierend auf der PageRank-Idee [Brin & Page 1998] von Google. Dieser greift die Idee auf, dass beliebte und wichtige Webseiten häufiger verlinkt werden als weniger beliebte. Im Unterschied zum webbasierten PageRank-Algorithmus, der auf einem gerichteten Graphen basiert, handelt es sich bei einer Folksonomy um einen ungerichteten, tripartiten Graphen, bei dem eine Kante einen Benutzer, ein Tag und eine Ressource verbindet. Unsere Weiterentwicklung des PageRank-Algorithmus für Folksonomies erlaubt es nun, in Abhängigkeit von vorgegebenen Anwenderpräferenzen ein Ranking über Tags, Benutzer und Ressourcen so zu erstellen, dass Elemente der Folksonomy, die in Beziehung zum präferierten Element stehen, ein hohes Gewicht erhalten. Dabei wird in einem ersten Schritt jedes Element mit einem Gewichtswert initialisiert, wobei das präferierte Element ein höheres Gewicht erhält. Anschließend werden in mehreren Iterationen Gewichte so verteilt, dass eine Ressource, ein Tag oder ein Benutzer eine höhere Gewichtung erhalten, wenn das Zielelement mit anderen wichtigen Ressourcen, Tags oder Benutzern der Folksonomy verlinkt ist. Abschließend wird von dem eben erstellten Ranking mit Präferenz-Startgewichten ein globales Ranking abgezogen. Dieses wird aus gleichverteilten Startgewichten erstellt, sodass kein Element bevorzugt wird. Die Differenz der beiden Rankings bewirkt die Abwertung von global sehr populären (also stark verlinkten) Elementen zugunsten nicht ganz so häufig auftretender (also weniger stark verlinkter) Elemente, die aber interessant für das Präferenzelement sind. Damit ist es möglich, auf Basis der Benutzer des Systems beliebige Typen von Ressourcen, aber auch Tags und Benutzer in eine Reihenfolge zu bringen.

Basierend auf diesem Ranking ist es möglich, aufkommende Trends in solchen Systemen automatisch zu entdecken. Dies kann genutzt werden, um Anwender gezielt auf diese Entwicklungen aufmerksam zu machen.

4.2 Empfehlungssysteme

Zur Vereinfachung der Klassifikation und Verwaltung von Ressourcen haben sich im Bereich von Social Bookmarking verschiedene Empfehlungssysteme (Recommender) etabliert. Die häufigste Anwendung von Empfehlungssystemen ist des Empfehlen von Tags für aktuell zu verschlagwortende Ressourcen. Das System schlägt mehrere Tags zur Auswahl vor. Dem Benutzer steht es frei, aus diesen auszuwählen oder sie komplett zu ignorieren. Durch die Präsentation der Tags während des Verschlagwortens als Hyperlinks kann der Nutzer leicht vorgeschlagene Tags auswählen bzw. übernehmen. Tippfehler und unterschiedliche Schreibweisen können auf diese Weise reduziert werden, was zur Vereinheitlichung und Konvergenz des verwendeten Vokabulars führt.

Ein erster Collaborative-Filtering-Ansatz (CF) für soziale Lesezeichensysteme wird in [Benz et al. 2007] vorgestellt. Hier wird eine Kombination von Nächste-Nachbarn-Klassifikatoren verwendet, um Bookmarks zu klassifizieren. Das Nächste-Nachbarn-Verfahren sucht unter allen Nutzern des Systems diejenigen, die dem aktuellen Nutzer am ähnlichsten sind. Basierend auf der Annahme, dass sie das zu klassifizierende Bookmark ähnlich einsortiert haben, wie es auch der aktuelle Nutzer machen wird, wird eine gute Vorhersage berechnet. In [Jäschke et al. 2008b] wird der FolkRank-Algorithmus für die Vorhersage von Tags verwendet und dessen Überlegenheit gegenüber inhaltsbasierten und CF-Ansätzen nachgewiesen. Während der diesjährigen Discovery Challenge[9] der Tagungsreihe ECML PKDD wurden 14 Recommender, die weltweit aktiv waren, online miteinander verglichen, und die BibSonomy-Nutzer hatten die Möglichkeit, aus diesen Empfehlungen zu wählen. Das Gewinnersystem der Challenge ist weiterhin in BibSonomy integriert und aktiv.

4.3 Begriffshierarchien

Die automatische Extraktion von Begriffshierarchien aus Folksonomies ist ein wesentlicher Schritt zur Konvergenz mit dem Semantic Web. Ein erster Schritt ist die Modellierung von Taghierarchien mittels der Synonym-/Hyponym-Beziehungen, die dem Nutzer die Strukturierung der verwendeten Tagsammlung erlaubt. Dies ist notwendig, wenn die Tagwolke des Anwenders eine gewisse Größe erreicht hat und die Übersichtlichkeit nicht mehr gewährleistet ist. Erste Ansätze in diese Richtung findet man bei Delicious unter der Bezeichnung Bundles und in BibSonomy in Form von Konzepten, in die man Tags gruppieren kann. Ansätze zur automatischen Extraktion solcher Gruppen oder auch ganzer Hierarchien würden den Anwender bei der Organisation seines abgelegten Wissens zusätzlich unterstützen, sind aber in den bekannten Systemen noch nicht vorhanden. Ein Beispiel eines solchen automatischen Ansatzes findet man in [Heymann & Garcia-Molina 2006]. [Cattuto et al. 2008] zeigen, mit welchen Methoden man Synonyme und Hyponyme aus Folksonomies automatisch extrahieren kann, und tragen so zu einem besseren Verständnis der gefundenen Beziehungen zwischen Tags bei. Diese Informationen lassen sich dann in Form neuer Navigationslinks nutzen, wie sie in BibSonomy zur Unterstützung des Browsings umgesetzt wurden (vgl. Abschnitt 3.2).

4.4 Entdeckung von Nutzergruppen

Neben explizit definierten organisatorischen Gruppen entstehen in Bookmarking-Systemen implizit thematische Gruppen. Eine Identifikation solcher Gruppen böte die Möglichkeit, themenspezifisch auf andere Nutzer zu verweisen und so das Navigieren der Benutzer durch die Systeme zu lenken oder sie auf spannende Inhalte aufmerksam zu machen. Gruppen werden in der Regel automatisch mittels Clusterverfahren identifiziert, die aber in diesem Fall die tripartite Struktur der Daten (siehe Abschnitt 1) verarbeiten müssen. [Jäschke et al. 2008a] erweitern die formale Begriffsanalyse auf die Struktur von Folksonomies, um synchron Cluster von Benutzern, Tags und Ressourcen berechnen zu können. Dadurch kann man jedem Nutzer thematische Links zu Nutzern mit ähnlichen Interessen anbieten und so den Wissensaustausch und die Interaktion zwischen Nutzern erhöhen.

---

9. www.kde.cs.uni-kassel.de/ws/dc09/online

4.5 Spambekämpfung

Der Missbrauch von Social-Bookmarking-Systemen durch Spammer nimmt stetig zu. Wie auch bei E-Mail- oder Web-Spam stehen die Systembetreiber vor der Aufgabe, Spammer schnell und effektiv erkennen zu können. [Koutrika et al. 2007] nutzen die Vertrauenswürdigkeit der Anwender zum Ranken von Dokumenten und sind so in der Lage, auch Spamattacken zu entdecken. Die effektive Spambekämpfung in Social-Bookmarking-Systemen ist noch ein offenes Feld, und es wird an dem Transfer bekannter Ansätze aus den Bereichen Suchmaschinen-Spam und E-Mail-Spam gearbeitet. In BibSonomy ist ein Framework integriert, das mithilfe von Methoden des maschinellen Lernens Nutzer in vier Gruppen einteilt. Die verwendeten Ansätze werden in [Krause et al. 2008] im Detail vorgestellt.

5 Ausblick

Die in den letzten Jahren entstandenen Social-Bookmarking-Systeme wie BibSonomy stellen einen Service für viele Nutzer bereit, der nicht nur durch die Allgegenwärtigkeit der Systeme im Netz, sondern auch durch ihren kooperativen Charakter viele neue Nutzer anzieht. Die unmittelbare Nützlichkeit von BibSonomy durch die gebotenen Mehrwerte wie das netzbasierte Verwalten von Bookmarks und Publikationen, die einfache Übernahme von Daten aus fremden Systemen, die zusätzlichen Such- und Explorationsfunktionen sowie die nahtlose Integration in fremde Systeme überzeugen eine immer größer werdende Nutzergemeinschaft. Nicht nur den Nutzern des Systems bietet BibSonomy eine interessante Plattform, sondern auch Forschern, die neue Verfahren in ganz unterschiedlichen Anwendungsbereichen, wie z.B. Empfehlungssysteme, Spamentdeckung, Ranking und Clustern entwickeln und auch testen können.

In naher Zukunft wird BibSonomy mit gängigen Bibliothekssystemen integriert. Dadurch sollen mehr Bibliotheksnutzern die Vorteile von Social Bookmarking nähergebracht werden. Gleichzeitig können die so gewonnenen Daten ihre Stärken bei der Integration mit klassischen Bibliotheksdaten oder bei der Suche in gängigen Online-Bibliothekskatalogen ausspielen. Die Integration mit Open-Access-Repositorien wird nicht nur dazu führen, den Zugriff auf die Veröffentlichungen in solchen Systemen einfacher zu machen. Vielmehr können die so gewonnenen Daten auch zum Ranken von Publikationen sowie zur Entwicklung und Berechnung neuartiger Publikationsindizes verwendet werden.

6 Literatur

[Benz et al. 2007] *Benz, D.; Tso, K. H.; Schmidt-Thieme, L.*: Suppporting Collaborative Hierarchical Classification: Bookmarks as an Example. In: Computer Networks, 51 (16), 2007, S. 4574-4585.

[Brin & Page 1998] *Brin, S.; Page, L.*: The Anatomy of a Large-Scale Hypertextual Web Search Engine. In: Computer Networks and ISDN Systems, 30 (1-7), 1998, S. 107-117.

[Cattuto et al. 2007] *Cattuto, C.; Schmitz, C.; Baldassarri, A.; Servedio, V. D. P.; Loreto, V.; Hotho, A.; Grahl, M.; Stumme, G.*: Network properties of folksonomies. In: AI Communications, 20 (4), 2007, S. 245-262.

[Cattuto et al. 2008] *Cattuto, C.; Benz, D.; Hotho, A.; Stumme, G.*: Semantic Grounding of Tag Relatedness in Social Bookmarking Systems. In: Sheth et al. (Hrsg.): The Semantic Web – ISWC 2008, Bd. 5318. Springer-Verlag, Berlin, Heidelberg, 2008, S. 615–631.

[Heymann & Garcia-Molina 2006] *Heymann, P.; Garcia-Molina, H.*: Collaborative Creation of Communal Hierarchical Taxonomies in Social Tagging Systems. Stanford InfoLab. Technical Report, Stanford, April 2006 (2006-10).

[Hotho 2008] *Hotho, A.*: Social Bookmarking. In: Back, A.; Gronau, N.; Tochtermann, K. (Hrsg.): Web 2.0 in der Unternehmenspraxis: Grundlagen, Fallstudien und Trends zum Einsatz von Social Software. Oldenbourg Verlag, München, 2008, S. 26-38.

[Hotho et al. 2006a] *Hotho, A.; Jäschke, R.; Schmitz, C.; Stumme, G.*: BibSonomy: A Social Bookmark and Publication Sharing System. In: Moor, A.; Polovina, S.; Delugach, H. (Hrsg.): Proceedings of the Conceptual Structures Tool Interoperability Workshop at the 14th International Conference on Conceptual Structures. Aalborg University Press, Aalborg, Denmark, Juli 2006, S. 87-102.

[Hotho et al. 2006b] *Hotho, A.; Jäschke, R.; Schmitz, C.; Stumme, G.*: Information Retrieval in Folksonomies: Search and Ranking. In: Sure, Y.; Domingue, J. (Hrsg.): The Semantic Web: Research and Applications Bd. 4011. Springer-Verlag, Heidelberg, June 2006, S. 411-426.

[Jäschke et al. 2008a] *Jäschke, R.; Hotho, A.; Schmitz, C.; Ganter, B.; Stumme, G.*: Discovering Shared Conceptualizations in Folksonomies. In: Web Semantics: Science, Services and Agents on the World Wide Web, 6 (1), 2008, S. 38-53.

[Jäschke et al. 2008b] *Jäschke, R.; Marinho, L.; Hotho, A.; Schmidt-Thieme, L.; Stumme, G.*: Tag Recommendations in Social Bookmarking Systems. In: AI Communications, 21 (4), 2008, S. 231-247.

[Koutrika et al. 2007] *Koutrika, G.; Effendi, F.; Gyöngyi, Z.; Heymann, P.; Garcia-Molina, H.*: Combating spam in tagging systems. In: AIRWeb '07: Proceedings of the 3rd International Workshop on Adversarial Information Retrieval on the Web. ACM, New York, NY, USA, 2007, S. 57-64.

[Krause et al. 2008] *Krause, B.; Schmitz, C.; Hotho, A.; Stumme, G.*: The Anti-Social Tagger – Detecting Spam in Social Bookmarking Systems. In: AIRWeb '08: Proceedings of the 4th International Workshop on Adversarial Information Retrieval on the Web. ACM, New York, NY, USA, April 2008, S. 61-68.

[Mika 2005] *Mika, P.*: Ontologies Are Us: A Unified Model of Social Networks and Semantics. In: Gil, Y.; Motta, E.; Benjamins, V. R.; Musen, M.. (Hrsg.): Proceedings of the 4th International Semantic Web Conference, Bd. 3729. Springer-Verlag, Berlin, Heidelberg, November 2005, S. 522-536.

Danksagung

Die in diesem Artikel vorgestellten Arbeiten werden teilweise unterstützt durch die Deutsche Forschungsgemeinschaft in den Projekten »PUMA – Akademisches Publikationsmanagement« und »Info 2.0 – Informationelle Selbstbestimmung im Web 2.0«.

Dr. Andreas Hotho
Dipl.-Inform. Dominik Benz
Dipl.-Inform. Folke Eisterlehner
Dipl.-Math. Robert Jäschke
Dipl.-Inform. Beate Krause
Dr. Christoph Schmitz
Prof. Dr. Gerd Stumme
Universität Kassel
Fachbereich Elektrotechnik/
Informatik
Fachgebiet Wissensverarbeitung
Wilhelmshöher Allee 73
34121 Kassel
{hotho, benz, eisterlehner, jaeschke, krause, schmitz, stumme}
@cs.uni-kassel.de
www.cs.uni-kassel.de

Christian Bizer, Christian Becker

Semantische Mashups auf Basis des Linked Data Web

Das World Wide Web wandelt sich von einem Medium zur Veröffentlichung von Texten zu einem Medium zur Veröffentlichung von strukturierten Daten. Neben Web-2.0-APIs spielen bei dieser Entwicklung zunehmend Linked-Data-Technologien eine zentrale Rolle. Linked-Data-Technologien ermöglichen die Vernetzung von Datenbanken mittels Datenlinks auf Basis der Webstandards HTTP-URIs und RDF (Resource Description Framework). Das Linked Data Web deckt ein breites Themenspektrum ab, unter anderem beinhaltet es Informationen zu Orten, Personen, Ereignissen, Publikationen, Musik, Filmen sowie biowissenschaftliche Daten. Semantische Mashups sind Anwendungen, die diesen Datenraum nutzen. Der Artikel erläutert die technologischen Grundlagen von Linked Data und gibt anhand von Beispielen einen Überblick über den derzeitigen Entwicklungsstand semantischer Mashups.

Inhaltsübersicht

1 Fragmentierung des Web in isolierte Datensilos
2 Linked Data
3 Das Linked Data Web
4 Semantische Mashups
   4.1 VisiNav
   4.2 DBpedia Mobile und Marbles
5 Ausblick
6 Literatur

1 Fragmentierung des Web in isolierte Datensilos

Führende Anbieter von Webinhalten wie Google, Yahoo!, eBay und Amazon haben in den letzten Jahren begonnen, ihre Datenbanken über Web-APIs für Dritte zugänglich zu machen. Der Webseite ProgrammableWeb.com zufolge gibt es derzeit mehr als 1.500 öffentlich zugängliche Web-APIs. Das breite Angebot verfügbarer Daten ermöglicht die Implementierung vielfältiger Mashups, die Daten aus verschiedenen Datenquellen miteinander kombinieren. Im Gegensatz zum klassischen Web, das auf einer kleinen Menge generell akzeptierter Standards basiert – Uniform Resource Identifiers (URIs), dem HyperText Transfer Protocol (HTTP) und der HyperText Markup Language (HTML) –, verwenden Web-APIs jeweils eigene, proprietäre Identifikations- und Zugriffsmechanismen und repräsentieren Daten in unterschiedlichen Formaten. Aufgrund des Fehlens global eindeutiger Identifikationsmechanismen ist es nicht möglich, Daten aus verschiedenen Web-APIs mittels Hyperlinks miteinander zu verknüpfen. Über Web-APIs zugängliche Datenquellen bleiben somit isolierte Datensilos. Es ist nicht möglich, Mashups zu implementieren, die auf der Gesamtmenge der im Web verfügbaren Daten arbeiten oder automatisch die Inhalte zusätzlicher Datenquellen integrieren, die erst nach der Fertigstellung des Mashups im Web veröffentlicht werden.

Um diese Fragmentierung des Web in isolierte Datensilos zu überwinden, stellte Tim Berners-Lee, der Erfinder des World Wide Web, die Linked-Data-Prinzipien [Berners-Lee 2006] auf. Die Linked-Data-Prinzipien geben Empfehlungen, wie strukturierte Daten im Web veröffentlicht werden sollen, und zeigen auf, wie *Datenlinks* zwischen verschiedenen Datenquellen auf Basis etablierter Webstandards gesetzt werden können. Somit können, analog zum klassischen Web, Daten mittels Links zu einem einheitlichen, globalen Datenraum verbunden werden [Bizer et al. 2009a]. Da in diesem *Linked*

Data Web die Identifikation, der Abruf wie auch die Repräsentation von Daten auf einheitlichen Standards beruhen, können *semantische Mashups* auf Basis des gesamten Datenraums agieren und Informationen über eine bestimmte Ressource aus verschiedenen Datenquellen zusammenführen. Im Gegensatz zu Web-2.0-Mashups, die auf eine vorher festgelegte Anzahl von Datenquellen beschränkt sind, können *semantische Mashups* neue Datenquellen zur Laufzeit entdecken, indem sie *Datenlinks* folgen. Somit können sie neu erscheinende Datenquellen nutzen, um umfassendere Antworten zu liefern.

2 Linked Data

Der Begriff Linked Data bezeichnet im Web veröffentlichte Daten, deren Bedeutung explizit definiert ist, die mittels *Datenlinks* auf andere Datenquellen verweisen und auf die im Gegenzug andere Datenquellen verweisen können. Durch die Verknüpfung mittels *Datenlinks* sind alle im Web als Linked Data veröffentlichten Daten Teil eines globalen Datenraums. Technologisch basiert Linked Data auf den folgenden Grundprinzipien [Berners-Lee 2006]:

1. Verwende URIs als Namen für Dinge.
2. Verwende HTTP-URIs, damit diese Namen im Web nachgeschlagen werden können.
3. Liefere nützliche RDF-Daten, wenn jemand eine URI nachschlägt.
4. Verweise mittels *Datenlinks* auf externe URIs, damit Nutzer weitere Dinge entdecken können.

Global eindeutige Identifizierung

Linked Data verwendet URIs, um jegliche Ressourcen, also auch Realweltobjekte wie Personen, Firmen oder Städte, zu identifizieren. Ressourcen, die mittels HTTP-URIs identifiziert werden, können im Web nachgeschlagen werden, indem die URI über das HTTP-Protokoll dereferenziert wird. Wenn eine HTTP-URI dereferenziert wird, liefert der Webserver, der den Namensraum der URI bedient, eine Beschreibung des identifizierten Objekts.

Repräsentation von Daten

Linked Data verwendet zur Repräsentation von Daten das Resource Description Framework (RDF), ein generisches, graphbasiertes Datenmodell. RDF codiert Daten in Form von Tripeln, die aus Subjekt, Prädikat und Objekt bestehen. Das Subjekt und das Objekt eines Tripels sind entweder beide URIs, die jeweils eine Ressource identifizieren, oder sie bestehen aus einer URI und einem String-Literal. Das Prädikat legt die Beziehung zwischen Subjekt und Objekt fest und nimmt ebenfalls die Form einer URI an. Ein RDF-Tripel kann beispielsweise aussagen, dass zwei Personen, die jeweils durch eine URI identifiziert sind, dadurch in Beziehung zueinander stehen, dass Person A Person B kennt. Zur Veröffentlichung von RDF-Daten im Web wird entweder die RDF/XML- oder die RDFa-Serialisierung verwendet.

Datenlinks

Datenlinks [Bizer et al. 2007] verbinden Datensätze aus einer Datenquelle mit Datensätzen einer anderen Quelle. *Datenlinks* sind RDF-Tripel, bei denen die verwendeten HTTP-URIs aus unterschiedlichen Namensräumen stammen. Abbildung 1 zeigt zwei beispielhafte *Datenlinks*. Der erste sagt aus, dass eine Ressource, die durch die URI *http://www.w3.org/People/Berners-Lee/card#i* identifiziert ist, eine andere Ressource *(http://www.ivan-herman.net/foaf.rdf#me)* kennt. Wird die erste URI über das HTTP-Protokoll dereferenziert, so antwortet der W3C-Server mit einer RDF-Beschreibung der identifizierten Ressource, in diesem Fall der Person Tim Berners-Lee. Entsprechend liefert der Server *www.ivan-herman.net* bei Dereferenzierung der Objekt-URI einen RDF-Graphen, der die Person Ivan Herman beschreibt. Der zweite *Datenlink* repräsentiert die Information, dass Tim Berners-Lee in der Nähe der Ressource *http://dbpedia.org/resource/Cambridge%2C_Massachusetts*

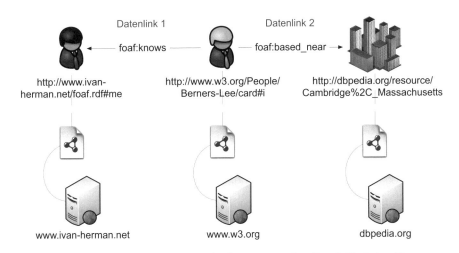

Abb. 1: Beispiel zweier Datenlinks, die von verschiedenen Servern bereitgestellte Datensätze miteinander verbinden

lebt. Eine Dereferenzierung der Prädikate *http://xmlns.com/foaf/0.1/knows* und *http://xmlns.com/foaf/0.1/based_near* liefert die Definitionen der Linktypen *knows* bzw. *based_near* [Berrueta & Phipps 2008], die mithilfe der RDF Vocabulary Definition Language (RDFS) ausgedrückt werden. Diese Definitionen können mittels *Datenlinks* wiederum auf Terme in anderen Vokabularen verweisen und somit Mappings zur Transformation von Daten zwischen verschiedenen Vokabularen bereitstellen. Als Linked Data veröffentlichte Daten sind somit selbstbeschreibend. Ein Mashup, das auf einen ihm unbekannten Term stößt, kann die Definitionen des Terms abrufen und die Daten anhand von Mappings (sofern diese vorhanden sind) in ein ihm bekanntes Vokabular transformieren.

Als Kritikpunkt am Linked-Data-Konzept sei anzumerken, dass dessen Realisierbarkeit in erster Linie von der Anzahl und der Qualität der zwischen Datenquellen gesetzten Links abhängt. Zudem ist das Erstellen der Links sowie deren kontinuierliche Wartung mit Aufwand für den Herausgeber der Daten verbunden [Volz et al. 2009].

3 Das Linked Data Web

Zahlreiche Herausgeber von Daten sind in den letzten zwei Jahren dazu übergegangen, ihre Daten als Linked Data im Web zu veröffentlichen. Infolgedessen ist ein globaler Datenraum entstanden, der Daten zu geografischen Orten, Personen, Firmen, Büchern, wissenschaftlichen Publikationen, Filmen, Musik, Fernseh- und Radioprogrammen, Genen, Proteinen, Medikamenten und klinischen Studien, Online-Communities, Statistiken, Volkszählungen und Testberichten umfasst. Dieser Datenraum beinhaltet aktuell (November 2009) mehr als 13,1 Milliarden RDF-Tripel. Circa 142 Millionen *Datenlinks* verbinden Datensätze aus verschiedenen Quellen.[1]

Das *Linked Data Web* baut direkt auf der generellen Architektur des Web [Jacobs & Walsh 2004] auf. Somit stellt es eine Erweiterung des Web dar, die eng mit dem klassischen Dokumentenweb verflochten ist und viele Gemeinsamkeiten mit diesem aufweist: Das Datenweb kann beliebige Arten von Daten enthalten; jedermann kann darin Daten veröffentlichen und

---

1. *http://esw.w3.org/topic/TaskForces/CommunityProjects/LinkingOpenData/DataSets/Statistics*

dabei die Vokabulare, mit denen er Daten repräsentiert, frei wählen; durch die Verknüpfung von Datensätzen über *Datenlinks* entsteht ein globaler Graph, der Datenquellen verbindet und die Entdeckung neuer Datenquellen ermöglicht.

Die Veröffentlichung von Linked Data wird im Rahmen des Linking-Open-Data-Projekts[2] des World Wide Web Consortium (W3C) lose koordiniert. Das Projekt wurde im Januar 2007 mit dem Ziel initiiert, die Entwicklung des *Linked Data Web* durch die Veröffentlichung von Datenbeständen anzustoßen, die unter offenen Lizenzen stehen. Im Rahmen des Projekts werden Datenbestände nach den Linked-Data-Prinzipien in das RDF-Format konvertiert und im Web veröffentlicht. Jedermann kann sich an dem Projekt beteiligen, indem er Daten nach den Linked-Data-Prinzipien veröffentlicht und sie mit bestehenden Datensets verknüpft.

Im Laufe der letzten Jahre wurden verschiedene Werkzeuge entwickelt, mit deren Hilfe sich Linked-Data-Sichten auf die Inhalte bestehender Anwendungen, relationaler Datenbanken oder RDF-Stores im Web publizieren lassen [Bizer et al. 2009a]. So können relationale Datenbanken beispielsweise mithilfe von D2R Server als Linked Data im Web veröffentlicht und RDF-Stores mit Pubby um ein Linked Data Interface erweitert werden. Ein weiterer Ansatz zur Veröffentlichung von Linked Data besteht in der Implementierung von Wrappern um existierende Anwendungen oder Web-APIs. Beispiele für Wrapper auf Anwendungsebene sind die SIOC-Exporter, die für WordPress, das Drupal Content Management System sowie phpBB-Diskussionsforen verfügbar sind. Ein Beispiel eines Wrappers um Web-APIs ist das RDF Book Mashup, das auf die Amazon- und Google-Base-APIs zugreift, um RDF-Daten über Bücher bereitzustellen. Die Verlinkung von Datensätzen zwischen Datenquellen kann mithilfe von Link-Discovery-Werkzeugen wie Silk [Volz et al. 2009] und LinQL [Hassanzadeh et al. 2009] automatisiert werden.

Abbildung 2 veranschaulicht die Topologie des *Linked Data Web* und klassifiziert die Datensets nach Themenbereichen. Jeder Knoten im Diagramm repräsentiert ein einzelnes Datenset, das als Linked Data veröffentlicht ist. Die Kanten stellen Mengen von *Datenlinks* dar, die Datensätze zweier Datenquellen verbinden. Je stärker eine Kante gezeichnet ist, desto mehr Verknüpfungen bestehen; im Fall von bidirektionalen Kanten haben beide Datensets ausgehende *Datenlinks* zum jeweils anderen Datenset gesetzt.

Im Folgenden geben wir einen Überblick über die Themenbereiche, zu denen Linked Data im Web verfügbar ist.

Medien

Die British Broadcasting Corporation (BBC) veröffentlicht Informationen über das Programm ihrer Radio- und Fernsehsender als Linked Data im Web [Kobilarov et al. 2009]. Über *Datenlinks* sind die BBC-Daten mit MusicBrainz, einer Musikdatenbank, und DBpedia [Bizer et al. 2009b], einer Linked-Data-Version von Wikipedia, verknüpft. Mashups können diese Links nutzen, um Daten über Künstler und ihre Werke aus allen drei Datenquellen abzurufen und anschließend zu integrieren. Die New York Times veröffentlicht 5.000 Person Subject Headings als Linked Data und verknüpft sie mit DBpedia und Freebase. Die Medienunternehmen CNET und Thomson Reuters haben angekündigt, in Zukunft Informationen als Linked Data zu veröffentlichen. Thomson Reuters betreibt bereits den Dienst OpenCalais, der Nachrichtentexte mit URIs von Orten, Firmen und Personen aus dem *Linked Data Web* annotiert.

Publikationen

Die US Library of Congress und die Deutsche Zentralbibliothek für Wirtschaftswissenschaften veröffentlichen ihre Schlagwortkataloge als

---

2. http://esw.w3.org/topic/SweoIG/TaskForces/CommunityProjects/LinkingOpenData/

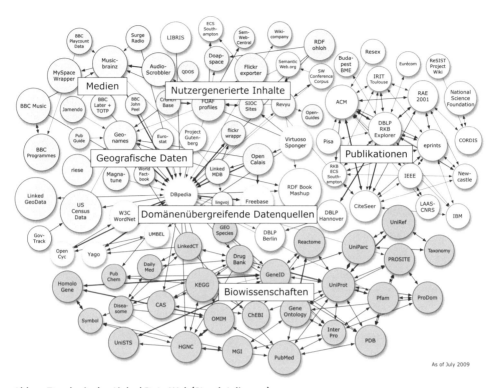

Abb. 2: Topologie des *Linked Data Web* (Stand: Juli 2009)

Linked Data. Das L3S Research Center bietet eine Linked-Data-Version der DBLP-Bibliografie an. Das ReSIST-Projekt veröffentlicht und verknüpft bibliografische Datenbanken wie z.B. die IEEE Digital Library, CiteSeer sowie verschiedene institutionelle Kataloge. Ein Wrapper um die Amazon- und Google-Base-APIs, der Linked Data über Bücher und ihre Autoren liefert, ist das RDF Book Mashup. Der Object Reuse and Exchange (OAI-ORE) Standard der Open Archives Initiative basiert auf den Linked-Data-Prinzipien, und es ist davon auszugehen, dass im Zuge der Verwendung dieses Standards die Menge von Linked Data im Bereich Publikationen stark zunehmen wird.

Biowissenschaften

Das Bio2RDF-Projekt hat mehr als 30 unter offenen Lizenzen stehende biowissenschaftliche Datenbanken miteinander verknüpft und als Linked Data veröffentlicht, darunter UniProt (Universal Protein Resource), KEGG (Kyoto Encyclopedia of Genes and Genomes), CAS (Chemical Abstracts Service), PubMed sowie Gene Ontology. Insgesamt umfassen die Bio2RDF-Datensets mehr als zwei Milliarden RDF-Tripel. Weitere Datensets aus dem Bereich der Biowissenschaften wie LinkedCT, DrugBank, SIDER und STITCH werden im Rahmen der W3C Linking Open Drug Data Initiative veröffentlicht [Jentzsch et al. 2009].

Geografische Daten

GeoNames ist eine unter offener Lizenz stehende geografische Datenbank, die Linked Data zu acht Millionen Orten bereitstellt. Eine Linked-Data-Version von OpenStreetMap mit Informationen zu mehr als 350 Millionen Orten publiziert das LinkedGeoData-Projekt [Auer et al. 2009]. Orte in GeoNames und LinkedGeoData sind mit den jeweiligen Orten in DBpedia verknüpft. Die britische Ordnance Survey hat damit begonnen, topologische Informationen über die Verwaltungsbezirke Großbritanniens als Linked Data zu veröffentlichen. Konvertierungen der EuroStat-, World-Factbook- und US-Census-Datenbestände sind ebenfalls als Linked Data verfügbar.

Nutzergenerierte Inhalte

Zunehmend werden Metadaten über nutzergenerierte Inhalte als Linked Data verfügbar. Beispiele hierfür sind der flickr wrappr, der den Fotodienst Flickr kapselt, sowie die SIOC-Exporter. Die Firma Zemanta entwickelt Werkzeuge, die Blogeinträge halbautomatisch mit *Datenlinks* zu DBpedia, Freebase, MusicBrainz und Semantic CrunchBase annotieren. Ein weiterer Dienst, der es ermöglicht, Webinhalte mit Linked-Data-URIs zu annotieren, ist Faviki. Die Annotationen verbinden das klassische Dokumentenweb mit dem *Linked Data Web* und können von Mashups genutzt werden, um Hintergrundinformationen zu Webdokumenten abzurufen.

Domänenübergreifende Datenquellen

Datenquellen, die domänenübergreifende Informationen anbieten, spielen eine entscheidende Rolle bei der Verbindung von Daten zu einem globalen Datenraum und wirken einer Fragmentierung des Datenraums in getrennte thematische Netze entgegen. Ein Beispiel für eine solche domänenübergreifende Datenquelle ist DBpedia [Bizer et al. 2009b], ein Projekt, das strukturierte Daten aus Wikipedia-Artikeln extrahiert und als Linked Data bereitstellt. Da DBpedia ein breites Themenspektrum abdeckt und sich mit vielen anderen Datasets in hohem Maß inhaltlich überschneidet, haben zahlreiche Herausgeber von Daten damit begonnen, ihre Datasets mit DBpedia zu verknüpfen. DBpedia entwickelt sich somit zu einem der zentralen Link-Hubs des *Linked Data Web* (siehe Abb. 2). Weitere wichtige Quellen domänenübergreifender Daten sind Freebase, Wordnet, OpenCyc, YAGO und UMBEL. Diese sind jeweils mit DBpedia verlinkt, sodass Mashups Daten aus allen sechs Quellen miteinander kombinieren können.

4 Semantische Mashups

Semantische Mashups sind Anwendungen, die das *Linked Data Web* nutzen. Im Gegensatz zu klassischen Web-2.0-Mashups integrieren *semantische Mashups* Daten nicht aus einer beschränkten, vorher festgelegten Menge an Datenquellen, sondern operieren auf einem offenen Datenraum. Dieser ermöglicht es ihnen, durch das Verfolgen von *Datenlinks* neue Datenquellen zu entdecken. Die Verwendung von HTTP als standardisiertem Zugriffsmechanismus und RDF als standardisiertem Datenmodell vereinfacht den Datenzugriff im Vergleich zu Web-APIs, die unterschiedliche proprietäre Datenmodelle und Zugriffsmechanismen verwenden.

Da das *Linked Data Web* die Architektur des klassischen Dokumentenweb [Jacobs & Walsh 2004] direkt auf Daten überträgt, können *semantische Mashups* bekannten Architekturpatterns von Webapplikationen folgen. *Semantische Mashups* können auf Basis von zwei grundlegenden Architekturen implementiert werden:

1. Zum einen kann der Datenraum systematisch gecrawlt werden, d.h., *Datenlinks* werden iterativ verfolgt, um die von verschiedenen Servern bereitgestellten RDF-Daten einzusammeln. Die eingesammelten Daten werden in einer lokalen RDF-Datenbank gespeichert und können dort effizient abgefragt werden. Eine derartige Architektur wird von vielen Linked-Data-Suchmaschinen realisiert. Ein Teil der derzeit verfügbaren Linked-Data-Suchmaschinen orientiert sich an den bekannten stichwortbasierten Suchinterfaces von Google und Yahoo!. Beispiele solcher auf Endbenutzer ausgerichteten Suchmaschinen sind Falcons [Cheng & Qu 2009] und SWSE [Hogan et al. 2007]. Andere

Linked-Data-Suchmaschinen sind darauf ausgerichtet, als Komponente innerhalb von *semantischen Mashups* genutzt zu werden. Sie bieten einen zentralisierten Index an, auf den *semantische Mashups* über eine API zugreifen können. Beispiele derartiger Suchmaschinen sind Swoogle, Sindice und Watson.

2. Das zweite Architekturpattern besteht darin, dass *Datenlinks* zwischen Datenquellen zur Laufzeit der Anwendung verfolgt werden. Dieses Pattern wird insbesondere von am Endbenutzer orientierten Linked-Data-Browsern wie Tabulator [Berners-Lee et al. 2008], Disco und Marbles implementiert. DERI Pipes bietet eine Plattform, mit der Mashups gemäß dem zweiten Architekturpattern erstellt werden können. Die Semantic Web Client Library [Hartig et al. 2009] hat demonstriert, dass auch komplexe Anfragen über das Verfolgen von *Datenlinks* beantwortet werden können.

Im Folgenden beschreiben wir VisiNav als Beispiel für ein *semantisches Mashup*, das Webdaten crawlt, um komplexe Abfragen zu ermöglichen, sowie DBpedia Mobile als Beispiel für ein *semantisches Mashup*, das Daten zur Laufzeit abruft und integriert.

4.1 VisiNav

VisiNav [Harth 2009] ist eine Linked-Data-Suchmaschine, die einen Teil des *Linked Data Web* crawlt und somit der ersten vorgestellten Architektur folgt. Im Gegensatz zu Suchmaschinen für das Dokumentenweb, die in der Regel nur die Suche anhand von Stichwörtern zulassen, erlaubt VisiNav die Formulierung komplexer Abfragen über die gesammelten Daten. Das von VisiNav verwendete Datenset wurde, ausgehend von Tim Berners-Lees FOAF-Profil, über das Verfolgen von *Datenlinks* bis zu einer Tiefe von sechs Ebenen erstellt und enthält 18,5 Millionen Tripel, die aus 70.000 unterschiedlichen Datenquellen stammen.

Die Abfrageformulierung in VisiNav beruht auf sechs Operationen, die auf der grafischen Oberfläche interaktiv schrittweise miteinander verkettet werden können, sodass immer komplexere Anfragen entstehen. Diese schrittweise Konstruktion der Anfragen auf Basis der vorhandenen Datenmenge stellt sicher, dass nur solche Anfragen erstellt werden können, die das System auch beantworten kann.

VisiNav stellt folgende Operationen zur Verfügung:

- Stichwortsuche, bei der Nutzer Objekte auf Basis von Suchbegriffen finden können
- Filterung anhand von Facetten, d. h. von Kombinationen einer Eigenschaft mit einem Literalwert bzw. Objekt
- Pfadnavigation, bei der Nutzer einer Objekteigenschaft folgen können, um den Fokus auf eine neue Ressource zu legen
- Objektnavigation, die der Navigation mit Hypertextlinks im Dokumentenweb ähnelt: Der Nutzer beginnt mit einer begrenzten Ergebnismenge und kann dann einzelne Ressourcen fokussieren.
- Projektion, bei der die Menge der angezeigten Eigenschaften eingeschränkt werden kann
- Sortierung, bei der die aktuelle Ergebnismenge nach einem oder mehreren Kriterien sortiert werden kann

Abbildung 3 verdeutlicht diese Operationen an einem Beispiel. Um die Blogs von Tim Berners-Lees Kollegen zu finden, wird – ausgehend von einer Stichwortsuche nach »Tim Berners-Lee« – zunächst die Objekteigenschaft `foaf:knows` ausgewählt, um den Fokus auf Personen, die Tim Berners-Lee kennt, zu richten. Die zweite Objekteigenschaft `foaf:weblog` setzt den Fokus schließlich auf Blogs, die von diesen Personen verfasst werden. Als Ergebnis findet VisiNav 55 Blogs. Diese Anfrage ist mit stichwortbasierten Suchmaschinen wie Google oder Yahoo! nicht realisierbar.

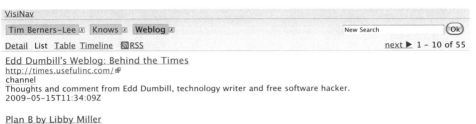

Abb. 3: VisiNav-Abfrage, die Weblogs von Personen findet, die Tim Berners-Lee kennt

4.2 DBpedia Mobile und Marbles

DBpedia Mobile [Becker & Bizer 2009] ist ein *semantisches Mashup*, mit dem Orte aus der Umgebung des Nutzers als Startpunkte für die Navigation im *Linked Data Web* genutzt werden können. DBpedia Mobile kann sowohl auf mobilen Geräten wie dem iPhone als auch mittels eines klassischen Webbrowsers genutzt werden. Die Anwendung ist ein Beispiel für ein *semantisches Mashup*, das *Datenlinks* zur Laufzeit folgt.

Auf Basis der aktuellen GPS-Position des Nutzers zeigt DBpedia Mobile eine interaktive Umgebungskarte, auf der nahegelegene Orte aus dem DBpedia-Datenset angezeigt werden (siehe Abb. 4). Ortsnamen und die Beschreibung von Orten können hierbei in 30 unterschiedlichen Sprachen angezeigt werden; zudem werden YAGO-Kategoriezuordnungen genutzt, um passende Icons darzustellen. Ausgehend von dieser Kartenansicht können die Nutzer Hintergrundinformationen über ihre Umgebung finden, indem sie *Datenlinks* zu anderen Quellen folgen: Per Klick auf eine Ressource werden über sie verfügbare Daten aus dem Datenweb abgerufen und dargestellt. Der Nutzer kann den hierbei angezeigten *Datenlinks* folgen und so in weitere Datensets navigieren.

DBpedia Mobile kann Informationen aus jeglichen Datenquellen darstellen, die heute oder in Zukunft von DBpedia aus über *Datenlinks* erreichbar sind. Ausgehend von einem Ort können so beispielsweise Informationen über Personen, die an diesem Ort geboren wurden oder dort gearbeitet haben, abgerufen werden. Ist eine solche Person ein Autor, so kann der Nutzer *Datenlinks* zum RDF Book Mashup oder zum Project Gutenberg folgen, um mehr über die Werke des Autors zu erfahren. Wenn der Nutzer an regionalen Musikern interessiert ist, kann er ausgehend von DBpedia zu MusicBrainz navigieren, um dort weitere Informationen über die Alben der Musiker zu erhalten.

DBpedia Mobile basiert auf Marbles, einer serverseitigen Anwendung, die XHTML-Ansichten von Linked-Data-Ressourcen mithilfe von

Abb. 4: DBpedia Mobile zeigt Informationen aus dem *Linked Data Web* über die aktuelle Umgebung des Nutzers an

Fresnel-Linsen und -Formaten erzeugt. Vor Erstellung der Ansicht dereferenziert Marbles die URI, die die darzustellende Ressource identifiziert. Zudem werden die Semantic-Web-Suchmaschinen Sindice und Falcons sowie die Rezensionsseite Revyu nach Verweisen zu Informationen über die Ressource angefragt. Innerhalb des so ermittelten Datenbestandes werden anschließend *Datenlinks* mit den Prädikaten owl:sameAs und rdfs:seeAlso bis zu einer Tiefe von zwei Ebenen verfolgt, um weitere Informationen über die gewählte Ressource sowie Beschriftungen für verknüpfte Ressourcen zu erhalten. Im letzten Schritt wendet Marbles eine owl:sameAs-Inferenz an, um URI-Aliase [Bizer et al. 2007] aufzulösen. Hierbei werden Daten über die betrachtete Ressource, die in verschiedenen Datenquellen jeweils mit unterschiedlichen URIs beschrieben ist, zusammengeführt.

DBpedia Mobile ermöglicht auch die Veröffentlichung von Linked Data. Nutzer können ihren aktuellen Standort, Fotos sowie Bewertungen von Orten mit Verknüpfung zu DBpedia-Ressourcen veröffentlichen. Diese Daten erweitern das *Linked Data Web* und können somit auch von anderen *semantischen Mashups* genutzt werden.

5 Ausblick

Das Potenzial von Linked Data wird zunehmend auch von den großen Suchmaschinenanbietern erkannt. Sowohl Google als auch Yahoo! haben im letzten Jahr begonnen, Linked Data in der RDFa-Serialisierung zu crawlen. Yahoo! crawlt jegliche Typen von RDFa-Daten,[3] Google beschränkt sich auf Daten zu Produkten, Bewertungen und Personen.[4] Derzeit werden die gecrawlten Daten von beiden Suchmaschinen in Form von RichSnippets zur besseren Strukturierung von Suchergebnissen verwendet. Längerfristig ist es denkbar, dass Suchmaschinen strukturierte Daten aus dem Web dazu verwenden, komplexe Anfragen direkt zu beantworten, anstatt ihre Benutzer auf Webseiten zu verwei-

---

3. *http://developer.yahoo.com/searchmonkey/*
4. *http://googlewebmastercentral.blogspot.com/ 2009/05/introducing-rich-snippets.html*

sen, die vielleicht die Antwort enthalten. Suchmaschinen könnten sich somit zu Antwortmaschinen weiterentwickeln, die Anfragen wie »Gib mir preisgünstige Angebote für Produkt X von als gut bewerteten Händlern« oder »Gib mir offene Stellen für Informatiker in Berlin« mit einer Liste von Datensätzen statt mit einer Liste von Webseiten beantworten.

Interessant dürfte in den nächsten Jahren auch der Einsatz von Linked-Data-Technologien als leichtgewichtige Datenintegrationstechnologien innerhalb von Unternehmen sowie in Unternehmensnetzwerken werden. Das Erstellen eines klassischen Data Warehouse erfordert die Modellierung eines einheitlichen globalen Schemas. Im Gegensatz dazu ermöglichen es Linked-Data-Technologien, die Inhalte von autonom verwalteten und sich unabhängig voneinander weiterentwickelnden Datenbanken über *Datenlinks* miteinander zu verknüpfen und einheitliche Werkzeuge für den Zugriff sowie die Navigation zwischen den Datenbanken zu verwenden. Sollte eine tiefer gehende Integration der Inhalte der so entstehenden Datenräume erforderlich sein, kann Schritt für Schritt in die Verwendung von gemeinsamen Vokabularen sowie die Erstellung von Schema-Mappings investiert werden [Franklin et al. 2005]. Erste Anwender von Linked-Data-Technologien im Unternehmenskontext sind die BBC, die Pharmakonzerne Eli Lilly und Johnson & Johnson sowie AstraZeneca. Die BBC verwendet Linked-Data-Technologien, um Inhalte miteinander zu verknüpfen, die von ihren Fernseh- und Radiosendern produziert wurden und in unterschiedlichen Repositories gespeichert werden [Kobilarov et al. 2009]. Pharmakonzerne sehen das Potenzial von Linked-Data-Technologien in der Verknüpfung von internen und externen Daten für die Medikamentenentwicklung und kooperieren daher innerhalb der W3C Linking Open Drug Data Initiative [Jentzsch et al. 2009].

Ein weiteres Anwendungsfeld für Linked-Data-Technologien ist die Erleichterung des Zugriffs auf Daten, die von öffentlichen Institutionen produziert werden [Acar et al. 2009]. Der britische Premierminister Gordon Brown hat im Juni 2009 Tim Berners-Lee zum Berater der britischen Regierung für den Themenbereich »Public Information Delivery« ernannt. Berners-Lee hat kürzlich eine Webdesign-Notiz zum Thema »Putting Government Data online« veröffentlicht [Berners-Lee 2009]. Erste Resultate dieser Initiative sind die Veröffentlichung von geografischen Daten der britischen Ordnance Survey und von Stellenausschreibungen als RDFa-Daten durch das British Public Services Office. Ähnliche Initiativen treibt auch die US-Regierung voran. Die kürzlich gestartete Webseite Data.gov bietet Zugriff auf derzeit 47 Datenbanken, die von verschiedenen Abteilungen der US-amerikanischen Regierung produziert werden. Eine Linked-Data-Version dieses Datenbestandes, die insgesamt mehr als fünf Milliarden RDF-Tripel umfasst, veröffentlicht das Projekt Data-gov Wiki.

Die Fragmentierung des Web durch proprietäre APIs in voneinander getrennte Datensilos erinnert an die frühen Tage des Internets, als Dienste wie CompuServe und AOL versuchten, ihren Nutzern nur Inhalte einer beschränkten, handverlesenen Anzahl von Kooperationspartnern zur Verfügung zu stellen. Dieser Ansatz ist gescheitert. Stattdessen hat das World Wide Web als globaler, offener Informationsraum radikal unseren Zugriff auf Informationen verbessert, neue Geschäftsmodelle hervorgebracht sowie tief greifende gesellschaftliche Veränderungen ausgelöst. Die Linked-Data-Technologien könnten das Potenzial haben, diese Erfolgsgeschichte für Daten zu wiederholen.

6 Literatur

[Acar et al. 2009] *Acar, S.; Alonso, J.; Novak, K.*: Improving Access to Government through Better Use of the Web, W3C Interest Group Note, 2009, *www.w3.org/TR/egov-improving*; Zugriff am 17.11.2009.

[Auer et al. 2009] *Auer, S.; Lehmann, J.; Hellmann, S.*: LinkedGeoData – Adding a Spatial Dimension to the Web of Data. In: Proceedings of the 8th

International Semantic Web Conference, 2009, S. 731-746.

[Becker & Bizer 2009] *Becker, C.; Bizer, C.:* Exploring the Geospatial Semantic Web with DBpedia Mobile. In: Journal of Web Semantics. Science, Services and Agents on the World Wide Web Vol. 7, Issue 4, December 2009, S. 271-362.

[Berners-Lee 2006] *Berners-Lee, T.:* Linked Data – Design Issues, 2006, www.w3.org/DesignIssues/LinkedData.html; Zugriff am 17.11.2009.

[Berners-Lee 2009] *Berners-Lee, T.:* Putting Government Data Online – Design Issues, 2009, www.w3.org/DesignIssues/GovData.html; Zugriff am 17.11.2009.

[Berners-Lee et al. 2008] *Berners-Lee, T.; Hollenbach, J.; Lu, K.; Presbrey, J.; Prud'ommeaux, E.; Schraefel, M.:* Tabulator Redux: Browsing and Writing Linked Data. Proceedings of the 1st Workshop on Linked Data on the Web (LDOW2008), 2008.

[Berrueta & Phipps 2008] *Berrueta, D.; Phipps, J.:* Best Practice Recipes for Publishing RDF Vocabularies – W3C Working Group Note, 2008, www.w3.org/TR/swbp-vocab-pub/; Zugriff am 17.11.2009.

[Bizer et al. 2007] *Bizer, C.; Cyganiak, R.; Heath, T.:* How to publish Linked Data on the Web, 2007, http://www4.wiwiss.fu-berlin.de/bizer/pub/LinkedDataTutorial/; Zugriff am 17.11.2009.

[Bizer et al. 2009a] *Bizer, C.; Heath, T.; Berners-Lee; T.:* Linked Data – The Story So Far. In: International Journal on Semantic Web & Information Systems, Vol. 5, Issue 3, 2009, S. 1-22.

[Bizer et al. 2009b] *Bizer, C.; Lehmann, J.; Kobilarov, G.; Auer, S.; Becker, C.; Cyganiak, R.; Hellmann, S.:* DBpedia – A Crystallization Point for the Web of Data. In: Journal of Web Semantics: Science, Services and Agents on the World Wide Web, Volume 7, Issue 3, Sept. 2009, S. 154-165.

[Cheng & Qu 2009] *Cheng, G.; Qu, Y.:* Searching Linked Objects with Falcons: Approach, Implementation and Evaluation. In: International Journal on Semantic Web & Information Systems, Vol. 5, Issue 3, 2009, S. 49-70.

[Franklin et al. 2005] *Franklin, M.; Halevy, A.; Maier, D.:* From databases to dataspaces: a new abstraction for information management. ACM SIGMOD Records, 34 (4), S. 27-33.

[Harth 2009] *Harth, A.:* VisiNav: Visual Web Data Search and Navigation. In: Volume 5690 of LNCS, 2009, S. 214-228.

[Hartig et al. 2009] *Hartig, O.; Bizer, C.; Freytag, J.-C.:* Executing SPARQL Queries over the Web of Linked Data. Proceedings of the 8th International Semantic Web Conference (ISWC2009), 2009, S. 293-309.

[Hassanzadeh et al. 2009] *Hassanzadeh, O.; Limet, L.; Kementsietsidis, A.; Wang, M.:* A Declarative Framework for Semantic Link Discovery over Relational Data. Poster at 18th World Wide Web Conference (WWW2009), 2009.

[Hogan et al. 2007] *Hogan, A.; Harth, A.; Umrich, J.; Decker, S.:* Towards a scalable search and query engine for the web. Proceedings of the 16th Conference on World Wide Web (WWW2007), 2007.

[Jacobs & Walsh 2004] *Jacobs, I.; Walsh, N.:* Architecture of the World Wide Web, Volume One – W3C Recommendation, 2004, www.w3.org/TR/webarch/; Zugriff am 17.11.2009.

[Jentzsch et al. 2009] *Jentzsch, A.; Hassanzadeh, O.; Bizer, C.; Andersson, B.; Stephens, S.:* Enabling Tailored Therapeutics with Linked Data. 2nd Workshop on Linked Data on the Web (LDOW2009), April 2009.

[Kobilarov et al. 2009] *Kobilarov, G.; Scott, T.; Raimond, Y.; Oliver, S.; Sizemore, C.; Smethurst, M.; Bizer, C.; Lee, L.:* Media Meets Semantic Web – How the BBC Uses DBpedia and Linked Data to Make Connections. Proceedings of the European Semantic Web Conference (ESWC2009), Crete, June 2009.

[Volz et al. 2009] *Volz, J.; Bizer, C.; Gaedke, M.; Kobilarov, G.:* Silk – A Link Discovery Framework for the Web of Data. Proceedings of the 2nd Workshop on Linked Data on the Web (LDOW2009), 2009.

Prof. Dr. Christian Bizer
Dipl.-Kfm. Christian Becker
Freie Universität Berlin
Institut für Produktion,
Wirtschaftsinformatik und
Operations Research
Web-based Systems Group
Garystr. 21
14195 Berlin
{christian.bizer,
christian.becker}@fu-berlin.de
www.wiwiss.fu-berlin.de/
institute/pwo

Stephan Gillmeier, Urs Hengartner, Sandro Pedrazzini

Wie man mit der Wikipedia semantische Verfahren verbessern kann

Das automatische Zuweisen von Themengebieten zu beliebigen Dokumenten ist eine der anspruchsvollsten Aufgaben in der Computerlinguistik. Um dies technisch überhaupt bewerkstelligen zu können, setzt es ein gewisses »Verständnis« eines Textes voraus. Üblicherweise werden bei solchen Verfahren große – von Hand erstellte – thematisch vorsortierte Datenbanken benutzt. In dieser Arbeit wird zusammen mit statistischen Datenanalysen die »Datenbank« Wikipedia verwendet, um mit ihren semantischen Strukturen automatisch passende Themen von Dokumenten zu identifizieren und anschließend zuzuordnen. Darüber hinaus wird mit einem weiteren Verfahren gezeigt, wie das Auffinden ähnlicher Dokumente verbessert werden kann.

Inhaltsübersicht

1 Automatische Zuordnung von Themen
2 Nutzen der Wikipedia-Strukturen
3 WMTrans-Produkte
　3.1 WMTrans-Technologie
　3.2 Produktbereiche
　3.3 Der WMTrans-Lemmatizer
4 TF-IDF
5 Semantische Kategorisierung und themenbasierte Verschlagwortung von Dokumenten mit der Wikipedia
　5.1 Das Auffinden ähnlicher Dokumente
　5.2 Automatisches Kategorisieren von Dokumenten
6 Schlussbetrachtung und Ausblick
7 Literatur

1 Automatische Zuordnung von Themen

Diese Arbeit beschreibt einen neuen Ansatz, um beliebige Dokumente semantisch zu strukturieren und automatisch Themengebieten zuzuordnen (Taggen). Aufgrund dieser Zuordnung kann eine automatisierte Alternative für »normale« Suche in Datenbanken oder Webseiten bereitgestellt werden, bei der nicht nur nach einzelnen Wörtern, sondern auch nach Themengebieten gesucht werden kann. Darüber hinaus bietet der Ansatz die Möglichkeit, qualitativ besser verwandte Dokumente zu einem beliebigen Dokument zu finden.

Umgesetzt wurde diese Arbeit mit drei verschiedenen »Ansätzen«:

a) Die Wikipedia ist so aufgebaut, dass Artikel semantisch kategorisiert sind. Diese vorhandenen Wikipedia-Kategorien der einzelnen Artikel wurden benutzt, um bei beliebigen Dokumenten herauszufinden, welchen Themen ein Dokument zuzuordnen ist.

b) Um Dokumente besser analysieren zu können, wurden in einem weiteren Schritt die Sprachanalysetools – WMTrans – der Schweizer Softwarefirma Canoo AG verwendet. Diese helfen beispielsweise, das »Rauschen« in Dokumenten zu verringern. So werden etwa konjugierte Wörter auf deren Grundform zurückgeführt, sodass z.B. die beiden Wörter »gingen« und »gehst« von einem Computer als ein Wort – nämlich »gehen« – begriffen werden können.

c) Um Ähnlichkeiten zwischen Dokumenten zu finden, wurde ein dafür üblicher Algorithmus »TF-IDF« (term frequency - inverse document frequency) verwendet. Hierbei werden spezielle Terme (Schlüsselwörter) in einem Dokument festgestellt und dann besonders gewichtet und daraufhin nach deren Vorkommen in anderen Dokumenten gesucht.

2 Nutzen der Wikipedia-Strukturen

Die Wikipedia ist seit ihrer Entstehung einem rasanten linearen Wachstum unterworfen (siehe Abb. 1)[1]. Alleine in der deutschen Version gibt es mittlerweile 956.531 Artikel (Stand: 17.9.2009), während die englische Version der Wikipedia sogar 3.038.561 Artikel (Stand: 22.9.2009) vorzuweisen hat.[2]

Dies stellt nicht nur eine umfangreiche Dokumentation unseres heutigen Wissens dar, sondern die Wikipedia kann durch diesen Informationsgehalt auch zum Analysieren von Dokumenten eingesetzt werden, und zwar aus mehreren Gründen:

1. Viele Wörter eines beliebigen Textes besitzen innerhalb der Wikipedia einen eigenen Artikel und dessen Metastruktur.
2. Diese Artikel sind logisch mit anderen Artikeln verbunden, d.h., es bestehen kausale Verlinkungen zu anderen Artikeln.
3. Fast alle Artikel in der Wikipedia sind semantisch kategorisiert und anhand dieser Kategorien wieder mit anderen Themen und Artikeln verbunden.
4. Die Wikipedia ist äußerst effizient beim Auflösen ambiguer (mehrdeutiger) Wortformen. Mehrdeutige Wörter kommen häufig in Texten vor und stellen jede maschinelle Verarbeitung vor immense Probleme.

Diese Erkenntnisse sind jedoch nicht neu. So wurde die Wikipedia schon des Öfteren zum Untersuchungsgegenstand computerlinguistischer Forschung. Zu nennen sind hierbei vor allem [Bunescu & Pasca 2006], [Cucerzan 2007] und [Gabrilovich & Markovitch 2006]. Vor der Entstehung der Wikipedia wurden vor allem Korpora (Sammlungen von Texten oder Äußerungen in einer Sprache) zur Analyse von Dokumenten verwendet, die über mehrere Jahre hinweg aufwendig erstellt wurden. Beispiele hierbei sind WordNet[3] oder GermaNet[4]. [Gabrilovich & Markovitch 2007] haben bei einer Untersuchung verschiedener Korpora im Vergleich zu Wikipedia festgestellt, dass mit der durch [Finkelstein et al. 2002] aufgestellten

---

1. http://de.wikipedia.org/wiki/Wikipedia:Meilensteine
2. http://en.wikipedia.org/wiki/Main_Page
3. http://wordnet.princeton.edu/
4. www.sfs.uni-tuebingen.de/lsd/

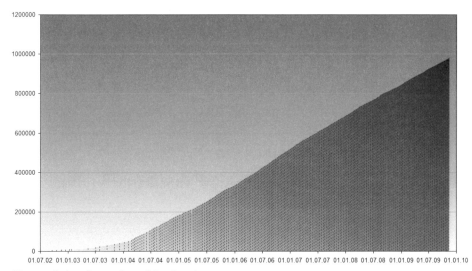

Abb. 1: Artikelwachstum der Wikipedia seit 2002

WordSimilarity-353 collection die Wikipedia der menschlichen Semantik am nächsten kommt.

Das Besondere an der Wikipedia ist zudem, dass für viele Eigennamen, die in den »normalen« Korpora nicht erfasst sind, die komplette Struktur ebenso vorliegt wie zu gebräuchlicheren Wörtern. Dies betrifft sowohl semantisches Tagging (die automatische Zuweisung eines »Themas« zu einem Dokument) als auch kausale Linkstrukturen.

Gleichzeitig stellt die Fülle an Wörtern den Benutzer der Wikipedia wieder vor ein neues Problem: *Je mehr Wörter es in der Wikipedia gibt, desto größer wird die Anzahl der mehrdeutigen Wörter.* Kann ein Wort in einem Dokument nicht eindeutig Einträgen in der Wikipedia zugeordnet werden, wird es nicht weiterverwendet, da die Bedeutung des Wortes für eine weitere Analyse nicht eindeutig bestimmt werden kann.

[Milne & Witten 2008] haben ebenfalls mithilfe der Wikipedia für dieses Problem eine elegante Lösung gefunden. Abbildung 2 zeigt einen Text, bei dem das Wort *tree* die Bedeutung »tree (data structure)« hat und nicht etwa »tree« im allgemeinen Sinne von »Baum«. Wenn man mit Standardgewichtungsverfahren (wie etwa PageRank[5]) alle möglichen Kategorien zu dem Wort *tree* innerhalb der Wikipedia gewichten würde (wie etwa: *tree, tree (data structure), tree (graph theory), tree network, ...*),

---

5. http://ilpubs.stanford.edu:8090/422/

dann würde der allgemeinen Bedeutung »tree« die höchste Relevanz zugesprochen werden, weil sie am meisten mit anderen Artikeln verlinkt ist. Die – in diesem Fall – korrekte Kategorie »tree (data structure)« wäre erst auf Platz 3.

Dieses Problem kann aufgelöst werden, indem man verfolgt, wohin alle anderen Wörter im Text innerhalb der Wikipedia verlinken. In diesem Beispiel stellt man fest, dass die Wörter *algorithm, tree structure, uniformed search* und *LIFO stack* auf »tree (data structure)« verlinken. Diese kontextsensitive Relevanz kann mit folgender Formel bestimmt werden:

$$relatedness\ (a,\ b) = \frac{\log(\max(|A|,|B|)) - \log(|A \cap B|)}{\log(|W|) - \log(\min(|A|,|B|))}$$

a und b sind die ausgewählten Wikipedia-Artikel, A und B sind die Sets aller Artikel, die entweder auf a oder b verlinken, und W ist die Anzahl aller Artikel in der Wikipedia.

Allerdings ist der alleinige Einsatz der Wikipedia zur Analyse von Dokumenten nicht zufriedenstellend, da es bei vielen Konjugationen (z.B. *Bank, Bänke, Banken*) keine Auflösung auf die richtige Wortform bzw. Bedeutung in der Wikipedia gibt. Auch der Umgang mit zusammengesetzten Wörtern oder mit »unbekannten« Wortformen ist für jedes System – auch für die Wikipedia – schwer. Um mit diesem Problem umzugehen, wurde auf die WM-Trans-Produktpalette zurückgegriffen.

Depth-first search
From Wikipedia, the free encyclopedia

Depth-first search (DFS) is an `algorithm` for traversing or searching a `tree` `tree structure` or graph. One starts at the root (selecting some node as the root in the graph case) and explores as far as possible along each branch before backtracking.

Formally, DFS is an `uninformed search` that progresses by expanding the first child node of the search tree that appears and thus going deeper and deeper until a goal node is found, or until it hits a node that has no children. Then the search backtracks, returning to the most recent node it hadn't finished exploring. In a non-recursive implementation, all freshly expanded nodes are added to a `LIFO stack` for exploration.

sense	commonness	relatedness
Tree	92.82%	15.97%
Tree (graph theory)	2.94%	59.91%
Tree (data structure)	**2.57%**	**63.26%**
Tree (set theory)	0.15%	34.04%
Phylogenetic tree	0.07%	20.33%
Christmas tree	0.07%	0.0%
Binary tree	0.04%	62.43%
Family tree	0.04%	16.31%
...		

Abb. 2: Textausschnitt, bei dem mithilfe der Wikipedia Mehrdeutigkeiten aufgelöst werden

Fazit

Die Wikipedia ist eine äußerst große und umfangreiche »Datenbank«, deren semantische Struktur und kausale Verlinkung auf andere Artikel hilfreich ist bei der Analyse von Texten. Darüber hinaus ist zu erwähnen, dass die Wikipedia für die Dokumente vieler Sprachen[6] angewendet werden kann.

3 WMTrans-Produkte

WMTrans ist eine Sammlung verschiedener Analysewerkzeuge, die auf den gleichen wortbasierten morphologischen Informationen aufbauen. Diese Informationen basieren ihrerseits auf den generierten und gesammelten Daten von WordManager [Hacken 2009], einem Autorensystem für Wortformen und Flexionsregeln (Regeln zur Änderung der Gestalt eines Wortes).

Mit dem Autorensystem werden Wörter mit den dazugehörigen Wortbildungsregeln erfasst und verwaltet. WordManager unterstützt den Linguisten mit entsprechenden Benutzerschnittstellen in der komplexen Aufgabe, die Flexions- und Wortformationsregeln zu spezifizieren. Die Daten werden in einer zentralen, speziell strukturierten Datenbank verwaltet, aus der mit Hilfsprogrammen die benötigte Information für die verschiedenen Aspekte und Formate der Sprachprodukte generiert werden kann. Zudem bietet es Mittel und Werkzeuge zum Auffinden und Beheben von Fehlern in den Regeln und der Konsistenzprüfung der Daten für den Linguisten an.

Die Basis der Daten für die Sprachprodukte bilden somit die erfassten Morphologie-Wörterbücher. Verschiedene Linguisten haben bis heute für die Sprachen Deutsch, Französisch und Italienisch Wörter mit den entsprechenden Wortbildungsregeln erfasst. Zurzeit können mithilfe der erfassten Daten folgende Anzahl Wortformen in den drei Sprachen generiert werden:

---

6. Die Wikipedia ist in vielen Sprachen verfügbar (http://de.wikipedia.org/wiki/Wikipedia:Sprachen).

- Für Deutsch sind 300.000 Einträge erfasst, aus denen mehr als drei Millionen deutsche Wortformen generiert werden können.
- Für Englisch sind 50.000 Einträge erfasst und es können damit 115.000 englische Wortformen generiert werden.
- Für Italienisch können aus den 50.000 Einträgen 460.000 italienische Wortformen generiert werden.

3.1 WMTrans-Technologie

Die WMTrans-Produkte werden für die Analyse von einzelnen Wörtern in einem Text verwendet und sind ausgestattet mit nützlichen Word-Manager-Informationen, wie den Flexionsregeln, den Wortfamilien, den Wortableitungen und den Wortkompositionen. Typische Anwendungsbereiche sind Informationsextraktion, intelligente Suche, automatische Indexierung, Text Mining, Spracherwerb, Hyperlink-Generierung, Rechtschreibprüfer, Grammatikprogramme und maschinelle Übersetzung.

Alle WMTrans-Produkte basieren auf einer weitverbreiteten *Finite-State*-Technologie. Diese Technologie verwendet einfache Finite-State-Automaten oder *Transducer*, die in Bezug auf Speicherverbrauch und Performanz als eine effiziente Implementation für die Analyse von Wortformen und Wortgeneration gelten. Weitere detaillierte Informationen zu dieser Technologie sind in [Koskenniemi 1983] und [Karttunen 1994] beschrieben.

Die Schweizer Softwarefirma Canoo bietet unterschiedliche WMTrans-Produkte an. Der Unterschied in den Produkten besteht im Wesentlichen darin, wie die Information im Produkt codiert wird und wie diese Information für verschiedene Sprachanwendungen aufbereitet werden kann.

3.2 Produktbereiche

Für das Erkennen der Flexionsinformation steht ein einfacher »Recognizer« (WMTrans-Recognizer) zur Verfügung. Dieser erkennt mit einem yes/no-Resultat, ob ein Wort in einer

Sprache eine gültige Form hat. Der WMTrans-Lemmatizer kann zudem als »Part-of-speech Tagging« (POS) einerseits den analysierten Wörtern ihre Wortarten (Verb, Nomen usw.) zuordnen, aber auch ihre Zitatform ausgeben. Die ausführlichste Information über ein analysiertes Wort gibt der WMTrans-Analyzer aus. Für ein zu analysierendes Wort werden entsprechende Muster (linguistische Paradigmen) und morphosyntaktische Informationen generiert. In Abbildung 3 wird ein vereinfachtes Diagramm mit der generierten Ausgabe des WMTrans-Analyzers für den Begriff »ging« gezeigt. Dabei wird das analysierte Wort der Grundform (»gehen«) mit den entsprechenden linguistischen Paradigmen ausgegeben. Für das angegebene Beispiel sind dies zwei Möglichkeiten: »ich ging« und »er ging«. Die maschinell verarbeitbare Ausgabe bedeutet: »Ging« hat die Grundform »gehen«, gehört zur Kategorie Verb *(Cat V)*, das Perfekt wird mit dem Hilfsverb sein *(Aux sein)* gebildet, es handelt sich um die erste oder dritte Person Singular *(Pers 1st) (Num SG) / (Pers 3rd) (Num SG)* in der Vergangenheitsform (Imperfekt) *(Temp Impf)* und dem Modus (Aussageweise) Indikativ (Wirklichkeitsform) *(Mod Ind)*. Die Angabe *(ID O-1)* ist eine systeminterne Bezeichnung.

Im Gegensatz zum WMTrans-Analyzer generiert der WMTrans-Generator anhand der eingegebenen Zitatform alle möglichen Schreibweisen eines Wortes.

Analog zur Flexionsinformation gibt es Produkte für die Aspekte der Wortformationen. Der Wortformen-Analyzer (WMTrans/WF-Analyzer) liefert den Ursprung eines zusammengesetzten Wortes oder den Ursprung von dessen Ableitung. Rekursiv angewendet, können ganze Ableitungsbäume eines Wortes generiert werden.

Für die umgekehrte Funktionalität kann der WMTrans/WF-Generator verwendet werden. Damit können z.B. alle möglichen Ableitungen und Wordformationen eines Wortes generiert werden.

3.3 Der WMTrans-Lemmatizer

Von den WMTrans-Produkten ist der Lemmatizer ein wichtiger Baustein für die in diesem Beitrag beschriebene Methode. Der Lemmatizer ermittelt für jedes analysierte Wort im Text die Grundform und die Wortart (Verb, Nomen usw.).

Wird das Wort »ging« in einem Text analysiert, erhält man die Information, dass das Wort ein Verb ist und die Grundform »gehen« lautet. Das folgende Beispiel zeigt die generierte Information der Wörter »ging« und »Häuser«.

Ging → *gehen (Cat V)*
Häuser → *Haus (Cat N)*

Diese Information wird bei der Analyse verwendet, um alle Elemente der gleichen Wortfamilie (Lexeme) zu gruppieren und diese dann für die Berechnung der Relevanz eines Wortes zu verwenden. Dadurch können die Relevanz und die Qualität des Indexierers wesentlich verbessert werden.

Fazit

Die WMTrans-Technologie eignet sich durch maßgeschneiderte Produkte für den Einsatz in Sprachanwendungen. Durch die konsistente Datenverwaltung und die umfangreiche Datenbasis wird ein extrem hoher Qualitätsstandard der erzeugten Daten gewährleistet.

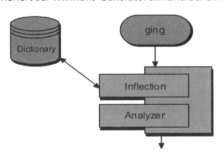

gehen
(Cat V)(Aux sein)(Mod Ind)(Temp Impf)
(Pers 1st)(Num SG)(ID 0-1),
(Cat V)(Aux sein)(Mod Ind)(Temp Impf)
(Pers 3rd)(Num SG)(ID 0-1)
#

Abb. 3: Vereinfachtes Diagramm des WMTrans-Analyzers

4 TF-IDF

Um Ähnlichkeiten zwischen Dokumenten zu untersuchen, wird häufig ein Verfahren namens *TF-IDF* eingesetzt. Da diese Methodik schon seit geraumer Zeit bekannt ist, wird TF-IDF (term frequency - inverse document frequency) oft verwendet bei *Information-Retrieval-* und *Text-Mining-*Verfahren (vgl. dazu [Salton & McGill 1983]). Die Hauptaufgabe von TF-IDF ist es, herauszufinden, wie *wichtig* einzelne Wörter in einem Dokument im Verhältnis zu anderen Dokumenten innerhalb einer Datenbank sind. Dazu wird zu jedem Wort innerhalb eines Dokumentes gezählt, wie häufig das Wort innerhalb dieses Dokumentes erscheint (tf = term frequency).

$$tf_{i,j} = \frac{freq_{i,j}}{\max_l(freq_{l,j})}$$

Diese Methode wird pro Term (Schlüsselwort) i abhängig vom Dokument j betrachtet. $Freq_{i,j}$ ist die Auftrittshäufigkeit des betrachteten Terms i im Dokument j. Im Nenner steht die Maximalhäufigkeit über alle k Terme im Dokument.

Danach wird festgestellt, wie häufig dieses Wort in allen anderen Dokumenten in jener Datenbank vorkommt, innerhalb der nach ähnlichen Dokumenten gesucht wird (idf = inverse document frequency).

$$idf_i = \log \frac{N}{n_i}$$

Hier ist $N = |D|$ die Anzahl der Dokumente im Korpus und n_i die Anzahl der Dokumente, die Term i beinhalten.

Das Gewicht w eines Terms i im Dokument j ist dann nach *TF-IDF*:

$$w_{i,j} = tf_{i,j} \cdot idf_i = \frac{freq_{i,j}}{\max_l(freq_{l,j})} \cdot \log \frac{N}{n_i}$$

Allerdings sollte man sich vor dem Einsatz von TF-IDF Gedanken darüber machen, welche Wörter man für die Analyse einbezieht. Standardmäßig werden bei diesem Verfahren alle Wörter mit in die Untersuchung einbezogen. Ein einzelnes Wort wird dabei meistens erkannt, wenn es durch ein Leerzeichen von anderen getrennt ist. Hierbei muss man natürlich erst einmal alle »unwichtigen« und »zu häufigen« Wörter erkennen und ausschließen. Dazu kann man eine Stoppwortliste für die häufigsten Wörter definieren (z.B. *und, oder, mit, ...*) und dadurch viele häufige Wörter ausschließen, jedoch obliegt es hier einer aufwendigen manuellen Einstellung, welche Wörter zugelassen werden und welche nicht. Eine andere Problematik bekommt man jedoch durch einfaches Erstellen einer Stoppwortliste nicht in den Griff: Wortformen. Und diese führen oft zu starken Verfälschungen der Ergebnisse, da beispielsweise schon Pluralformen eines Wortes (etwa *Bank* oder *Banken*) und Konjugationen (*gehen, gehts, ging, ...*) als unterschiedliche Wörter behandelt werden. Auch Wortbildungen werden als unterschiedliche Wörter vom Rechner wahrgenommen, beispielsweise *Vorstandsvorsitzender, Vorstandschef, Chef, Vorstand*. Sowohl inhaltlich als auch syntaktisch sind sich diese Wörter ähnlich, das TF-IDF-Verfahren stuft sie jedoch alle als unterschiedliche Wörter ein und wertet sie entsprechend.

Fazit

TF-IDF kann man als etabliertes und robustes Verfahren bezeichnen, um Ähnlichkeiten zwischen Dokumenten zu analysieren. Jedoch muss man, wenn man qualitativ hochwertige Ergebnisse bekommen möchte, viel an Vorarbeit investieren, um für die Analyse geeignete Schlüsselwörter herauszufinden.

5 Semantische Kategorisierung und themenbasierte Verschlagwortung von Dokumenten mit der Wikipedia

Generell kann man sagen, dass die drei beschriebenen Ansätze für sich jeweils starke Vorzüge besitzen.

So ermöglicht es die Struktur der Wikipedia (a), eine Unmenge an Sachverhalten digital thematisch nachzuschlagen. Durch die gut aufbereitete Struktur der Wikipedia und einer Lizenz, die selbst das kommerzielle Verwenden der Wikipedia erlaubt[7], kann dieser Fundus zur Analyse von Dokumenten eingesetzt werden.

Allerdings kann man die Wikipedia zwar herunterladen[8], jedoch ist damit noch nicht viel erreicht, da die Wikipedia nach dem Download nicht zum Gebrauch bzw. zur Analyse von Dokumenten zu verwenden ist. Um wirklich effizient damit arbeiten zu können, muss man sich eine entsprechende Architektur selbst überlegen und diese aufsetzen.

Die »Sprachwerkzeuge« der Canoo AG WMTrans (b) bieten die Möglichkeit, digitale Dokumente von starkem »Rauschen« zu befreien und beispielsweise eine Suche in einer Datenbank effizienter zu gestalten. Die WMTrans-Palette bietet hier eine Vielzahl von kleinen »Helferlein« an, um Texte besser und produktiver analysieren zu können.

Zuletzt wurde TF-IDF (c) besprochen und dabei aufgezeigt, dass der Algorithmus an sich zwar robust ist, man jedoch einiges an Vorarbeit investieren muss, um ordentliche Resultate zu bekommen.

In den beiden nun folgenden Punkten wird gezeigt, wie durch die Kombination der verschiedenen Techniken neue – und vor allem bessere – Ergebnisse aus der Analyse von Dokumenten entstehen.

---

7. http://de.wikipedia.org/wiki/Wikipedia:Lizenzbestimmungen
8. http://download.wikimedia.org/

5.1 Das Auffinden ähnlicher Dokumente

Wie in Abschnitt 4 angesprochen ist TF-IDF zwar ein robustes Verfahren, um Ähnlichkeiten zwischen Dokumenten herauszufinden, jedoch muss einiges in die Vorarbeit investiert werden, um nur die relevanten Wörter eines Textes für die Analyse zu nutzen. Es hat sich als produktiv erwiesen, hier eine Kombination der WMTrans-Produkte und TF-IDF einzusetzen.

Je nach Datenbasis ist es meistens wünschenswert, für die Analyse nur die Substantive eines Dokumentes zu verwenden, was man mit WMTrans einfach bewerkstelligen kann. Des Weiteren kann man verschiedene Wortformen vollständig erkennen und auf die Grundwortform konjugieren, was das – bereits mehrfach angesprochene – »Rauschen« bei Textanalysen deutlich senkt. Dieses »Rauschen« wird klarer, wenn man sich beispielsweise die verschiedenen Wortformen von *gehen* ansieht: gehe, gehest, gehen, gehet, ginge, gingest, gingen, ginget, gehend, gegangen. Ohne den Einsatz von WMTrans würde TF-IDF hier 11 unterschiedliche Wörter identifizieren und entsprechend gewichten anstelle von nur dem einen Wort: *gehen*. Dazu können noch – wie in Abschnitt 4 bereits angesprochen – Wortkombinationen erkannt und ebenfalls auf die jeweilige Grundform zerlegt werden.

Das Verfahren TF-IDF kann man jedoch nicht nur auf die Wörter eines Dokumentes verwenden, sondern auch auf die inhaltlichen Strukturen der Wikipedia.

Zu jedem Wort, das nach der Filterung durch WMTrans noch zur Analyse zur Verfügung steht, kann man feststellen, ob es dazu einen passenden Wikipedia-Artikel gibt.

Daraufhin kann man die dort vorhandenen semantischen Strukturen verwenden, um ein erneutes TF-IDF auf diese Informationen durchzuführen.

Die folgenden Beispiele zeigen den Umgang mit zwei in einem Text gefundenen Wörtern: »UBS« und »Credit Suisse«. Mit WMTrans und TF-IDF alleine sind dies unterschiedliche Wörter und sie werden in der Analyse auch als solche behandelt. Beim Betrachten der semantischen Struktur innerhalb der Wikipedia erkennt man jedoch die Gemeinsamkeiten beider Wörter:

UBS:

Kategorien: Kreditinstitut (Schweiz) |

Unternehmen (Zürich) | Unternehmen (Basel)

Credit Suisse:

Kategorien: Kreditinstitut (Schweiz) |

Unternehmen (Zürich)

Beide Wörter besitzen die gemeinsamen Kategorien »Kreditinstitut (Schweiz)« und »Unternehmen (Zürich)«.

Bei einer doppelten Analyse von TF-IDF – einmal über die Wörter an sich und einmal über die zugehörigen semantischen Kategorien der gefundenen Wörter – ergeben sich mit einer Vorfilterung durch WMTrans erstaunlich gute Ergebnisse, da TF-IDF die mehrfach auftretenden Kategorien als wichtige Schlüsselwörter erkennt und entsprechend gewichtet.

Abbildung 4 zeigt einen Vergleich einer normalen Analyse (ohne Vorfilterung der Wörter) mit einer Analyse, die mit WMTrans und Wikipedia unterstützt durchgeführt wurde. Leider ist es schwer, diesen Vergleich qualitativ zu messen, da »Ähnlichkeiten« zwischen zwei Objekten immer auch zum Teil einen subjektiven Charakter besitzen. Allerdings kann man durch den Vergleich von Abbildung 4 zeigen, dass der gefundene Artikel (»Buchvorabdruck Jack Welch: Keine Krise ohne Blutbad«[9]) innerhalb des Testdatensatzes bei der normalen TF-IDF-Analyse eigentlich nur wenig inhaltlich mit dem Text »Diamantenkonzern De Beers spürt Wirtschaftskrise«[10] zu tun hat, während der Artikel »Manche verkaufen ihre liebsten Stücke«[11] sich auf die Wirtschaftskrise und den Verkauf von Schmuck bezieht (aufgrund der schlechten Zeiten).

Fazit

Bei einer Vorfilterung der Wörter eines Dokumentes und einer weiteren Analyse der semantischen Kategorien sind die Ergebnisse eines TF-IDF-Verfahrens bedeutend besser, als wenn man keine Filterung vornimmt. Zudem werden die Ergebnisse noch verbessert, wenn man TF-IDF noch in einem zweiten Schritt auf die jeweiligen Kategorien der Artikel anwendet, die als Wörter in einem Dokument vorhanden sind.

5.2 Automatisches Kategorisieren von Dokumenten

Um automatisiert Dokumente semantischen Kategorien zuzuordnen, muss man einen ähnlichen Weg beschreiten wie bei der Analyse von Abschnitt 5.1.

Für die semantische Analyse wurden alle Substantive eines Textes extrahiert (durch WMTrans wurde im Vorfeld festgestellt, welche Wörter Substantive sind). Danach werden über alle gefundenen Wörter hinweg die semantischen Kategorien der entsprechenden Wörter gesammelt, und es wird im Anschluss daran untersucht, welches die häufigsten Kategorien innerhalb eines Textes sind. Die besten (am häufigsten gefundenen) Kategorien davon werden dann in der Datenbank – mit dem entsprechenden Dokument assoziiert – indexiert. Dadurch ist es möglich, die Vielzahl der Kategorien, die es in der Wikipedia gibt, auf wenige relevante zu beschränken und diese einem Text zuzuordnen. Wir haben dieses Verfahren »WikiTagging« genannt.

---

9. www.bilanz.ch/edition/artikel.asp?Session=%3C&AssetID=2146

10. www.tagblatt.ch/aktuell/wirtschaft/wirtschaft/Diamanten-Konzern-De-Beers-spuert-Wirtschaftskrise;art623,1266318

11. www.fine-diamonds.ch/fileadmin/Dateien/Artikel/stocks_Manche_verkaufen.pdf

WikiTagging

Abb. 4: Vergleich normale TF-IDF-Analyse vs. Wikipedia- und WMTrans-unterstützte Analyse

Abbildung 5 zeigt das Analyseergebnis der gefundenen Kategorien durch WikiTagging von fünf verschiedenen Artikeln. Dort wird über verschiedene Versicherungsunternehmen berichtet: *Bâloise, Zurich, Axa Winterthur, Nationale Suisse* und *Swiss Life*. Durch alleiniges Verarbeiten der Wörter innerhalb der Texte ist es sehr schwierig, hier eine Gemeinsamkeit zwischen den Texten zu finden. Durch WikiTagging kann man die gemeinsame Kategorie: *Versicherungsunternehmen (Schweiz)* identifizieren und eine Beziehung zwischen den Texten herstellen, die sonst nur schwer möglich gewesen wäre. Dadurch kann man beispielsweise beim Suchen einem Benutzer – alternativ zu einer »normalen« Suche – die Möglichkeit anbieten, seine Ergebnisse durch Themen zu filtern.

6 Schlussbetrachtung und Ausblick

Diese Arbeit zeigt zwei Wege auf, mit der gebräuchliche Textanalysen qualitativ gewinnen können. Einmal ist es erforderlich, gute »Werkzeuge« zur Vorverarbeitung von Dokumenten einzusetzen, um das »Rauschen« innerhalb der Analyse möglichst klein zu halten. WMTrans eignet sich hierzu in den angewandten Fällen gut und steht für Deutsch, Englisch und Italienisch zu Verfügung. Durch diese »einfachen« Filterungen werden die Ergebnisse bewährter Algorithmen deutlich verbessert.

Das Spezielle an diesem Ansatz ist jedoch die Kombination der Wikipedia mit gebräuchlichen Verfahren und das daraus entwickelte »WikiTagging«. Mit der Wikipedia steht eine mächtige und gut strukturierte Datenbank zur freien Verfügung[12]. Da die Betreiber der Wikipedia in regelmäßigen Abständen einen aktuellen Download anbieten, kann selbst zeitgemäßer Inhalt angemessen analysiert und verarbeitet werden. Vor allem darf man nicht außer Acht lassen, dass die Wikipedia jeden Tag weiter wächst und die Qualität der Einträge einer relativ guten Selbstkontrolle unterliegt. Zwar muss man selbst Hand anlegen, um mit der Wikipe-

---

12. http://de.wikipedia.org/wiki/Wikipedia:Lizenzbestimmungen

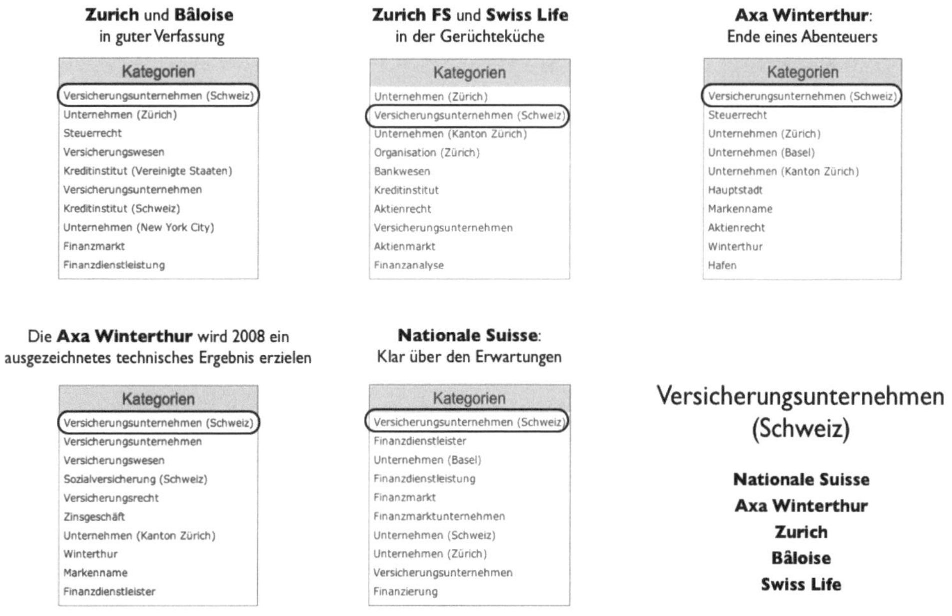

Abb. 5: Das Auffinden gemeinsamer Kategorien von scheinbar unterschiedlichen Artikeln

dia Textanalysen durchführen zu können, aber diese Mühe lohnt sich.

In dieser Arbeit wurde nur rudimentär auf die weiteren Analyse- und Einsatzmöglichkeiten der Wikipedia eingegangen (Disambiguierungsmöglichkeiten in Abschnitt 2), es sollte aber erwähnt werden, dass die kausal vorhandenen Linkstrukturen innerhalb der Wikipedia noch in weiteren Fällen herangezogen werden können (Rankings, Auffinden weiterer Informationen etc.), dies aber den Rahmen dieser Arbeit sprengen würde.

Diese Arbeit hatte insgesamt zum Ziel, das Verständnis dafür zu schärfen, wie man mithilfe der Wikipedia »normale« Verfahren qualitativ stark bereichern kann, und zu zeigen, dass es dazu noch zahlreiche weitere Möglichkeiten gibt, bessere Strukturen in große Datenbanken zu bringen. Die Autoren sind sich sicher, dass in absehbarer Zeit noch weitere Einsatzmöglichkeiten mit der Wikipedia gefunden werden, um der digitalen Informationsflut Herr zu werden.

7 Literatur

[Bunescu & Pasca 2006] *Bunescu, R.; Pasca, M.:* Using Encyclopedic Knowledge for Named Entity Disambiguation. In: Proceedings of the 11th Conference of the European Chapter of the Association for Computational Linguistics (EACL-06), Trento, Italy, 2006, S 9-16.

[Cucerzan 2007] *Cucerzan, S.:* Large-Scale Named Entity Disambiguation Based on Wikipedia Data. In: Proceedings of Empirical Methods in Natural Language Processing (EMNLP 2007), Prague, Czech Republic, 2007, S. 708-716.

[Finkelstein et al. 2002] *Finkelstein, L.; Gabrilovich, Y. M.; Rivlin, E.; Solan, Z.; Wolfman, G.; Ruppin, E.:* Placing search in context: The concept revisited. ACM Transactions on Information Systems, 20 (1), 2002, S. 116-131.

[Gabrilovich & Markovitch 2006] *Gabrilovich, E.; Markovitch, S.:* Overcoming the brittleness bottleneck using Wikipedia: Enhancing text categorization with encyclopedic knowledge. In: Proceedings of the 21st National Conference on Artificial Intelligence, Boston, MA, 2006, S. 1301-1306.

[Gabrilovich & Markovitch 2007] *Gabrilovich, E.; Markovitch, S.:* Computing Semantic Relatedness using Wikipedia-based Explicit Semantic Analysis. In: Proceedings of the 20th International Joint Conference on Artificial Intelligence (IJCAI'07), Hyderabad, India, 2007.

[Hacken 2009] *Hacken, P. ten:* WordManager. In: State of the Art in Computational Morphology, Workshop on Systems and Frameworks for Computational Morphology (SFCM 2009), Zurich, Proceedings Series: Communications in Computer and Information Science, Vol. 41, Springer-Verlag, 2009.

[Karttunen 1994] *Karttunen, L.:* Constructing Lexical Transducers. In: The Proceedings of the 15th International Conference on Computational Linguistics. Coling 94, I, Kyoto, Japan, 1994, S. 406-411.

[Koskenniemi 1983] *Koskenniemi, K.:* Two-level Morphology. A General Computational Model for Word-Form Recognition and Production. Department of General Linguistics, University of Helsinki, 1983.

[Milne & Witten 2008] *Milne, D.; Witten, I. H.:* Learning to link with Wikipedia. In: Proceedings of the ACM Conference on Information and Knowledge Management (CIKM'2008), Napa Valley, California, 2008.

[Salton & McGill 1983] *Salton, G.; McGill, M. J.:* Introduction to modern information retrieval. McGraw-Hill, 1983.

Dr. Stephan Gillmeier
Dr. Urs Hengartner
Dr. Sandro Pedrazzini
Canoo Engineering AG
Kirschgartenstr. 5
CH-4051 Basel
{stephan.gillmeier, urs.hengartner, sandro.pedrazzini}@canoo.com
www.canoo.com

Edy Portmann, Adrian Kuhn

Extraktion und kartografische Visualisierung von Informationen aus Weblogs

Beim Information Retrieval ist in Anbetracht der Informationsflut entscheidend, relevante Informationen zu finden. Ein vielversprechender Ansatz liegt im semantischen Web, wobei dem System die Bedeutung von Informationen ontologiebasiert beigebracht wird. Sucht der Benutzer nach Stichworten, werden ihm anhand der Ontologie verwandte Begriffe angezeigt, und er kann mittels Mensch-Maschine-Interaktion seine relevanten Informationen extrahieren. Um eine solche Interaktion zu fördern, werden die Ergebnisse visuell aufbereitet. Dabei liegt der Mehrwert darin, dass der Benutzer anstelle von Tausenden von Suchresultaten in einer fast endlosen Liste ein kartografisch visualisiertes Suchresultat geliefert bekommt. Dabei hilft die Visualisierung, unvorhergesehene Beziehungen zu entdecken und zu erforschen.

Inhaltsübersicht

1 Perspektiven im Web
   1.1 Folksonomy und Weblogs
   1.2 Information Retrieval und Websuchmaschinen
   1.3 Unscharfe Datensegmentierung und Ontologien
   1.4 Visualisierung und Kartografie
2 Praxisbeispiel
   2.1 Das Zusammenspiel der einzelnen Komponenten
   2.2 Fallbeispiel aus der Marktforschung
   2.3 Die Suche
   2.4 Auswertung und Aufbereitung der Suchergebnisse
   2.5 Visuelle Interaktion
3 Fazit und Ausblick
4 Literatur

1 Perspektiven im Web

Für ein kongruentes Verständnis werden in diesem Beitrag die Hauptkomponenten definiert, um Informationsextraktion aus Weblogs inklusive kartografischer Darstellung zu realisieren. Um Anwendungen des semantischen Web zu erfassen, wird zuerst auf den Begriff Web 2.0 eingegangen. Dieser verweist auf eine zweite Generation von Anwendungen der Webentwicklung und des Webdesigns, in der Informationsteilung, Interoperabilität, benutzerzentriertes Design und benutzerzentrierte Zusammenarbeit im World Wide Web (WWW) im Vordergrund stehen. Web-2.0-Anwendungen führen zu Netzgemeinschaften und Diensten sowie zu Webapplikationen. Beispiele hierzu reichen von sozialen Netzwerken und Sharing-Seiten über Wikis und Weblogs bis hin zu Mashups und Folksonomies. Viele Konzepte des Web 2.0 dienen heute als Grundlage für Entwicklungen hin zum semantischen Web, das diese kumuliert, mit computerinterpretierbaren Informationen anreichert und zueinander in Beziehung setzt.

1.1 Folksonomy und Weblogs

Das aus den zwei Worten »Folk« (Volk, Leute) und »Taxonomy« (Klassifizierung) gebildete Kunstwort »Folksonomy« beschreibt eine benutzergenerierte Klassifizierung, um Webinhalte wie Webpages, Fotos und Videos zu kategorisieren. Eine Folksonomy ist gemäß Thomas Vander Wal eine von der Praxis des kollaborativen Erschaffens und Bearbeitens von »Tags« (Schlagworte) abgeleitete Klassifikation, um Inhalte zu annotieren und zu kategorisieren [Vander Wal 2007]. Dabei steht das Wort Tag für die Auszeichnung eines Datenbestandes mit zusätzlichen Informationen (wie beispielsweise einem Internetbookmark, einem digitalen Bild, einem Foto oder einem Video). Diese Metadaten helfen einen Artikel zu beschreiben und durch Browserfunktionen wiederzufinden.

Das Besondere dabei ist, dass dies im Web 2.0 mit vom Benutzer frei wählbaren Schlagwörtern geschieht. So könnte ein Video nicht nur mit Standardeigenschaften, wie dem Namen der Band oder der Auflösung des Videos, sondern mit wertenden Attributen, wie »laut«, »wild« oder »langweilig«, kategorisiert werden. Die Kategorisierung basiert vor allem auf »Social Bookmarking Services« (soziale Lesezeichendienste), wobei computergenerierte Verknüpfungen durch menschliche Assoziationen abgelöst werden. Beispiele solcher Dienste sind Delicious (*http://delicious.com/*), Reddit (*www.reddit.com/*) und Digg (*http://digg.com/*) sowie Film- und Fotoportale wie Flickr (*www.flickr.com/*) oder YouTube (*www.youtube.com/*).

Ein Vorzug der frei wählbaren Schlagwörter ist das Anzapfen der kollektiven Intelligenz. Laut James Surowiecki ist die kollektive Intelligenz ein emergentes Phänomen, wobei zum Beispiel Kommunikation und spezifische Handlungen von einzelnen Individuen gemeinsame, intelligente Verhaltensweisen in sozialen Gemeinschaften hervorrufen können [Surowiecki 2004].

Ein weiteres Element sind die Weblogs. »Weblog« oder kurz »Blog« ist ein Kunstwort, gebildet aus den Wörtern »World Wide Web« und »Log« (Tagebuch). Ein Weblog ist eine spezielle Art eines Content-Management-Systems (Inhaltsverwaltungssystem), das die Erstellung und Bearbeitung von Inhalten ermöglicht.

Im Unterschied zu herkömmlichen Inhaltsverwaltungssystemen werden Weblogs mit chronologisch rückwärts geordneten Einträgen von Kommentaren oder anderen Objekten wie Filmen, Bildern oder Diagrammen normalerweise von einer Person administriert. Zudem besteht für Blogleser die Möglichkeit, einen Kommentar zu hinterlassen, was einen wichtigen Erfolgsfaktor von Weblogs darstellt.

Die wichtigsten Formen von Weblogs sind heutzutage Microblogs wie Twitter (*http://twitter.com/*) oder Plurk (*www.plurk.com/*), die Benutzern erlauben, kurze Textupdates zu vermitteln. Der Inhalt von Microblogs unterscheidet sich üblicherweise nur in der Länge des Eintrags von traditionellen Blogs. So kann ein Eintrag beispielsweise nur aus einem einzigen Satz oder einem Satzfragment bestehen. Vielfach verweisen Einträge in Microblogs auf Webseiten oder Weblogs, wo man zusätzliche Informationen bekommen kann.

Ein gewichtiger Vorteil ist, dass Blogs mit Websuchmaschinen besser gefunden werden und dadurch schneller informieren als andere Medien. Die neusten Informationen zu spezifischen Inhalten werden heute in Weblogs gefunden. Kein anderes Medium vermag es, schneller Neuigkeiten zu verbreiten. »*Guatemala and Iran have both recently felt the Twitter effect, as political protests have been kicked off and coordinated via Twitter*«, wie es Tim O'Reilly und John Battelle in [O'Reilly & Battelle 2009] darlegen. Ein großes Problem ist die Informationsflut (vgl. Abschnitt 1.2). Viele Leser können nicht mehr zwischen für sie relevantem und irrelevantem Inhalt differenzieren. Durch die Möglichkeit der Kommentierung von Einträgen und der starken Verlinkung der Blogs untereinander werden diese von herkömmlichen Websuchmaschinen (vgl. Abschnitt 1.2), wie Google (*www.google.com/*), Yahoo (*www.yahoo.com/*) oder Bing (*www.bing.com/*), vielfach in deren Ergebnisliste auf höherer Stelle platziert.

Für Benutzer hingegen ist es nach wie vor schwierig, zwischen wesentlichen und unwesentlichen Inhalten zu unterscheiden. Manchmal möchte der Benutzer zu einem Suchbegriff verwandte Einträge angezeigt bekommen und sich selbstständig in ein Thema vertiefen können. Dabei kommt im propagierten semantischen Webansatz die Suche mittels Ontologien ins Spiel (vgl. Abschnitt 1.3). Dem Benutzer wird zudem mit der Visualisierung (vgl. Abschnitt 1.4) der Ergebnisse durch Landkarten eine grafische Orientierung gegeben, wodurch er Ergebnisse und verwandte Konzepte durch Heran- oder Herauszoomen erkennen kann.

1.2 Information Retrieval und Websuchmaschinen

Information Retrieval ist nach Ricardo Baeza-Yates und Berthier Ribeiro-Neto in [Baeza-Yates & Ribeiro-Neto 1999] eine interdisziplinäre Wissenschaft, die sich mit dem (Wieder-)Finden von Informationen aus einer Menge von Dokumenten beschäftigt. Der Begriff Information Retrieval beinhaltet die Suche nach Dokumenten, Informationen und Metadaten.

Üblicherweise werden Information-Retrieval-Systeme genutzt, um den »Information Overload« (Informationsüberflutung) zu reduzieren. Das Vorhandensein »zu vieler« Informationen kann zu einer Blockade in der Entscheidungsfindung führen. Große Mengen an Daten, Widersprüche in vorhandenen Daten sowie ein hohes Rauschen machen es schwierig, Informationen zu filtern, die für eine Entscheidung relevant sein könnten. Unwissen über Methoden des Vergleichens und Aufarbeitens von Informationen verstärken diesen Effekt zudem.

Websuchmaschinen wie beispielsweise die in Abschnitt 1.1 genannten Suchmaschinen Google, Yahoo oder Bing sind Anwendungen aus dem Information Retrieval. Mit Websuchmaschinen sucht der Benutzer im Internet nach bestimmten Informationen. Die Suchresultate werden in einer geordneten Liste präsentiert, wobei die einzelnen Suchresultate »Hits« (Treffer) genannt werden. Die Information kann aus Bildern, Texten, Webseiten und anderen Dokumenttypen bestehen.

Bestimmte Suchmaschinen erlauben, nach Daten in Newsbooks, Datenbanken oder Open Directories zu suchen. Suchmaschinen wie Technorati (*http://technorati.com/*), IceRocket Blog Search (*www.icerocket.com/*) oder Blogdigger (*www.blogdigger.com/*) werden speziell für die Weblog-Suche eingesetzt. Allerdings erlaubt keine der bisherigen Weblog-Suchmaschinen eine Suche nach automatisch erstellten, themenverwandten Suchbegriffen. Dazu muss der Suchmaschine eine Ontologie (vgl. Abschnitt 1.3) hinterlegt werden, wie dies in Abschnitt 2 anhand eines Beispiels demonstriert wird.

1.3 Unscharfe Datensegmentierung und Ontologien

Die Segmentierung von Datenelementen in einzelne Klassen, in denen die einzelnen Elemente einer Klasse sich so ähnlich wie möglich und Elemente anderer Klassen sich so unähnlich wie möglich sind, wird »Data Clustering« (Datensegmentierung) genannt. Die Datensegmentierung ist eine Methode des unbeaufsichtigten Lernens und eine anerkannte Technik der statistischen Datenanalyse und der künstlichen Intelligenz.

Abhängig von der Segmentierungsabsicht und der Beschaffenheit der Daten werden spezielle Zugehörigkeitslevels verwendet, um die Elemente (Schlagworte) in Klassen einzuteilen. Hierbei bestimmt der Zugehörigkeitslevel, wie beispielsweise die Ähnlichkeit, Distanz oder Intensität, wie die Klassen gebildet werden. Ein häufig verwendeter Zugehörigkeitslevel ist dabei der Jaccard-Koeffizient, der durch die Größe der Anzahl gemeinsamer Elemente dividiert durch die Größe der Vereinigungsmenge der Elemente definiert ist:

$$J_{(A,B)} = |A \cap B|/|A \cup B|$$

Des Weiteren unterscheidet man zwischen scharfer und unscharfer Segmentierung, wobei im ersten Fall ein bestimmtes Element nur einer einzigen Klasse, im zweiten Fall auch mehreren Klassen zugewiesen werden darf. In [Bezdek et al. 1999] zeigt James Bezdek, dass durch eine unscharfe Segmentierung Datenelemente zu mehr als einer Klasse gehören können. Dabei beinhaltet jedes Datenelement eine Menge mit einem Zugehörigkeitslevel, der die Zugehörigkeitsstärke zwischen einer Klasse und dem Element anzeigt. Insofern ist die unscharfe Segmentierung eine Methode der Bestimmung der Zugehörigkeitslevel und der Zuteilung von Datenelementen $X = \{x_1, ..., x_N\} \subset \mathbb{R}^p$ in eine oder mehrere Klassen, abhängig vom Wert des Zugehörigkeitslevels. Der Grad des Zugehörigkeitslevels u_{ik} liegt im Intervall [0..1]. Je größer u_{ik} ist, desto stärker ist die Zugehörigkeit eines Elements x_k zur entsprechenden Klasse i.

Die zu minimierende Zielfunktion lautet:

$$J_{(U,V)} = \sum_{i=1}^{K} \sum_{k=1}^{N} (u_{ik})^m d^2(v_i, x_k),$$

wobei $d^2(v_i, x_k)$ die quadrierte euklidische Distanz zwischen den Elementen x_k und den jeweiligen Klassenzentren v_i repräsentiert. K steht für die Anzahl an Klassen, N für die Größe des Datensatzes und $m(> 1)$ beeinflusst die Schärfe der Klassenzugehörigkeit der Elemente. Um eine Ontologie bilden zu können, wird die beschriebene Segmentierungsmethode iterativ wiederholt, wie Edy Portmann und Andreas Meier in [Portmann & Meier 2010] darlegen.

Eine Ontologie – mit begrifflichem Ursprung in der Philosophie – beschreibt ein Modell der Welt, das aus einer Menge von Elementen mit entsprechenden Eigenschaften und Zugehörigkeitslevel gebildet ist. Gemäß Thomas Gruber in [Gruber 1993] ist eine Ontologie eine explizite formale Spezifikation einer Begriffsbildung. Sie enthält Inferenz- und Integritätsregeln, also Regeln für Schlussfolgerungen und zur Prüfung ihrer Gültigkeit.

In der Literatur wird vereinzelt zwischen starken und schwachen Ontologien unterschieden. Eine schwache Ontologie ist nicht so rigoros und erlaubt eine Aufnahme von neuen Gegebenheiten ohne menschliche Interventionen. Gemäß diesem Standard nutzen viele Informationssysteme schwache Ontologien. In der hier präsentierten Arbeit wird auf schwache Ontologien zurückgegriffen. Das Informationssystem sammelt mittels Webagenten Schlagwörter aus Folksonomies, um eine schwache Ontologie zu generieren. Diese Ontologie verändert sich permanent analog den Änderungen verschlagworteter Informationen, wobei Webagenten, eine spezielle Art von Computerprogrammen, die weitgehend autonom sich wiederholenden Aufgaben nachgehen, immer wieder neue Datenelemente und deren Zugehörigkeitslevel der Ontologie hinzufügen.

1.4 Visualisierung und Kartografie

Im WWW wird dem Thema Visualisierung von Informationen in Zukunft wegen der Informationsüberflutung immer größere Beachtung geschenkt werden müssen. Aus diesem Grund sollte ein Schwerpunkt zukünftiger Suchmaschinen auf der Mensch-Maschine-Interaktion liegen, damit große Datenmengen von Benutzern mittels einfach zu bedienender grafischer Benutzerschnittstellen (GUI) und Interaktionsmöglichkeiten besser und angenehmer durchsucht werden können. Dazu wird die Informationsvisualisierung hinzugezogen, die sich nach Colin Ware mit dem Gebrauch von interaktiven, visuellen Repräsentationen von abstrakten Daten befasst, um die Daten mit kognitiven Fähigkeiten zu erschließen. Die menschliche Kognition, aus visuellen Daten Muster auszumachen (»Ein Bild sagt mehr als 1000 Worte«), ist ein entscheidendes Element der Informationsvisualisierung. Wenn abstrakte Daten visuell dargestellt werden, erschließen sie dem menschlichen Betrachter auf einen Blick Strukturen, die bei einer rein tabellarischen Auflistung oder bei einer automatischen Datenaufbereitung (Data Mining) verborgen bleiben [Ware 2000].

Räumliches Denken ist eine ausgeprägte kognitive Fähigkeit. Im Alltag sind wir gewohnt, dass Gegenstände und Dokumente mit den darin enthaltenen abstrakten Informationen in einer räumlichen Beziehung zueinander stehen. Die visuelle Darstellung von Dokumenten in einer Themenlandschaft bedient sich des räumlichen Denkens, indem Dokumente automatisch so auf einer Landkarte platziert werden, dass sie zu thematischen Inseln zusammenfinden [Wise 1999].

Die Darstellung einer Themenlandschaft ist visuell einer Landkarte nachempfunden, wobei Dokumente als Inseln dargestellt werden und ihre Lage auf der Karte durch das Thema des Dokumentinhaltes gegeben ist. Mittels des mathematischen Verfahrens der multidimensionalen Skalierung (Multidimensional Scaling [Borg & Groenen 2005]) werden die Dokumente so platziert, dass themenverwandte Dokumente zu Inseln zusammenfinden und thematisch unterschiedliche Dokumente weit auseinanderliegen. Dokumente gelten dann als themenverwandt, wenn sie sich desselben Vokabulars bedienen.

Die multidimensionale Skalierung ist ein Verfahren zur Einbettung von Objekten aus einem multidimensionalen metrischen Raum in die zweidimensionale Ebene. Das Verfahren findet nach der Methode der kleinsten Quadrate eine Konfiguration X von Punkten in der Ebene, deren Distanzen $\delta_{ij}(X)$ den Unähnlichkeiten $\delta_{ij}(D)$ der Objekte im metrischen Raum D möglichst ähnlich sind. Im vorliegenden Fall sind die Unähnlichkeiten durch die invertierten Zugehörigkeitslevel der unscharfen Klassifizierung der Webdokumente gegeben.

Die Darstellung von Dokumenten als Themenlandschaften erlaubt, auf einen Blick eine Dokumentmenge und ihre Themen zu erfassen. Ohne Verzögerung kann der Anwender feststellen, welche Dokumente welche Themen abdecken, zudem Anzahl und Umfang der Themen selber abschätzen sowie die Verwandtschaft der Themen zueinander erkennen. Dies erleichtert dem Anwender die Navigation in einem Korpus von Dokumenten mit unbekanntem Inhalt oder unbekannten Themen, was bei einer Internetsuche typischerweise gegeben ist.

Erste Verwendung fanden Themenlandschaften Ende der 90er-Jahre zur visuellen Aufbereitung von Zeitungsartikeln [Wise 1999]. Der damaligen Anwendung blieb jedoch der Durchbruch versagt, da der Einsatz von Themenlandschaften auf dem WWW seiner Zeit voraus war. Einerseits fehlten offene Datenquellen und Folksonomies, wie sie durch die Benutzerpartizipation seit Web 2.0 gegeben sind; andererseits waren die technischen Anforderungen nur bedingt erfüllt. Abseits des WWW fanden Themenlandschaften in vielen Bereichen Verbreitung, wie zum Beispiel in der Politologie [Hermann & Leuthold 2003] oder in der Softwareentwicklung [Kuhn et al. 2009].

Ein Beispiel einer Themenlandschaft ist in Abbildung 1 gegeben. Man identifiziert dabei Hügel, deren Durchmesser und Höhe der Größe der gefundenen Dokumente entsprechen und deren Lage zueinander die Zugehörigkeitslevel der unscharfen Klassifizierung wiedergeben. Je näher sich zwei Hügel liegen, desto verwandter sind die Inhalte der durch die Hügel dargestellten Suchresultate.

In Abbildung 1 wird die Suche nach neuen Technologien in der Bildschirmproduktion verdeutlicht (vgl. Abschnitt 2.2 ff.). Dabei werden stärker verwandte Technologien wie OLED und OEL näher beieinander und Technologien wie LED und LCD, die weniger stark verwandt sind, weiter voneinander entfernt abgebildet. Da die Begriffe OLED und OEL sehr nahe miteinander verwandt sind, werden sie außerdem auf derselben Insel abgebildet, die weniger verwandten Begriffe LED und LCD dagegen auf jeweils einer eigenen Insel.

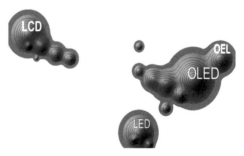

Abb. 1: Beispielhafte Themenlandschaft der unscharfen Suchanfrage

2 Praxisbeispiel

In diesem Abschnitt werden die bisher lose beschriebenen Elemente anhand eines einfachen Beispiels verdeutlicht. Nach der Lektüre sollten der Vorteil und das Zusammenspiel der einzelnen Elemente, der Extraktion und Kartografie von Informationen aus Weblogs, ersichtlich sein.

2.1 Das Zusammenspiel der einzelnen Komponenten

Informationsüberflutung der Benutzer in Weblogs führt zur Frage nach relevanten Informationen und wie diese im semantischen Web besser aufbereitet werden können. Heutzutage wird die Suche für Benutzer häufig erschwert, da Ähnlichkeiten zwischen verschiedenen Begriffen teilweise vage oder gar nicht bekannt sind. Unbekannte Relationen können nicht ohne Weiteres gefunden werden. Ein möglicher Lösungsansatz dieser Probleme ist die präsentierte Methode, in der mithilfe einer unscharfen Segmentierung von Folksonomies eine Ontologie gebildet wird. Diese Ontologie wird als Grundlage für eine verbesserte Suche herangezogen.

In Abbildung 2 wird die Architektur der vorgeschlagenen Weblog-Suchmaschine verdeutlicht. Die Hauptkomponenten sind erstens die grafische Benutzerschnittstelle inklusive entsprechender Webagenten für die Erstellung einer Ontologie, zweitens eine Metasuchmaschine, die nach einmaliger Eingabe einer Suchanfrage mehrere Suchmaschinen mit der Suche betraut, und drittens die Berechnungskomponente für kartografische Suchresultate.

Die Benutzerschnittstelle (inklusive Webagenten)

Die Benutzerschnittstelle dient der Interaktion der Benutzer mit der Suchmaschine. Der Benutzer tippt einen ihm bekannten Suchbegriff in ein leeres Feld und definiert mithilfe eines Schiebereglers den Zugehörigkeitslevel dieses Begriffs (vgl. Abb. 2). Der Zugehörigkeitslevel bestimmt das Intervall, wie weit die Software die Suche nach verwandten Begriffen anhand der zugrunde liegenden, von Webagenten erstellten Ontologie ausdehnen soll (vgl. Abschnitt 1.3). Die Bedienung des Schiebereglers ist äußerst einfach und beinhaltet keine komplexen Berechnungen. Der Benutzer kann eine vage Einstellung seiner Suche vornehmen, die bei einer späteren Interaktion mit der Suchmaschine genauer verfeinert wird.

Die Metasuchmaschine

Eine Metasuchmaschine, wie beispielsweise Dogpile Web Search (*www.dogpile.com/*), ist eine Suchmaschine, deren wesentliches Merkmal darin besteht, dass sie eine Suchanfrage an mehrere andere Suchmaschinen weiterleitet, Ergebnisse sammelt und aufbereitet. Bei der propagierten Methode arbeitet die Suchmaschine die gefundenen Daten auf und eliminiert Dubletten, bewertet die einzelnen Ergebnisse,

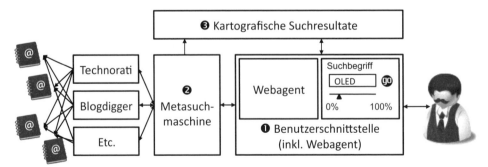

Abb. 2: Das Zusammenspiel der einzelnen Architekturkomponenten

segmentiert diese mithilfe der unscharfen Segmentierung und stellt ein internes Ranking der Ergebnisse auf.

Die kartografierten Suchresultate

Die Suchresultate werden dem Benutzer nicht wie herkömmlich (z.B. bei Google, Bing und Yahoo) in einer einzigen Liste präsentiert, sondern kartografisch aufbereitet, wie zum Beispiel von der Websuchmaschine KartOO (*www.kartoo.com/*) her bekannt. Die verwandten Begriffe werden in Hügeln von Mengen zusammengefasst, wobei die Höhenlinien den Zugehörigkeitslevel widerspiegeln (vgl. Abb. 1). Bei Veränderung des Zugehörigkeitslevels durch Betätigung des Schiebereglers können Mengen von verwandten Suchbegriffen hinzukommen oder wegfallen. In der Karte wird dies durch Auftauchen oder Absenken der Hügel im Meer (der Daten) realisiert. Erst durch einen Mausklick auf eine Höhenlinie werden alle darin enthaltenen Suchresultate als sortierte Liste angezeigt.

2.2 Fallbeispiel aus der Marktforschung

Im Beispiel durchsucht die bildschirmproduzierende Firma Samsung das Internet nach neuen Killerapplikationen potenzieller Konkurrenten, wie organische Leuchtdioden (OLED: »Organic Light Emitting Diode« oder OEL: »Organic Electro Luminescence«).

Eine organische Leuchtdiode ist ein dünnfilmiges, leuchtendes Bauelement aus organischen, halbleitenden Materialien, das sich von den anorganischen Leuchtdioden (LED: »Light-Emitting Diode«) dadurch unterscheidet, dass Strom- und Leuchtdichte geringer sind. Die OLED-Technologie ist vorrangig für Bildschirme und Displays geeignet, weil durch diese hauchdünnen und transparenten Beschichtungen ermöglicht wird, an beliebiger Stelle und in beliebiger Größe einen Bildschirm erscheinen zu lassen. Deshalb ist eine Verwendung der OLEDs als elektronisches Papier ebenfalls denkbar. Im Vergleich zu herkömmlichen Leuchtdioden lassen sich organische Leuchtdioden kostengünstiger herstellen. Der neuartige Herstellungsprozess von OLEDs hat viele Vorteile gegenüber anderen Flachbildschirmen wie etwa Flüssigkristallbildschirmen (LCD: »Liquid Crystal Display«).

2.3 Die Suche

Um nach der bahnbrechenden neuen OLED-Technologie in Weblogs zu suchen, gibt ein Benutzer den Suchbegriff »OLED« ein und definiert die Relevanz der Suche, beispielsweise anhand einer Gewichtung von 0,8 mithilfe eines Schiebereglers (vgl. Abb. 2). Der Benutzer definiert die Gewichtung intuitiv auf einer nicht metrischen, unscharfen Skala, was der menschlichen Natur entspricht. Die Gewichtung (0,8) wird hier nur für das Verständnis des Beispiels erwähnt und ist außerdem arbiträr gewählt.

Im Beispiel in Abbildung 3 ist verdeutlicht, wie die Suche die Begriffe OLED und OEL in Beziehung bringt (mit einem Zugehörigkeitslevel von 0,9). Wegen der Gewichtungsauswahl von 0,8 wird bei dieser Suche im Intervall [0,8..1] der Ausdruck LED mit einer Zugehörigkeit von 0,6 ausgeschlossen. Der Begriff LCD ist in dieser Ontologie zu schwach verwandt, weswegen er in diesem Beispiel nicht gefunden wird.

Bei einer herkömmlichen (booleschen) Suche bekommt der Benutzer der entsprechenden Suchmaschine als Antwortmenge lediglich den Blog mit dem Eintrag zu OLED zurück. Der Blog mit dem Eintrag zu OEL, in dem die gleiche Technologie zugrunde liegt, wird nicht gefunden. Zudem werden die Begriffe LED und LCD nicht gefunden, obwohl sie mit dem Begriff OLED mehr oder weniger verwandt sind.

Bei einer Suche nach OLED und dem Zugehörigkeitsbereich von [0,8..1] werden in diesem Beispiel nur OLED und OEL gefunden. Würde der Zugehörigkeitsbereich auf [0,6..1] ausgeweitet, könnten zudem Einträge zu LED gefunden werden. LCD ist in dieser automatisch generierten Ontologie (vgl. Abschnitt 1.3) momentan nur schwach verwandt. Das kann sich allerdings ändern (beispielsweise nach neuen Forschungen), wenn Informationsressourcen

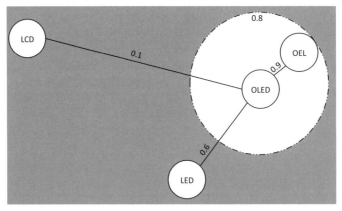

Abb. 3: Beispielhafte Suche mit einem Zugehörigkeitslevel von 0,8

entsprechend verschlagwortet werden. Jedes Schlagwort verändert die der Suche zugrunde liegende Ontologie.

2.4 Auswertung und Aufbereitung der Suchergebnisse

Um eine Ontologie zu kreieren, sucht ein Webagent primär das Internet nach Schlagwörtern ab. Im Fallbeispiel sucht der Webagent nach entsprechenden Folksonomies, um dadurch mithilfe der erwähnten unscharfen Segmentierung (vgl. Abschnitt 1.3) eine Ontologie zu bilden.

Bei der Aufbereitung der Ergebnisse vor der Segmentierung werden die gefundenen Schlagwörter mittels Ähnlichkeitsmaß (vgl. Abschnitt 1.3) im Raum geordnet. Diese Ordnung dient als Grundstruktur, auf die die unscharfe Segmentierung angewandt wird. Mit ihrer Hilfe werden die einzelnen Schlagwörter in mehrere aussagekräftige Klassen, wie beispielsweise in eine OLED-Klasse, geteilt. Wie in Abbildung 3 gezeigt, sind die vom Agenten gefundenen Begriffe OLED, OEL, LED und LCD miteinander verwandt. Außerdem werden in dieser Abbildung die Zugehörigkeitslevel der Begriffe OEL (0,9) und LED (0,6) zu OLED verdeutlicht.

Gleichartige Begriffe wie OLED (Zugehörigkeit von 1) und OEL (0,9) werden hier in Hügeln von Mengen zusammengezogen, wobei die Höhenlinien (in unserem Beispiel von [0,8..1]) den Zugehörigkeitslevel widerspiegeln. Bei wiederholter Betätigung des Schiebereglers können die entsprechenden Höhenlinien verschoben werden. Dementsprechend könnte im Beispiel die Suche ausgeweitet werden, wenn der Zugehörigkeitsbereich beispielsweise auf [0,6..1] ausgedehnt würde. Es käme zusätzlich der Weblog mit dem Eintrag zu LED (0,6) zur Karte hinzu.

Durch einen Mausklick auf eine Höhenlinie, beispielsweise 0,9, würden die Weblogs zu OLED und OEL in einer Liste angezeigt. Durch Klick auf den Link würde der Benutzer zum entsprechenden Weblog geführt.

2.5 Visuelle Interaktion

Die populärsten Suchmaschinen bieten mehrheitlich eine Rückgabe der Suchresultate anhand einer Liste an. Neuere Suchmaschinen wie zum Beispiel KartOO, Clusty (*http://clusty.com/*) oder WolframAlpha (*www.wolframalpha.com/*) versuchen diesen Trend durch innovative Ideen abzufangen. Der Gewinn für den Nutzer ist mit einem besseren Verständnis für die gesuchten Daten gegeben. Der Benutzer kann ähnliche Klassen erkennen, sich besser orientieren und bekommt teilweise eine direkte Antwort auf gestellte Fragen.

Ein gewichtiger Punkt des Ansatzes ist die Ergonomie, unter der handhabbare und komfortabel zu nutzende Produkte verstanden werden. Das bedeutet, dass das Ziel der Weblog-Suchmaschine eine (gegenüber bisherigen Suchmaschinen) verbesserte Interaktion enthalten muss. Der Benutzer muss mit dem System auf einfache und intuitive Weise gemäß seinen Bewegungsabläufen (beispielsweise mittels Mausbewegung) interagieren können.

Um dem Benutzer eine verbesserte Orientierung zu ermöglichen, wird in diesem Ansatz eine Karte der verwandten Begriffe zur Visualisierung der gefundenen Suchresultate angezeigt (vgl. Abschnitt 1.4). Laut Duden bedeutet das Wort Orientierung die »Ausrichtung, Kenntnis von Weg und Gelände, geistige Einstellung«. Durch die visuelle Darstellung der Resultate zu Hügeln, die ähnliche Resultate beinhalten, wird dem Benutzer künftig eine intuitivere Orientierung als durch herkömmliche Listen angeboten.

Für den Benutzer besteht die Möglichkeit, direkt im GUI zu interagieren. So kann er die Suche durch Eingabe neuer Begriffe verfeinern, mittels Schieberegler die Zugehörigkeiten erweitern oder verringern oder die geografische Lage durch Drehen der Karte verändern. Dadurch bekommt der Nutzer ein besseres Verständnis für seine Daten und kann unbekannte Verbindungen und Zusammenhänge grafisch erkennen. Dank der Interaktion mit dem Programm erwirbt er Wissen über seine Daten und erkennt Zusammenhänge.

3 Fazit und Ausblick

Obgleich das WWW noch jung ist, kann es schon eine aufregende Historie aufweisen. Mit dem Aufkeimen von sozialer Software wurden Möglichkeiten erschlossen, mit anderen digital in Kontakt zu treten. Auf diese Art organisiert sich der Mensch mittels Weblogs und Folksonomies seine Welt, verbindet sich, tauscht sich aus.

Fest steht, dass die Suche nach unsichtbaren Informationen und Zusammenhängen noch in den Kinderschuhen steckt. Für die methodische Informationssuche in Weblogs gibt es im Web 2.0 spezielle Weblog-Suchmaschinen und Auswertungsservices. Der Schritt hin zum semantischen Web führt jedoch zu einer tief greifenden Veränderung in der Art der Informationsbeschaffung und damit zu ungeahnten Möglichkeiten.

Der hier präsentierte Ansatz ermöglicht nicht nur eine exakte Suche nach Informationen, sondern ein vages Suchen nach themenverwandten und vermutlich relevanteren Informationen. Dazu wird der Ansatz gegenwärtig als Dissertation am Forschungszentrum FM der Universität Fribourg (www.FMsquare.org) als Prototyp implementiert. Das Forschungszentrum FM wendet hierbei die Idee der unscharfen Klassifizierung auf verschiedene Anwendungsfelder an.

Um themenverwandte Begriffe zu erkennen, greift die präsentierte Metasuchmaschine auf Folksonomies zurück, wo Internetnutzer beispielsweise durch das Beschreiben von Fotos mittels Schlagwörtern dem Computersystem Assoziationen zwischen den beschriebenen Begriffen auf dem Foto beibringen. Diese Assoziationen können mit dem vorgeschlagenen Ansatz erkannt und (als Hilfe für die Suche) in der Ontologie hinterlegt werden. Die kartografische Aufbereitung hilft dem Benutzer, sich innerhalb der gefundenen Suchbegriffe zurechtzufinden, und erlaubt ihm zugleich, tiefer in eine Thematik einzutauchen oder Beziehungen zwischen Objekten zu erkennen.

Die Zukunft wird zeigen, wie im semantischen Web nach versteckten Informationen in Weblogs gesucht werden kann. Weblog-Suchmaschinen müssen sich kontinuierlich zu funktionalen Programmen weiterentwickeln. So wird es immer wichtiger, dass der Suchende bei seiner Recherche maximal unterstützt wird. Dazu gehören ergonomische und auf den Benutzer abstimmbare Benutzeroberflächen (individuelle Suchmaske, optimierte, an den Bewegungsablauf angepasste Eingabemöglichkeiten usw.), wie auch Hilfen bei einer vertieften

Suche. Wünschenswert wäre, wenn Suchmaschinen automatisch erkennen könnten, in welche Richtung sich die Suche entwickelt. Dadurch könnten Daten zur Verfügung gestellt werden, ohne dass diese zusätzlich manuell gesucht werden müssen. Diese Daten könnten bei Bedarf angeschaut werden.

Als letzter Punkt seien Suchanfragen in deutscher Sprache erwähnt, die englische, spanische oder französische Resultate liefern. Als Schlüssel hierzu könnte die bereits erläuterte Ontologie herangezogen werden. Wenn Tags aller Sprachen zu einer Ontologie aufgearbeitet werden, könnte dieses Ziel erreicht werden.

4 Literatur

[Baeza-Yates & Ribeiro-Neto 1999] *Baeza-Yates, R.; Ribeiro-Neto, B.:* Modern Information Retrieval. Addison-Wesley, Essex, 1999.

[Bezdek et al.1999] *Bezdek, J. C.; Keller, J.; Krisnapuram, R.; Pal, N. R.:* Fuzzy Models and Algorithms for Pattern Recognition and Image Processing. Springer-Verlag, New York, 1999.

[Borg & Groenen 2005] *Borg, I.; Groenen, P. J. F.:* Modern multidimensional scaling: Theory and Applications. Springer-Verlag, New York, 2005.

[Gruber 1993] *Gruber, T.:* A translation approach to portable ontology specifications. In: Knowledge Acquisition, 5 (2), 1993, S. 199-220.

[Hermann & Leuthold 2003] *Hermann, M.; Leuthold, H.:* Atlas der politischen Landschaften der Schweiz. vdf Hochschulverlag AG, ETH Zürich, 2003.

[Kuhn et al. 2009] *Kuhn, A.; Erni, D.; Loretan, P.; Nierstrasz, O.:* Software Cartography: Thematic Software Visualization with Consistent Layout. In: Journal of Software Maintenance and Evolution, John Wiley & Sons, 2009.

[O'Reilly & Battelle 2009] *O'Reilly, T.; Battelle, J.:* Web Squared: Web 2.0 Five Years On, *http://assets.en.oreilly.com/1/event/28web2009_web squared-whitepaper.pdf*; Zugriff am 21.08.2009.

[Portmann & Meier 2010] *Portmann, E.; Meier, A.:* A Fuzzy Grassroots Ontology for improving Weblog Extraction. In: Journal of Digital Information Management, Digital Information Research Foundation, Chennai, India, 2010.

[Surowiecki 2004] *Surowiecki, T.:* The Wisdom of Crowds: Why the Many Are Smarter Than the Few and How Collective Wisdom Shapes Business, Economies, Societies and Nations. Doubleday, New York, 2004.

[Vander Wal 2007] *Vander Wal, T.:* Folksonomy, Folksonomy Coinage and Definition, *http://vanderwal.net/folksonomy.html*; Zugriff am 20.08.2009.

[Ware 2000] *Ware, C.:* Information Visualization. Morgan Kaufmann, San Francisco, 2000.

[Wise 1999] *Wise, J. A.:* The ecological approach to text visualization, *www.geog.ucsb.edu/~sara/teaching/geo234_02/papers/wise.pdf*; Zugriff am 17.09.09.

Dipl.-Wirtsch.-Inf. (FH)
Edy Portmann MSc
Universität Fribourg
Departement für Informatik
Boulevard de Pérolles 90
CH-1700 Fribourg
edy.portmann@unifr.ch
http://diuf.unifr.ch/is/

Adrian Kuhn MSc
Universität Bern
Institut für Angewandte
Mathematik und Informatik
Neubrückstr. 10
CH-3012 Bern
akuhn@iam.unibe.ch
http://scg.unibe.ch

Ute Steinecke, Walter Straub

Unstrukturierte Daten im Business Intelligence – Vorgehen, Ergebnisse und Erfahrungen in der praktischen Umsetzung

Information-on-Demand und Business Intelligence (BI) gehören zu den weiterhin wachsenden Beratungsfeldern. Standen bisher strukturierte Daten im Vordergrund, so wird es in Zukunft mehr und mehr darum gehen, Informationen aus unstrukturierten Daten wie beispielsweise aus Dokumenten, Videos, Bildern, E-Mails oder Wikis zu erschließen und zu nutzen. Unstrukturierte Informationen werden zwar u.a. bereits in Content-Managementsystemen verwaltet, aber in Kombination mit Business Intelligence kaum genutzt. Die Einbindung unstrukturierter Daten in BI-Systeme und deren Auswertung stellt die etablierten BI-Methoden vor vollkommen neue Anforderungen und verlangt zum Teil neue Verfahren und Technologien. Dabei liefern unstrukturierte Daten nicht nur Fakten, sondern vor allem auch Informationen aus dem und über den Kontext. Es kann für den Marketingleiter oder die Produktentwicklung entscheidend sein, ob es sich um positive, negative oder neutrale Kontexte handelt. Für Gewährleistungs- und Servicecenter kann es wesentlich sein, ob es sich um neue oder um bekannte Probleme handelt und in welcher Beziehung diese zu anderen Fragen stehen. An die Unternehmensberatung IBM Global Business Services ist eine Reihe von Anfragen gestellt worden, um unstrukturierte Daten in BI-Systeme zu integrieren und für Auswertungen und Reporting verfügbar zu machen. So wurde gemeinsam mit einer Customer Support Service GmbH ein Projekt aufgesetzt, um die Notizen von Agents auszuwerten, aufzubereiten und über herkömmliches Reporting dem Business bereitzustellen. Ein anderes Projekt hatte zum Ziel, RSS-Feeds automatisch zu klassifizieren und in die internen Informationssysteme zu integrieren. Im Folgenden werden das Vorgehen, die Ergebnisse und die Erfahrungen aus diesen zwei Anwendungen dargestellt.

Inhaltsübersicht

1 Unstrukturierte Daten im Business Intelligence – fachliche Anforderungen
2 Auswertung von Störmeldungen in einem Customer Service Center
  2.1 Ausgangssituation
  2.2 Aufgabenstellung
  2.3 Lösungsansatz
  2.4 Ergebnis
  2.5 Software
3 Automatische Klassifikation von RSS-Feeds für ein Unternehmen der Energiewirtschaft
  3.1 Aufgabenstellung
  3.2 Lösungsansatz
  3.3 Ergebnis
  3.4 Software
4 Unstrukturierte Daten im BI – Technologie und Standards
  4.1 Vorverarbeitung
  4.2 Modellierung
  4.3 Frontend
5 Literatur

1 Unstrukturierte Daten im Business Intelligence – fachliche Anforderungen

Gegenstand der Business-Intelligence (BI)-Anwendungen sind insbesondere die klassischen Data Warehouses, die die Daten aus unterschiedlichsten operativen und externen Systemen harmonisiert und vergleichbar bereitstellen, und die darauf aufsetzenden Reporting-, Planungs-, Analyse-, Balanced-Scorecard- und Data-Mining-Anwendungen. Alle diese Anwendungen setzten bisher strukturierte Daten voraus, die im Wesentlichen Fakten darstellen und beschreiben.

In den letzten Jahren gab es eine Reihe von Veröffentlichungen, die das Verhältnis zwischen strukturierten und unstrukturierten Daten beschreiben und die jeweiligen Wachstumsraten schätzen. So ging der TDWI Research Report [Russom 2007] von Wachstumsraten von 61 Prozent bis 81 Prozent für unstrukturierte Daten im Zeitraum bis 2010 aus. Forrester Research stellt in [Adrian et al. 2009] eine Schätzung von 5 neuen BI-Technologien auf (vgl. Abb. 1).

Neben dem Wachstum des Datenvolumens und der Vielzahl von zusätzlichen Details stellt sich zunehmend die Frage, wie aus Texten, Dokumenten, E-Mails, Bildern usw. Informationen gewonnen werden können. Erhöht hat sich die Nachfrage nach gezielten Auswertungen wie beispielsweise:

- Wie können die Dokumente, E-Mails oder Bilder klassifiziert werden? Welche Klassifikation ließe sich automatisiert ableiten?
- Welche Hinweise und Schwerpunkte lassen sich aus Werkstattmeldungen und Gewährleistungsfällen extrahieren?
- Welche Informationen lassen sich hinsichtlich des eigenen Unternehmens bzw. eigener Produkte aus Weblogs, Webseiten und anderen Onlinemedien ableiten? Welche Hinweise lassen sich aus Kundenfeedbacks und Anfragen ziehen?
- Lassen sich aus individuellen Prozess- oder Krankheitsverläufen Zusammenhänge zwischen einzelnen Fakten ableiten?

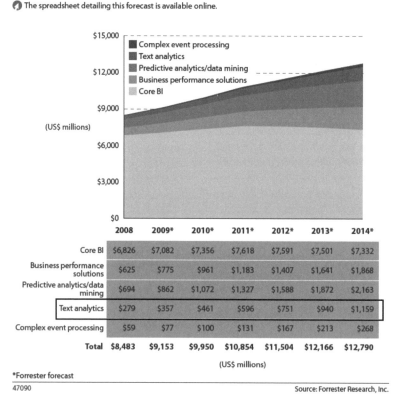

Abb. 1: Entwicklung der Volumina strukturierter und unstrukturierter Daten

- Erhöht haben sich auch Nachfragen, die sich auf den Kontext beziehen, in dem eine Information entsteht oder genannt wird: Werden beispielsweise die Produkte oder die Services einer Firma in eher positivem, eher negativem oder eher neutralem Kontext genannt? Welche Produkte oder Services sind betroffen? Und wie ist die Tendenz?
- Einige der Anfragen gehen in die Richtung von Früherkennungs- und Warnsystemen, die neue Fakten und Informationen identifizieren und auswerten sollen: Sind z.B. in den Anfragen und Störmeldungen zu Produkten Hinweise auf extrem kritische Fälle enthalten? Welche neuen Hinweise lassen sich identifizieren? Konzentrieren sich diese auf bestimmte Regionen, Bereiche oder Produktgruppen?

Derartige Fragestellungen lassen sich nur dann beantworten, wenn die unstrukturierten Informationen ähnlich aufbereitet und ausgewertet werden wie die strukturierten Daten. Prädestiniert dafür sind insbesondere die BI-Systeme, die auf die Aufbereitung und Analyse von strukturierten Detaildaten seit Jahren spezialisiert sind. Dabei stellt die Auswertung unstrukturierter Daten und ihre Einbindung in BI-Systeme die etablierten BI-Methoden vor vollkommen neue Anforderungen und macht zum Teil neue Verfahren und Technologien notwendig.

Im Folgenden werden zwei konkrete Projekte vorgestellt, deren Ziel darin bestand, unstrukturierte Daten aufzubereiten, auszuwerten und in BI-Lösungen einzubinden. Die jeweiligen spezifischen Aufgabenstellungen, deren Umsetzung und die bei der Umsetzung gewonnenen Ergebnisse und Erfahrungen werden kurz beschrieben und die Lösungen im Überblick skizziert.

2 Auswertung von Störmeldungen in einem Customer Service Center

2.1 Ausgangssituation

Telefonisch angenommene Anfragen oder Informationen zu Störungen, Gewährleistungen oder Schadensmeldungen sind Gegenstand des ersten Projektbeispiels. Die Agents nehmen dabei jede Anfrage als Ticket auf. Anhand des Bearbeitungsschrittes des Tickets lässt sich die Historie der Bearbeitung und der Problemlösung vollständig nachverfolgen. Manche Tickets bestehen aus mehr als 30 Lösungsschritten. Für die Analyse der Tickets stehen damit verschiedene Daten zur Verfügung:

- *Metadaten* wie Zeiten, Dringlichkeit, Kundenname, Bearbeiter, Tätigkeit, Status, Kontaktart u.a.
- *Fixe Kategorisierungen,* also die Eingruppierung der eingehenden Anfragen in vordefinierte Kategorien. Solche Kategorien können beispielsweise Hardwareprobleme, Softwareprobleme oder Netzprobleme sein. In der Regel werden die Kategorien auch hierarchisch detailliert, z.B. Hardwareprobleme – Geräteprobleme – Drucker – Druckertyp. Die Kategorien werden vorab festgelegt und sind relativ konstant. Außerdem können sie für die Bewertung des Schwierigkeitsgrades zugrunde gelegt werden oder dienen als Vergütungsgrundlage für dienstleistende Unternehmen.
- *Freier Text* mit der Problembeschreibung, Historie des Problems, Empfehlungen und Aktivitäten zur Problemlösung

Abbildung 2 stellt einen Bearbeitungsschritt eines Tickets dar.

2.2 Aufgabenstellung

Basierend auf den Metadaten und den fixen Kategorisierungen ist das traditionelle Reporting relativ einfach aufsetzbar und ermöglicht die Beantwortung z.B. folgender Fragen:

- Wie viele Meldungen sind im Zeitraum von … bis … mit welcher Priorität eingegangen?

Unstrukturierte Daten im Business Intelligence

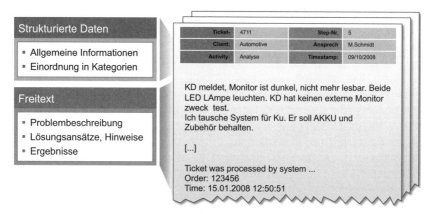

Abb. 2: Ticketerfassung

- Wie ist die mittlere Abarbeitungsdauer eines Tickets?
- Wie viele Tickets befinden sich derzeit in welchem Status?

Grundlage für diese Auswertungen sind strukturierte Daten. Die Informationen, die in den Freitexten verfügbar sind, bleiben unberücksichtigt.

Ausgehend von dieser Ausgangssituation sollte im Projekt die Frage beantwortet werden, wie die Informationen aus den Freitexten ausgewertet werden können und vor allem welcher Mehrwert daraus generiert werden kann. Im Verlauf des Projektes und im Ergebnis der Diskussionen mit den Projektpartnern des Customer Service Center haben sich folgende Fragestellungen als die interessantesten herauskristallisiert:

1. Welche Schlagwörter lassen sich aus den Freitexten ableiten? Lassen sich damit die bestehenden Kategorien ergänzen bzw. ersetzen, z.B. die Kategorie »Sonstiges«?
    Gibt die Verteilung eines Schlagwortes auf mehrere Kategorien z.B. Hinweise auf unterschiedliche oder auch mehrdeutige Zuordnungen?
2. Welche in den Freitexten beschriebenen neuen Probleme treten zunehmend oder kurzfristig gehäuft auf? Ziel ist es dabei, Hinweise auf neue Probleme frühzeitig zu erhalten, da diese mit den existierenden – relativ starren Kategorien – kaum ermittelbar sind.
3. Aus dem Freitext eines Tickets lassen sich oft mehrere Schlagwörter extrahieren. Ausgehend davon können Korrelationen und Assoziationen zwischen den Schlagwörtern ermittelt werden. Diese Assoziationen beschreiben Zusammenhänge, wie z.B. »Wenn der Begriff [Brennprogramm] vorkommt, dann kommt auch der Begriff [Motorelektronik] in 55 Prozent aller Tickets vor« oder »Wenn der Begriff [Brennprogramm] in einem Arbeitsschritt vorkommt, dann kommt der Begriff [Motorelektronik] in 32 Prozent aller Tickets in einem der Folgeschritte vor«.

2.3 Lösungsansatz

Um diese Fragestellungen zu bearbeiten und die Freitexte analysierbar zu machen, wurden zum einen die traditionellen Lösungen im BI-Umfeld genutzt, zum anderen zusätzliche Module zur Textanalyse integriert. Dieser Ansatz wird nachfolgend veranschaulicht.

Das traditionelle BI extrahiert strukturierte Daten, transformiert, bereinigt und prüft die Daten und speichert sie in Data Warehouses. Die Analysesoftware, wie Reporting oder Mining, setzt dann auf den Data Warehouses auf (vgl. Abb. 3).

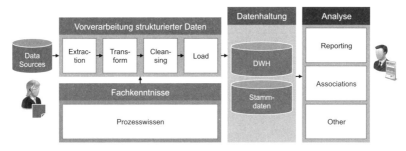

Abb. 3: Traditioneller BI-Prozess

Für die Einbeziehung von unstrukturierten Daten in traditionelle BI-Systeme wurde die Vorverarbeitung um einen kompletten parallelen Strang erweitert (vgl. Abb. 4). Dieser Strang bereitet die unstrukturierten Freitexte der Agents so auf, dass sie in die traditionelle Datenhaltung einbezogen werden können. Dabei werden – genau wie in einem herkömmlichen ETL-Prozess für strukturierte Daten – mehrere Module eingesetzt.

Welche Module in die Vorverarbeitung unstrukturierter Daten einbezogen werden, ist vor allem von der Qualität der Texte abhängig. Für die Freitexte, die von einem Service Center Agent aufgenommen werden, muss davon ausgegangen werden, dass

- die Agents in der vorgegebenen Zeit *keine vollständigen Sätze* verfassen können,
- ein eigener und prozessspezifischer *Jargon* benutzt wird,
- die Mitschrift von Gesprächen kaum Zeit lässt, *Rechtschreibfehler* wie »Vertipper« und Buchstabendreher zu korrigieren,
- *verschiedene Sprachen* unterstützt werden, die zudem innerhalb eines Tickets, z.B. zwischen den Lösungsschritten, wechseln können.

Es liegen somit fragmentierte, grammatikalisch unkorrekte Texte in verschiedenen Sprachen vor. Aus diesem Grunde wurden in die Vorverarbeitung der Freitexte der Agents folgende Module einbezogen:

- *Spracherkennung:* Die Spracherkennung ist der erste Schritt der Vorverarbeitung und Voraussetzung für einen Teil der nachfolgenden

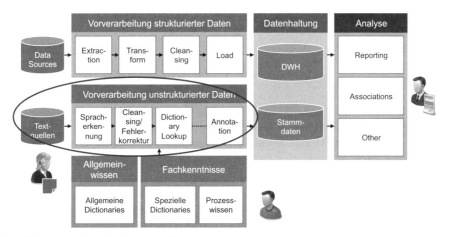

Abb. 4: BI-Prozess mit unstrukturierten Daten

Module wie z.B. Rechtschreibkorrektur und Synonymerkennung.
- *Cleansing:* Das Cleansing selbst umfasst mehrere einzelne Module. Dazu gehören u.a. die Entfernung überflüssiger Textteile wie z.B. E-Mail-Header und Grußfloskeln. Des Weiteren gehört dazu die Rechtschreibkorrektur. Diese Korrekturen werden von den in die Module integrierten allgemeinen Wörterbüchern bereits mitgeliefert. Die fachspezifischen Wörterbücher wurden zusammen mit dem Projektteam des Kunden erarbeitet. Außerdem werden Synonyme durch ihren Hauptvertreter ersetzt. Für die Synonyme gilt weitestgehend genauso wie für die Rechtschreibkorrektur: Die Synonyme werden von den in die Module integrierten allgemeinen Wörterbüchern bereits mitgeliefert.
- *Annotation:* Die Annotation ist die modulunterstützte Erkennung von Schlagwörtern und deren Zuordnung zu Konzepten. Dazu gehört insbesondere die Kennzeichnung, ob es sich bei den identifizierten Schlagwörtern um eine Person, ein Gerät oder einen Ort handelt. Auf eine weiter gehende Annotation der von Agents erfassten Texte – z.B. die Erkennung von semantischen Zusammenhängen in den Texten – wurde aufgrund der Satzfragmente verzichtet.
- *Load:* Im Ergebnis wurde für jedes Ticket und jedes darin identifizierte rechtschreibkorrigierte und synonymbereinigte Schlagwort ein Datensatz erzeugt. Diese Datei steht dem Data Warehouse für routinemäßige Loads zur Verfügung.

2.4 Ergebnis

Über die Ticketnummer und den jeweiligen Schritt innerhalb eines Tickets sind die identifizierten Schlagwörter, die Metadaten und die fixen Kategorien gemeinsam auswertbar und können über ein Reporting dem Business zur Verfügung gestellt werden. Die Auswertungen erfolgen für die Beantwortung der Fragestellungen 1 und 2 (siehe Abschnitt 2.2) über das herkömmliche Reporting. Die Fragestellung 3 wird mittels eines Assoziationsalgorithmus realisiert, dieser Algorithmus ist im Standardumfang der Basissoftware enthalten. Einige Ergebnisse sind im Folgenden kurz zusammengefasst:

- Im Rahmen der Vorverarbeitung konnte durch die Cleansing-Algorithmen die Menge der zu analysierenden Texte um mehr als 50 Prozent verringert werden. Standardtexte, automatisch eingefügte Textbausteine und andere für die Analyse nicht relevante Texte (z.B. Werbung) wurden eliminiert.
- Für die Textannotation wurden gemeinsam in den Projekten spezifische Wörterbücher inkl. Synonymen erstellt, wobei die unterschiedlichen Möglichkeiten von Konzepten (Steuergeräte, Hardware, Software, Diagnosegeräte etc.) und eine Hierarchie zwischen den Konzepten berücksichtigt wurden. Dabei hat sich gezeigt, dass auf die in der Regel bereits vorhandenen Wissensdatenbanken sehr gut zurückgegriffen werden kann. Bereits ein erster Stand der Wörterbücher hat zu einer relativ hohen Abdeckung der identifizierten Konzepte geführt (vgl. Abb. 5). Eine ständige Ergänzung und Verbesserung der Wörterbücher muss im weiteren Projektverlauf sichergestellt werden. Dafür ist eine Interaktion der Fachnutzer zur Bearbeitung der Wörterbücher standardmäßig eingerichtet worden. Eine Schnittstelle zum Wissensmanagement soll künftig ein fester Bestandteil der Architektur werden.
- Die Ergebnisse der Annotation werden in einer separaten Datei abgelegt. In Verbindung mit den strukturierten Daten und den fest vorgegebenen Kategorien ist dann eine Vielzahl von Berichten umsetzbar. Für die Projekte sind insbesondere folgende Berichte von Interesse:
  - Die Auflistung der Schlagwörter, die im Vergleich über die Zeit sowohl absolut als auch relativ überdurchschnittlich ange-

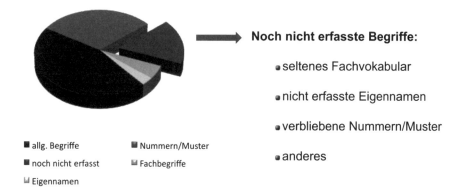

Abb. 5: Abdeckung des Gesamttextes durch Wörterbücher

stiegen sind, einschließlich eines Drill-down auf die Tickets
- Die Aufsplittung der Standardkategorie »Sonstiges« auf die aus den Tickets extrahierten Schlagwörter bzw. Konzepte, einschließlich eines Drill-down auf die Tickets
- Die Auflistung neuer Schlagwörter und Konzepte, die sich auf mehrere der festen Kategorien verteilen und damit evtl. nicht eindeutig zuordnebar sind, einschließlich eines Drill-down auf die Tickets
- Flexible Ad-hoc-Auswertungen
• Die Standarddarstellungen der Assoziationsergebnisse waren für die Businessnutzer nicht intuitiv genug nutzbar, deshalb werden die identifizierten Regeln ebenfalls als Ergebnis abgespeichert und über das Berichtswesen dargestellt.

2.5 Software

Die Vorverarbeitung für die Freitexte aus den Tickets wurde über IBM Infosphere Warehouse® umgesetzt. Die Module für das Cleansing, die Annotation, die Spacherkennung und die Auswertung von Wörterbüchern sind teilweise in Infosphere Warehouse' im Standard verfügbar. Ein anderer Teil der Module wurde mittels IBM Languageware® erzeugt. IBM Languageware® ist eine auf Text- und linguistische Analysen spezialisierte Software. Sie unterstützt mehr als 20 Sprachen, darunter Japanisch, Chinesisch und Arabisch. Die mittels Languageware® erstellten Module sind bereits in verschiedene IBM-Softwareprodukte und -lösungen integriert.

Die Assoziationsanalyse wurde ebenfalls über IBM Infosphere Warehouse® umgesetzt – die Mining-Verfahren sind als eigenständige Module in die Workbench von Infosphere Warehouse® im Standard integriert.

Das Data Warehousing und das Reporting richten sich insbesondere nach den bereits im Unternehmen eingesetzten Systemen. In einem ersten Schritt wurde SAP BW genutzt. Derzeit erfolgt die Umstellung auf Cognos®. An das Data Warehouse werden dabei die strukturierten Metadaten, die vorgegebenen Kategorien, die aus den Freitexten extrahierten Schlagwörter und die Ergebnisregeln der Assoziationen übergeben.

3 Automatische Klassifikation von RSS-Feeds für ein Unternehmen der Energiewirtschaft

3.1 Aufgabenstellung

RSS ist ein Service ähnlich einem Nachrichtenticker, der für eingrenzbare Schlagwörter abonniert werden kann. Er liefert dem Abonnenten automatisch neue Einträge, wobei dieser direkt den angebotenen Links folgen und dort die vollständige Meldung lesen kann. Genutzt wird dieser Service u.a., um Informationen über Wettbewerber und Märkte zu gewinnen, oder auch um Trends und Tendenzen der öffentlichen Meinung bezüglich des eigenen Unternehmens nachzuverfolgen.

Die Serviceprovider von RSS-Feeds stellen in der Regel sicher, dass die relevanten Meldungen dem Abonnenten zeitnah zur Verfügung gestellt werden. Sie können häufig nicht steuern, welche Relevanz die Meldung für das Unternehmen hat, welche Unternehmensbereiche betroffen sind und welche der Meldungen unternehmensintern von welcher Priorität ist. Diese Zuordnungen und Klassifikationen werden unternehmensintern verwaltet.

Ziel und Aufgabe des Projektes war es zu prüfen und prototypisch umzusetzen, mit welchem Aufwand eine Lösung zur Verfügung gestellt werden kann, die die eingehenden RSS-Feeds automatisch auswertet und für die Einbindung in das unternehmenseigene Informationsportal vorbereiten kann. Eine Einbindung in das unternehmensinterne Informationsportal setzt dabei mindestens folgende Informationen voraus:

- Name des Artikels
- Publikationsdatum
- Angaben zur Quelle
- Art der Information
- Priorität

Dabei sollte parallel eine Klassifikation der Nachricht entsprechend den Kategorien des Portals erfolgen. Damit sollten eine Analyse des Textes und eine automatische Ermittlung folgender Parameter durchgeführt werden:

- Sprache
- Kategorien (z.B. Kunden, Wettbewerber, eigenes Unternehmen, Produkte)
- Unterkategorien (z.B. Wettbewerber 1 ... n)
- Relevanz der Meldung für das Unternehmen

Die Zuordnung und Klassifikation sollen zunächst als Vorschlag erfolgen, der von einem Administrator geprüft wird. Nach Freigabe soll die Meldung im Informationsportal verfügbar sein. Dieser Prozess erfolgt über Siebel.

Abbildung 6 beschreibt kurz den Zielprozess und die wesentlichen Schritte der Auswertung.

3.2 Lösungsansatz

Um die RSS-Feeds auszuwerten und die erforderlichen Zusatzinformationen zu erzeugen, wurde derselbe technologische Ansatz genutzt wie im ersten Beispiel beschrieben. Der im BI-Umfeld übliche ETL-Prozess (Extraktion, Transformation, Laden) wurde auf unstrukturierte Daten erweitert. Dabei wurden Module herangezogen, die für die Analyse der RSS-Feeds geeignet sind.

Für die Texte von RSS-Feeds ist typisch, dass

- sie eine aus Analysesicht sehr gute Qualität aufweisen, also aus vollständigen Sätzen bestehen und Rechtschreibfehler eher selten sind,
- Fachbegriffe zwar eine große Rolle spielen, diese dem Fachpublikum aber allgemein bekannt sind,
- ein Feed i.d.R. auf einen Artikel verweist, der einer Sprache zugeordnet werden kann.

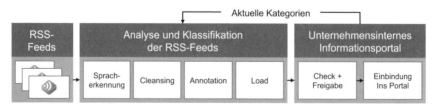

Abb. 6: Zielprozess zur automatischen Klassifikation von RSS-Feeds im Überblick

Damit wurden folgende Module einbezogen:

- *Spracherkennung:* Die Spracherkennung ist der erste Schritt der Vorverarbeitung und Voraussetzung für einen Teil der nachfolgenden Module wie Identifizierung der Kategorien und Synonymerkennung.
- *Cleansing:* Das Cleansing umfasst mehrere einzelne Module. Dazu gehörte u.a. die Entfernung von Textteilen, die für die fachliche Analyse der Inhalte nicht relevant sind, wie z.B. Autor und Art des Artikels, Erscheinungstag, Publikationsmedium.
- *Annotation/Dictionary Lookup:* Die Annotation ist in diesem Fall auf den modulgestützten Abgleich mit den vorgegebenen Kategorien reduziert. Dabei werden die vorhandenen und vorgegebenen Kategorien mit den aus den Feeds extrahierbaren Schlagwörtern und deren Synonymen abgeglichen. Eine weiter gehende Annotation stand nicht im Fokus der Anforderungen. Denkbar wäre auch die Ermittlung der Tonalität, d.h. eine Aussage darüber, ob der Kontext eher positiv, eher negativ oder eher neutral war.
- *Load:* Im Ergebnis wurde für jeden Feed und jede darin identifizierte Kategorie ein Datensatz erzeugt. Diese Datei ist an eine Siebel-Applikation angebunden, die dem Administrator eine Prüfung der Klassifikation ermöglicht und die Freigabe zur Übernahme in das unternehmensinterne Portal verwaltet.

3.3 Ergebnis

Gegenwärtig werden ca. 70 Prozent der Feeds so zugeordnet, dass sie an das unternehmensinterne Portal übergeben werden können. Die anderen 30 Prozent enthalten zwar die im Abonnement vereinbarten Schlagwörter, aber nicht in der Kombination, die das unternehmenseigene Portal benötigt.

Derzeit wird weiter daran gearbeitet, irrelevante Feeds (ein Teil der identifizierten 70 Prozent) von einer Übergabe an das Portal auszuschließen. Das betrifft insbesondere Feeds, in denen die vorgegebenen Schlagwörter und Kombinationen zwar vorkommen, der fachliche Hintergrund aber nicht relevant ist. Dafür werden weitere Annotationen geprüft, die den Kontext analysieren.

3.4 Software

Die Analyse der RSS-Feeds wurde ausschließlich über IBM Infosphere Warehouse® umgesetzt. Das umfasst die Module für das Cleansing, den Dictionary Lookup und die Spacherkennung. Eine Integration von zusätzlichen Modulen – über die im Infosphere Warehouse® verfügbaren hinaus – war bislang nicht notwendig. Die Ergebnisse werden für die weiteren Prozessschritte an eine im Unternehmen vorhandene Siebel-Applikation übergeben.

4 Unstrukturierte Daten im BI – Technologie und Standards

Business Intelligence und Data Warehousing sind ihrem Grundgedanken nach auf strukturierte Daten ausgerichtet. Der klassische Datenfluss von den Datenquellen über ETL ins Data Warehouse als Basis für diverse Analysetechniken trägt dem Rechnung. Die bisherigen Erfahrungen zeigen, dass dieser BI- Ansatz relativ gut erweiterbar ist und unstrukturierte Daten integriert werden können. Der Schwerpunkt liegt dabei auf dem Vorverarbeitungsprozess.

4.1 Vorverarbeitung

Die unstrukturierten Daten werden in einem dem ETL ähnlichen Prozess so transformiert, dass sie Strukturen erhalten. Ähnlich wie bei strukturierten Daten bestimmen die fachlichen Anforderungen, welche Informationen extrahiert werden. Die Extraktionen und Transformationen von unstrukturierten Daten unterscheiden sich grundlegend von denen, die bisher für strukturierte Daten verfügbar waren. Für unstrukturierte Text- und Sprachdaten sind linguistische Verfahren und Technologien entscheidend. Diese stehen als Module zur Verfügung, die zum Teil in die Software integriert sind oder separat verfügbar sind. Languageware® liefert beispielsweise eine Workbench, die die Konfiguration eigener Module ermöglicht. Diese Module entsprechen dem Apache UIMA[1]-Standard und können in Standardsoftware eingebunden werden. Für die Qualität der Auswertung der Agent-Mitschriften war dieser Ansatz entscheidend. Welche Module in die Vorverarbeitung unstrukturierter Daten einbezogen werden sollten, ist abhängig von der Qualität der Daten. Die Vorverarbeitung von Freitext-Mitschriften war z.B. deutlich aufwendiger und erforderte den Einsatz von mehr und komplizierteren Modulen als die Vorverarbeitung von RSS-Feeds. Die Funktionalität der einzelnen Module wird ebenfalls stark von der Qualität der Texte beeinflusst. So kann in einfachen Fällen die Sprachermittlung für ein Dokument insgesamt ausreichend sein, in anderen Fällen aber die abschnitts- oder satzweise Bestimmung der Sprache notwendig sein. Die Reihenfolge, in der die Module ausgeführt werden sollten, ist zwar frei wählbar, praktisch sind aber bestimmte Muster einzuhalten, z.B. die Spracherkennung vor der Rechtschreibprüfung, die Tonalität nach Dictionary- und Repository-Abgleichen.

4.2 Modellierung

Die eigentliche Modellierung im Data Warehouse und die Anwendung der verschiedenen Analyseverfahren kann relativ gut auf die unstrukturierten Daten erweitert werden, zumindest wenn es sich um die Einbeziehung der aufbereiteten Daten handelt. Nach Aufbereitung durch die Vorverarbeitung und das Laden ins Data Warehouse liegen quasi strukturierte Informationen und ein »Originalfeld« vor. Die Originaldaten sind in diesem Fall kein Feld mit Kennzahlen, sondern eine Sammlung von Texten, Dokumenten, Bildern oder Videos. Die Vorverarbeitung von unstrukturierten Daten benötigt zusätzliche Stammdaten. Dazu gehören für Text- und Sprachdaten insbesondere die projektspezifischen Wörterbücher, inklusive der Abkürzungen und Synonyme der einzelnen Begriffe.

4.3 Frontend

Die Aufbereitung über verschiedene Analyseverfahren bleibt zwar eher unverändert, aber genau wie bei strukturierten Daten besteht seitens der Endnutzer die Anforderung, auf die Ursprungsbelege zugreifen zu können. Es sollte also auf die Texte, Dokumente, Bilder, Videos etc. ähnlich wie auf Kennzahlen und Fakten per »Drill-down« oder »Drill-through« zugegriffen werden können. Beides ist für unstrukturierte Daten in der BI-Software gegenwärtig noch kein gängiger Standard.

5 Literatur

[Adrian et al. 2009] *Adrian, M. et al.*: Forrester Research: Forecast: Business Intelligence 2009 To 2014. For Technology Product Management & Marketing Professionals. Forrester Research, 4. Februar 2009.

[Russom 2007] *Russom, P.*: TDWI Research Report: BI Search and Text Analytics. New Data Warehouse Sources. Information Management Special Reports, May 2007.

Weiterführende Literatur

Doan, A.; Naughton, J. N.; Baid, A.; Chai, X.; Chen, F.; Chen, T.; Chu, E.; DeRose, P.; Gao, B.; Gokhale, C.; Huang, J.; Shen, W.; Vuong, B.: The Case for a Structured Approach to Managing Unstructured Data 4th Biennial Conference on Innovative Data Systems Research (CIDR), January 4-7, 2009, Asilomar, CA, USA, 2009.

---

1. UIMA – Unstructured Information Management Applications sind Softwaresysteme zur Analyse großer Mengen von unstrukturierten Informationen. UIMA ist ein zwischen den Unternehmen abgestimmter Standard zur Modularisierung. Er liefert ein Framework und Werkzeuge zur Entwicklung derartiger Applikationen.

Feldman, R.; Sanger, J.: The text mining handbook: advanced approaches in analyzing unstructured data. Cambridge University Press, New York, 2007.

Fulcher, J. (Hrsg.): Advances in Applied Artificial Intelligence. Idea Group Publishing, 2006.

Witte, R.; Mülle, J. (Hrsg): Text Mining: Wissensgewinnung aus natürlichsprachigen Dokumenten. Universität Karlsruhe (TH), Fakultät für Informatik, Institut für Programmstrukturen und Datenorganisation (IPD), Interner Bericht 2006-5, März 2006.

Dr. Ute Steinecke
IBM Deutschland GmbH
Business Analytics and
Optimization (BAO)
Wilhelm-Fay-Str. 30-34
65936 Frankfurt/M.
Ute.Kerstin.Steinecke@de.ibm.com
www.ibm.de

Dipl.-Ing. Walter Straub
IBM Deutschland GmbH
Business Analytics and
Optimization (BAO)
Hollerithstr. 1
81829 München
walter.straub@de.ibm.com
www.ibm.de

Michael Reiss, Dirk Steffens

Augmented und Blended Learning: Potenzial hybrider Lernumgebungen

Elektronische Infrastrukturen eröffnen neue Möglichkeiten für Geschäftsmodelle, Management und Teamarbeit sowie für Lernprozesse. Das Management des Lernens von Individuen und Gruppen profitiert von der durch eLearning ermöglichten organisatorischen Virtualisierung vor allem in Form erhöhter Personalisierung, größerer Reichweite und Reduktion von variablen Kosten. Elektronische Infrastrukturen ermöglichen durch Computeranimationen, Simulationen, Educational Games und Virtual-Reality-Systeme ferner eine Repräsentationsvirtualisierung, deren Potenzial vor allem in einer hochgradigen Gestaltbarkeit und hohen Bereitstellungsqualität von Bausteinen des Lernprozesses besteht und die dadurch für eine verbesserte Lernmotivation sorgt. So wie die organisatorische Virtualität nicht als reines eLearning, sondern als hybrides Blended Learning genutzt wird, geht es auch in Bezug auf die Repräsentationsvirtualität nicht um eine radikale Substitution realer durch virtuelle Bausteine, sondern vielmehr um eine Ergänzung, d.h. eine hybride Mischung aus realer und virtueller Repräsentation in Form des Augmented Learning. Der Beitrag liefert eine kritische Bewertung des Effektivitäts- und Effizienzpotenzials von Blended Learning und von Augmented Learning sowie von deren Kombination.

Inhaltsübersicht

1 Elektronische Infrastrukturen für Lernen in virtuellen Lernumgebungen: eLearning und Virtual Learning
   1.1 Organisatorische Virtualität: eLearning
   1.2 Repräsentationsvirtualität: Virtual Learning
2 Hybride Lernformen: Blended und Augmented Learning
   2.1 Gestaltungslogik der Hybridkonzepte
   2.2 Blended Learning
   2.3 Augmented Learning
3 Potenzial einer Kombination von Blended Learning und Augmented Learning
4 Literatur

1 Elektronische Infrastrukturen für Lernen in virtuellen Lernumgebungen: eLearning und Virtual Learning

Das Management der Lernprozesse von Individuen und Gruppen ist aktuell einem hohen *Virtualisierungsdruck* ausgesetzt. Er äußert sich in der Notwendigkeit, Restriktionen und Barrieren herkömmlicher Lern- und Lehrsysteme zu überwinden. Durch elektronische Infrastrukturen ermögliche Virtualisierungspotenziale werden in Qualifikationssystemen zur Deckung dieser Virtualisierungsbedarfe eingesetzt. Das Potenzial setzt sich aus zwei unabhängig voneinander variierbaren Komponenten zusammen: einerseits der *organisatorischen Virtualität* und anderseits der *Repräsentationsvirtualität*.

1.1 Organisatorische Virtualität: eLearning

Organisatorische Virtualität steht für die Überwindung von *zeitlichen, räumlichen* und *interorganisationalen* Grenzen [Reiss et al. 2006]. Der Druck zur organisatorischen Virtualisierung entsteht z.B. infolge von Formen des verteilten Arbeitens in global operierenden Unternehmen und in unternehmensübergreifenden Kooperationen und Netzwerken. Bei geografisch verteilten Mitarbeitern müssen Wege gefunden werden, möglichst ortsunabhängig (»anyplace«, »mobil« [Sharples et al. 2009]) und in Leerzeiten zu lernen, um Reise- und Opportunitätskosten zu reduzieren. Angesichts der interorganisationalen Vernetzung muss ferner das gemeinsame Lernen über Unternehmensgrenzen hinweg unterstützt werden, z.B. zusammen mit Mitarbeitern von Kunden, Lieferanten und Komplementoren, etwa nach dem Vorbild von Wissens- oder Open Source Communities.

Als Antwort auf den bestehenden Druck zur organisatorischen Virtualisierung wurden *Virtualisierungspotenziale* aufgebaut, die vor allem auf eLearning basieren [Bryant et al. 2005]. In der Lerndomäne ist die Informationstechnologie zum einen relevant in Gestalt von Softwaretools mit spezifischem Lern-Content, zum anderen als Content-unabhängige Plattformtechnologie. Die immer wieder betonten Vorteile elektronischer Lernformen wie z.B. Computer-based Trainings (CBT), Web-based Trainings (WBT) oder Diskussionsforen bestehen in der Ermöglichung asynchronen und ortsunabhängigen Lernens, wodurch zum einen auf den Effizienzdruck reagiert werden kann, zum anderen aber auch eine Effektivitätssteigerung in Form einer höheren Individualisierung des Lernens erreicht wird. Darüber hinaus besitzt eLearning auch ein Potenzial für interorganisationales Lernen. Gerade Instrumente des Web 2.0 (wie z.B. Weblogs, Wikis oder Virtual Communities) sind auf offene interorganisationale Kommunikation ausgelegt und unterstützen dabei auch informelle Lernprozesse zwischen Akteuren unterschiedlichster organisatorischer Provenienz. Internetbasierte Communities bilden sich meist themenspezifisch. Das Lernen in solchen Netzwerken folgt somit den Paradigmen des *Konnektivismus* [Siemens 2004]. Diese aktuelle und pragmatische Lernkonzeption greift einerseits die Prinzipien des *Konstruktivismus* auf, indem Lernen als weitgehend selbst gesteuert modelliert wird (z.B. durch die Gestaltung von *Personal Learning Environments*); andererseits betont der Konnektivismus noch stärker den sozialen Aspekt des Lernens – nämlich in Form von Netzwerkbildung und (zunehmend informellem) Austausch mit Netzwerkpartnern [Kuhlmann & Sauter 2008]. Den Lehrenden kommt bei diesen Community-basierten Lernformen immer mehr die Rolle eines Mentors zu. Dieser Form der interorganisationalen Virtualisierung des Lernens, die durch die Nutzung von Web-2.0-Instrumenten unterstützt wird, wird mittlerweile eine hohe Bedeutung für die Kompetenzentwicklung beigemessen, und zwar für die Personalentwicklung ebenso wie für die Hochschulausbildung.

1.2 Repräsentationsvirtualität: Virtual Learning

Die Ausgestaltung oder Repräsentation einer Lernumgebung (z.B. zur Schulung von Teamfähigkeit oder Verkaufstaktiken) kann mit mehr oder weniger natürlichen Mitteln (z.B. mit realen Personen, Räumen, Arbeitsmitteln und Produkten) oder artifiziellen Mitteln (z.B. mit virtuellen Avataren oder simulierten Räumen, Arbeitsmitteln und Produkten) erfolgen. In Anlehnung an das Konzept der Virtual Reality kann man bei der virtuellen Repräsentation von »Virtual World Learning« oder kurz »Virtual Learning« sprechen. Es existieren auch hier mehrere Treiber einer virtuellen Repräsentation. Folgt man etwa dem Leitbild der *Employability*, muss die Personalentwicklung Szenarien *potenzieller* Arbeitsinhalte und Arbeitsumgebungen antizipieren. Für die Erfüllung dieser Anforderungen bieten vor allem Formen des Virtual Learning ein hohes Potenzial, weil diese auf einer »High-Tech«-Basis eine bessere Repräsentation der Lernumgebungen generieren können als herkömmliche praxisnahe Fallstudien, Plan- und Rollenspiele. Um das Verständnis für komplexe Probleme zu schulen und die Modellierung von Ursache-Wirkungs-Zusammenhängen zu unterstützen, existiert eine Reihe von softwarebasierten Lösungen mit hoher Repräsentationsqualität. Hierzu zählen etwa das Mindmapping (*Mindmanager; www.mindjet.de*) und Simulationssoftware, z.B. auf der Basis von System-Dynamics-Modellen (*Consideo, www.consideo-modeler.de; iThink/Stella, www.iseesystems.com*). Auch Serious Games (als Mischform zwischen Spielen und Lernen) basieren zum Teil auf der Informationstechnologie als Enabler, indem erst durch deren Nutzung z.B. interaktives Spielen mit anderen Akteuren und damit ein intensiveres Spielerlebnis ermöglicht wird [de Freitas 2008]. Hier werden Konzepte von Computer- bzw. Konsolenspielen, die zunächst der reinen Unterhaltung dienen, auf Anwendungen übertragen, die neben dem Spielen auch einen Lernaspekt enthalten (*Edutainment*). Solche Educational oder Serious Games existieren z.B. für die Simulation von Zukunftsszenarien (*World without Oil, http://worldwithoutoil.org*), für das Lernen politischer Zusammenhänge (*informationinplace, www.informationinplace.com*) oder für die Ausbildung von Feuerwehrleuten (*NSF Forest Fire, www.mcl.ucf.edu/applications/nsffire*).

Unterstützung hat das Lernen in künstlichen Lernumgebungen auch durch Entwicklungen auf dem Gebiet der *virtuellen Realität* erfahren. So ermöglichen z.B. die virtuellen Welten *Second Life*, *Active Worlds*, *OLIVE* und *Dotsoul Cyberpark* die Repräsentation von Lernenden und Lehrenden durch Avatare (vgl. Abb. 1). Mit der Open-Source-Anwendung *Open Simulator* besteht sogar die Möglichkeit, eigene, auf die individuellen Bedürfnisse zugeschnittene virtuelle Welten zu entwickeln, die dann z.B. auf spezifische Lernzwecke ausgerichtet werden können. Die Stärken des Virtual Learning sind in der Tatsache begründet, dass es vier Anforderungen besser erfüllt als herkömmliche No-Tech- und Low-Tech-Lernwelten [Reiss & Steffens 2009]:

1. *Gestaltbarkeit*: High-Tech-Lernumgebungen erlauben eine bessere Repräsentation bzw. Simulation nicht existenter Situationen (z.B. in Form zukünftiger Szenarien), mehr Gestaltungsoptionen sowie ein intensiveres Erleben der generierten Lernumgebungen (*Immersion*), wodurch das Lernen weniger abstrakt wird und sich zu einem tätigkeitsorientierten Lernen entwickelt.
2. *Anschaulichkeit*: Hier werden zum einen zweidimensionale Repräsentationen (z.B. typische Charts, Fact Sheets, Organigramme) durch dreidimensionale Darstellungsformen (z.B. virtueller Rundgang durch das Unternehmen, Webcams, 3D-Visualisierung, z.B.

Abb. 1: Katastrophentraining mit virtueller Realität (OLIVE) [de Freitas 2008]

Unisys 3D Blue Printing, www.unisys.de/products/mainframes/3d_blueprinting.htm) ersetzt. Zum anderen kann die Anschaulichkeit durch den Übergang von statischen Repräsentationen (z.B. Momentaufnahmen, Zeitreihen) zu dynamischen Darstellungen (z.B. Computeranimationen der Entwicklungsdynamik von Kennzahlen, Baufortschritt bei Standorten; zur Softwareunterstützung: *http://animation.about.com/od/referencematerials/a/freesoftware.htm*) verbessert werden.

3. *Lernmotivation*: Auch motivationsseitig kann die High-Tech-Repräsentation von Lernwelten mit bedeutenden Vorteilen gegenüber natürlichen und herkömmlichen künstlichen Lernumgebungen aufwarten. Sie ermöglicht nämlich in besonderer Weise die Nutzung von intrinsischer Motivation in Form von spielerischem Lernen. Der Spaß am Spielen kann im Rahmen von Serious Games als Motivator genutzt werden [Kirkley & Kirkley 2005]. Das intrinsische Motivationspotenzial von Lernprozessen in Lernumgebungen, die mithilfe von virtueller Realität repräsentiert werden, lässt sich vor allem auf drei typische Eigenschaften von virtueller Realität zurückführen: auf die bereits angesprochene *Immersion* (durch Eintauchen in die virtuelle Welt und Erleben der Umgebung), auf *Interaktion* (durch den Austausch mit anderen Lernenden) und auf *Imagination* (Förderung von Vorstellungskraft der Lernenden) [Burdea & Coiffet 2003].

4. *Bereitstellungsqualität*: Reale Lernumgebungen sind bezüglich der Qualitätsaspekte Servicegrad, Verfügbarkeit und Geschwindigkeit gegenüber virtuellen High-Tech-Lernwelten oftmals im Nachteil. Menschlichen Tutoren, Trainern oder Referenten mangelt es nicht selten an Zeit und Geduld für den Lerner. In virtuellen Welten kann ein *Virtual Instructor* [Doswell et al. 2008] eingesetzt werden, dessen Fachwissen von den Lernenden immer bei gleichbleibend hohem *Servicegrad* abgerufen werden kann, ohne dass der Lehrende konditionellen Schwankungen unterliegt oder Unterschiede im Umgang mit einzelnen Lernenden bestehen (z.B. aufgrund von Sympathien). Ein Virtual Instructor steht überdies zu jeder Tages- und Nachtzeit, an Wochenenden und Feiertagen sowie über das ganze Jahr hinweg zur Verfügung und kann von mehreren Lernern parallel genutzt werden (*Verfügbarkeit*). Des Weiteren steht ein Virtual Instructor sozusagen immer »auf Abruf« bereit, sodass ohne jegliche Zeitverzögerung (für mentales Umrüsten und Einarbeiten) auf Lerneinheiten zugegriffen werden kann (*Geschwindigkeit*). Handelt es sich beim Lehrenden jedoch um einen Video Instructor – also um einen menschlichen Trainer, der sich lediglich elektronischer Kommunikationsmedien bedient –, dann ist für das Lernen einerseits eine vorhergehende Terminabsprache mit dem Trainer notwendig. Andererseits besteht eine Bindung an Arbeits- und Urlaubszeiten. Außerdem müssen bereits verplante Kapazitäten des Video Instructor berücksichtigt werden.

2 Hybride Lernformen: Blended und Augmented Learning

2.1 Gestaltungslogik der Hybridkonzepte

Bei der anwendungsorientierten Erfassung des Eignungspotenzials von IT-enabelten Formen des eLearning und des Virtual Learning müssen neben deren Stärken auch einige Schwächen berücksichtigt werden. *Schwächen des eLearning* bestehen dabei einerseits in einer oftmals anzutreffenden Reduzierung der Medienreichhaltigkeit auf wenige elektronische Medien (wie z.B. E-Mail, WBT), wodurch einige Lernergruppen eventuell nicht ausreichend miteinbezogen werden können. Wie erläutert, unterstützt bzw. fordert eLearning grundsätzlich in hohem Maße selbst gesteuerte Lernprozesse, was den Lernenden somit eine bestimmte Eigenmotivation – im Sinne von Teilnahme- und Durchhaltemotivation – abverlangt. Diese kommt allerdings dann nicht zustande, wenn es den Lernenden bereits an einer generellen Akzeptanz gegenüber den immer noch »neuen« elektronischen Lernformen mangelt. Damit verbunden ist ein weiteres Defizit des eLearning im Vergleich zum konventionellen Präsenzlernen. Die Teilnahme an herkömmlichen Weiterbildungen kann auch eine Incentive-Funktion erfüllen, weil Mitarbeiter die Reise zum Weiterbildungsort außerhalb des Arbeitsplatzes als extrinsischen Anreiz betrachten.

Auch das *virtuelle Lernen* in künstlichen High-Tech-basierten Umgebungen weist einige Schwächen auf, hauptsächlich durch mangelnde Realistik, teilweise auch durch begrenzte Umsetzbarkeit [Abawi 2007].

Vor dem Hintergrund dieser Stärken-Schwächen-Profile setzen sich in der Praxis zunehmend Personalentwicklungskonzepte durch, die auf der *Kombination* von virtuellen und realen Lernumgebungen basieren. Dies gilt sowohl für die organisatorische Dimension der Virtualität, wo sich *Blended Learning* als die Mischung aus eLearning und Präsenzlernen etabliert hat, als auch für die Repräsentationsvirtualität, wo die Mischung aus virtuellen High-Tech-Lernkonzepten und konventionellen Low-Tech- oder No-Tech-Lernkonzepten unter der Bezeichnung *Augmented Learning* firmiert. Da es sich bei diesen Kombinationsformen um eine Mischung von sehr gegensätzlichen Komponenten handelt, ist hier – wie auch in anderen Bereichen des Managements (z.B. hybride Strategien, hybride Organisationsformen) – von »Hybridkonzepten« die Rede.

Es ist erforderlich, diese beiden Hybridkonzepte für das Lernen konzeptionell und terminologisch voneinander klar abzugrenzen und sie nicht etwa pauschal als »gemischtes Lernen« zu behandeln. Die Eigenständigkeit der beiden Virtualitätsdimensionen äußert sich unter anderem in einem potenziellen Konflikt zwischen diesen beiden Formen von Virtualität: Die synchrone Anwesenheit mehrerer Teilnehmer in virtuellen Welten wie z.B. bei virtuellen Konferenzen, Meetings oder Virtual Classrooms erhöht zwar den Grad der Immersion und damit den Nutzen der Repräsentationsvirtualität, dies geht jedoch insofern auf Kosten der organisatorischen Virtualität, als dadurch der Nutzen der zeitlichen Virtualität, etwa die individuelle Souveränität bei der Bestimmung von Lernzeitpunkten, verringert wird.

2.2 Blended Learning

Die systematische Nutzung von hybriden Medienmixen findet z.B. im Marketing, im Change Management oder in der internen Unternehmenskommunikation [Reiss et al. 2006] statt. In Qualifikationsprozessen kommt der Kombination gegensätzlicher Medien dabei eine besondere Bedeutung zu, weshalb die hybride Mischung hier seit geraumer Zeit auch einen eigenen Namen trägt (z.B. [Reinmann-Rothmeier 2003]). In den letzten Jahren wurden mehrere empirische Studien durchgeführt, mit denen der Entwicklungsstand von und die Erfahrungen mit Blended Learning und eLearning untersucht wurden. Aktuelle Erhebungen beziehen sich dabei sowohl auf den (ursprünglichen) Anwendungsbereich der betrieblichen Weiterbildung (z.B. [BiBB 2007], [MMB 2008]) als auch auf die Hochschullehre (z.B. [Blended Learning@University 2008], [Kleimann et al. 2008]). Die Ergebnisse der Studien deuten dabei auf zwei generelle Entwicklungstrends hin: Einerseits ist der kombinierte Einsatz von eLearning und Präsenzlernen mittlerweile als Standard zu betrachten, andererseits fehlt es oft noch an einer systematischen Kopplung der gegensätzlichen Lernformen, die den Hybridcharakter von Blended Learning zur Steigerung der Performance gezielt nutzt [Steffens & Reiss 2009].

Grundsätzlich lässt sich die Performance hybrider Lernkonzepte wie z.B. Blended Learning derivativ anhand der Kombinationen von Stärken und Schwächen der originären Lernkonzepte (bei Blended Learning also eLearning und Präsenzlernen) bewerten. Das hierfür eingesetzte Evaluationsschema (vgl. Abb. 2) orientiert sich an dem Anspruch der Praxisorientierung, ohne jedoch die Komplexität von Hybridkonzepten zu vernachlässigen. Einerseits geht es über eine einfache Argumentenbilanz hinaus, indem auch Wechselwirkungen zwischen den Komponenten berücksichtigt werden. Andererseits trägt es aber auch den Messproblemen einer quantitativen Evaluation der Lern-Performance dadurch Rechnung, dass keine quantitative Erfassung über Kennzahlen (wie bei Nutzwertanalysen oder Balanced Scorecards), sondern nur eine qualitative Bewertung vorgenommen wird. Als Vorteile bzw. Stärken des Hybridkonzepts ergeben sich der *Stärken-Schwächen-Ausgleich* (Kompensation von Schwächen eines Konzeptes durch die Stärken des anderen) sowie die *Stärkenbündelung* (Synergieeffekte). Gleichzeitig ist jedoch zu beachten, dass bei solchen Kombinationen gegensätzlicher Elemente auch unerwünschte Effekte auftreten können. Zu diesen Nachteilen bzw. Schwachstellen zählen Konflikte infolge von Inkompatibilitäten sowie die *Schwächenbündelung* (»Chaos«) bei grundsätzlicher Unverträglichkeit.

Ein *Kompensationseffekt* beim Blended Learning besteht z.B. darin, dass durch eine partielle Substitution von Seminarlernen oder Workshops durch orts- und zeitunabhängige eLearning-Formen die Personal- und Reisekosten, die bei den Präsenzlernkomponenten anfallen, teilweise eingespart werden können. Darüber hinaus sind es vor allem die Opportunitätskosten (durch den Arbeitsausfall), die für die Kosteninffizienzen des Präsenzlernens verantwortlich sind. Diese könen z.B. durch eine webbasierte Vor- und Nachbereitung von Seminarveranstaltungen und die damit einhergehende Verringerung der Präsenzzeit deutlich gesenkt werden. Ein *Synergieeffekt* besteht vor allem aufseiten der didaktischen Effektivität des Mischkonzepts. Die Individualisierung des eLearning, die auf viele Lernende (aufgrund der größeren Freiheit und Autonomie im Lernprozess) eine motivationssteigernde Wirkung ausübt, stellt umgekehrt für andere Lernende, denen es schwer fällt, sich selbst zu motivieren

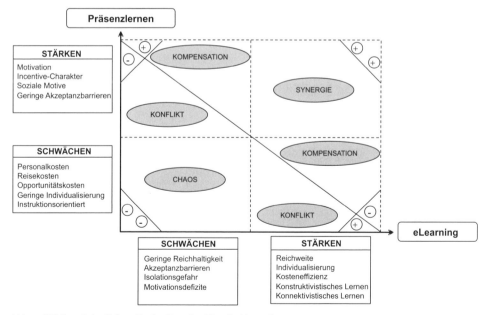

Abb. 2: Stärken-Schwächen-Evaluation des Blended Learning

und zu disziplinieren, eine Barriere dar. Durch die Kombination von eLearning mit gruppenbasiertem Präsenzlernen, das auf direkter, persönlicher Interaktion beruht, können auch heterogene Lernergruppen motiviert werden, sodass sich die motivationalen Einzelwirkungen zu einem superadditiven Gesamtmotivationseffekt verbinden. Die Gefahr einer *Schwächenbündelung* beim Blended Learning entsteht z.B. durch Menükopplung, bei der sich die Lernenden ihre Präsenz- und eLearning-Einheiten aus einem Parallelangebot nach ihren eigenen Präferenzen frei zusammenstellen können, was möglicherweise vorgegebene Personalentwicklungsbudgets sprengt, weil hier identische Inhalte sowohl in Form von Präsenzangeboten als auch in elektronischer Form vorgehalten werden müssen.

2.3 Augmented Learning

Analog zum Übergang vom eLearning zum Blended Learning ist auch eine Kombination aus natürlichen und artifiziellen High-Tech-Lernwelten aufgrund der erzielbaren Stärkenkopplung und des Schwächenausgleichs vorzugswürdig. Für diese Mischung bürgert sich die Bezeichnung *Augmented Learning* [Kondo 2006; Klopfer 2008] ein, die sich an den Terminus *Augmented Reality* anlehnt. Augmented Reality stellt eine mittlere Ausprägung im *Virtuality Continuum* dar [Milgram & Kishino 1994]. Dabei handelt es sich um ein Spektrum von real-virtuell gemischten Welten (*Mixed Reality*). Als Vorbilder für Augmented-Learning-Konzepte dienen Anwendungen von Augmented Reality bzw. Mixed Reality außerhalb des Bereichs Lernen. Frühe Anwendungen von Augmented Reality in der Lerndomäne finden sich z.B. in der Medizin, der Pilotenausbildung (Flugsimulatoren, Head-up-Displays) und im Training von komplexen Reparatur- und Wartungsprozessen (vgl. Abb. 3). Dabei dienen alle diese Anwendungen dem Erwerb und dem Ausbau fachlicher Skills.

Im Folgenden soll das Potenzial von Augmented-Learning-Konzepten anhand ausgewählter Modelle mit unterschiedlichen Implementierungsgraden vorgestellt werden, wobei die für die Personalentwicklung immer wichtiger werdenden *methodischen* und *sozialen Kompetenzen* im Fokus stehen.

Augmented Learning mit Mobile Educational Games

Ein dediziertes Augmented-Learning-Konzept repräsentieren die am MIT entwickelten Mobile Educational Games [Klopfer 2008], die sich in zweierlei Hinsicht das Potenzial hybrider Lern-

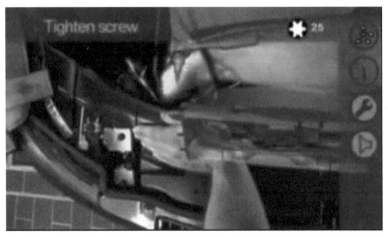

Abb. 3: Training fachlicher Skills mit Augmented Reality (*www.upsidelearning.com/blog/?p=614*)

umgebungen zunutze machen. Zum einen handelt es sich hierbei um gemischte real-virtuelle Lernwelten unter Nutzung von High-Tech-Repräsentationen (Augmented Reality), zum anderen wird mit dem Konzept der *Educational Games* eine hybride Kombination aus Lernen und Spielen (*Edutainment*) eingesetzt. Die sogenannten *Participatory Simulations* sind Spiele, die von den Lernenden in einem Klassenraum miteinander und gegeneinander gespielt werden. Der Aspekt real-virtueller Mischungen besteht dabei in der präsenzbasierten Interaktion der Spieler, die sich in einem Raum befinden und daher ihre Kooperations- und Spielstrategien in direkter Face-to-Face-Interaktion abstimmen können, um sie dann in eine virtuelle Simulation einzuspeisen.

Interkulturelle Kompetenzen: Contrast-Culture-Methodik mit Augmented Reality

Zur Vorbereitung von Auslandsentsendungen, zunehmend aber auch für die Zusammenarbeit in interkulturell zusammengesetzten Teams, ist die Entwicklung von interkulturellen Kompetenzen ein wichtiger Erfolgsfaktor. Eine auf Rollenspielen basierende Methode zur Entwicklung solcher Kompetenzen ist die sogenannte Contrast-Culture-Methodik [IFIM 2008]. Mit Augmented Reality kann der »instruierte Actor«, der in natürlichen Rollenspielen idealerweise aus einem Angehörigen der jeweiligen »Kontrast-Kultur« besteht, als Avatar realisiert werden. Dabei lässt sich ein Avatar so programmieren, dass er diese Verhaltensarchetypen verinnerlicht und als Kulturvertreter in spezifischen Standardsituationen (z.B. Smalltalk, Kennenlernen, Diskussionsverhalten) bzw. bei Critical Incidents agieren kann. Die Realisierung des Actor als Avatar bietet spezifische Vorteile gegenüber natürlichen Darstellern in interkulturellen Rollenspielen: einerseits Kostendegressionseffekte bei steigender Lernerzahl sowie andererseits die bessere – konstante und zeitgleich für mehrere Lerner bestehende – Verfügbarkeit des Avatars. Ferner ermöglicht Augmented Reality nicht nur die Repräsentation von Personen als Kulturvertreter auf effizientere Weise, es können auch andere Aspekte der Kulturumgebung (Büroarchitektur, Arbeitsplätze, Arbeitszeitmuster wie z.B. Siesta) multimedial dargestellt werden.

»Reality« Training mit Augmented Learning

Das sogenannte Reality Training (*www.realitytraining.de*) stellt ein Trainingskonzept dar, mit dem das Arbeiten in einem Unternehmen simuliert wird, um so ganzheitlich ein authentisches Abbild der Realität zu schaffen und die Lernenden in diese Realität eintauchen zu lassen, anstatt einzelne Aspekte der täglichen Arbeit isoliert zu erlernen und zu üben. Dabei werden die Arbeitsumgebung und die Arbeitsmittel (Büros, Computer etc.) real aufgebaut, andere Akteure (Chefs, Kollegen, Kunden, Lieferanten etc.) werden von Schauspielern dargestellt. Es handelt bei dieser konventionellen Form des Reality Training also im Kern um eine künstliche Low-Tech-Lernumgebung, deren Umsetzung mit hohen Kosten verbunden ist, einerseits für die physische Modellierung einer Arbeitsumgebung, andererseits aber vor allem in Form von Reisekosten der Lerner, Personalkosten für die Schauspieler sowie Opportunitätskosten bei mehrtätigen Trainings.

Bei einer Umsetzung von Reality Training mit Augmented Learning würden die Lernenden als physische Personen in einer künstlichen (elektronisch simulierten) Arbeitsumgebung nicht mehr (nur) mit menschlichen Schauspielern interagieren, sondern vor allem mit Avataren, die – ähnlich wie bei der Contrast-Culture-Methodik – unterschiedliche Rollen im alltäglichen Arbeitsumfeld repräsentieren. Dabei kann die Lernumgebung so gestaltet sein, dass nur ein Lerner mit Avataren interagiert, aber auch so, dass sich mehrere Lernende in derselben (virtuellen) Lernumgebung befinden und sowohl mit anderen physischen Personen als auch mit künstlichen Avataren interagieren. Vorteile einer Augmented-Reality-Umsetzung des Reality Training sind dabei zum einen die weitaus bessere Kosteneffizienz durch Kostendegressionseffekte, zum anderen aber wäre die virtuelle Lernumgebung auch sehr viel adaptiver als die natürliche, indem sie leicht mit einem anderen Design versehen oder in einen anderen Kulturkreis transferiert werden kann, während eine natürliche Lernumgebung örtlich gebunden ist und physische Objekte wie Möbel, Büroausstattung oder neue Maschinen und Anlagen nicht ohne Weiteres ersetzt werden können.

Performance von Augmented Learning

Wie beim Blended Learning liefert eine Evaluation anhand der kombinierten Stärken und Schwächen der beiden originären Lernformen ein ausgewogenes Eignungsbild des Augmented Learning (vgl. Abb. 4). Ein *Kompensationseffekt* entsteht durch die Anreicherung von rein virtuellem Lernen mit realen Elementen. Dadurch wird der Bezug der Lernerfahrung zur eigenen Arbeitswelt erhöht, das Lernen wird bezüglich der sozialen Motive (z.B. Wir-Gefühl, Vertrauen, Anerkennung durch Kollegen und Vorgesetzte) motivierender, z.B. durch Einbindung real existierender Personen in eine Projektmanagementsimulation (etwa in Simultrain, *www.sts.ch/g/simultrain_g.htm*). Ein *Synergieeffekt* lässt sich durch die Kombination der hohen Gestaltbarkeit von Virtual Learning mit der Realistik des Real World Learning erreichen. Auf diese Weise können – im Rahmen von situiertem Lernen – z.B. gezielt Soft Skills erlernt und trainiert werden, weil die Lernumgebung hochgradig gestaltbar ist. So kann die Situation (z.B. der interkulturelle Kontext) bewusst auf die Lernziele ausgerichtet werden, etwa durch kontrollierte Experimente, in denen nur eine Variable verändert wird, was bei natürlicher Repräsentation der Lernumgebung aufgrund der »Störfaktoren« in einer realen Umgebung meist nicht oder nur

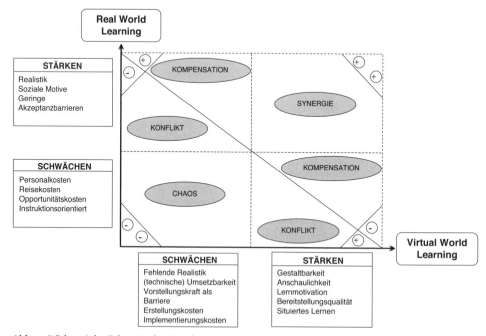

Abb. 4: Stärken-Schwächen-Evaluation des Augmented Learning

unter sehr großem Aufwand möglich ist. Die Gefahr einer *Schwächenkopplung* besteht vor allem im Bereich der Kosteneffizienz, weil sowohl Real World Learning als auch Virtual Learning jeweils hohe Investitionsvolumina erfordern, wenn auch bei jeweils anderen Kostenarten. Werden die realen Elemente im Augmented Learning personalintensiv realisiert (z.B. durch viele reale Mitspieler, Tutoren, Instruktoren), bleibt das typische Problem der hohen Personalkosten des Real World Learning bestehen. Noch negativer wirkt sich eine mangelnde Content-Kompatibilität aus, etwa wenn es an der eindeutigen Korrespondenz von realen Personen und ihren virtuellen Pendants mangelt.

3 Potenzial einer Kombination von Blended Learning und Augmented Learning

Wie dargelegt, haben die hybriden Lernkonzepte des Blended und des Augmented Learning selbst Schwachstellen. Vor diesem Hintergrund ist zu prüfen, ob diese Schwachstellen durch eine Kombination der beiden Hybridkonzepte zu einem Hybrid 2. Ordnung – *Augmented Blended Learning* – behoben oder zumindest verringert werden können. Ein Augmented-Blended-Learning-Konzept nutzt also sowohl institutionelle, zeitliche und örtliche Distanz-Nähe-Kombinationen als auch kombinierte reale *und* künstliche Repräsentation, d.h., es vereint hybride Mischungen auf beiden Dimensionen innerhalb eines Lernsystems. Konkret bedeutet dies, dass z.B. in einem mit Augmented-Reality-Technologie realisierten Rollenspiel zum einen künstliche und reale Spieler miteinander interagieren, dieses Spiel ferner sowohl asynchron und von global verteilt positionierten physischen Spielern aus unterschiedlichen Organisationen gespielt werden kann, aber auch (z.B. in einem Seminarraum) gemeinsam und gleichzeitig mit anderen realen Akteuren (z.B. mit Kollegen) stattfinden kann. Hybride 2. Ordnung erfordern nicht nur eine Kombination, sondern zusätzliche *Integrationsarbeit*: Im Zusammenhang mit den IT-Komponenten des Augmented Blended Learning ist zu beachten, dass unterschiedliche Kategorien von Anwendungssoftware zur Anwendung gelangen, etwa Web-2.0-Technologien und VR-Technologien, die zu harmonisieren sind. Auch die Akteurskonfigurationen sind nicht von vornherein identisch, sondern müssen erst aufeinander abgestimmt werden: Ein Virtual Instructor beispielsweise benötigt in der Regel ein natürliches Pendant und umgekehrt.

Zur Ermittlung des Performance-Potenzials einer Hybridkombination 2. Ordnung sind die dargelegten Stärken-Schwächen-Profile der beiden Mischkonzepte »Blended Learning« (Abb. 2) und »Augmented Learning« (Abb. 4) zu kombinieren. Ein spezifischer *Kompensationseffekt* bei einem Hybridkonzept 2. Ordnung kann hinsichtlich der Lernmotivation erzielt werden. eLearning und Blended Learning erfordern eine (oft nicht vorhandene) starke intrinsische Motivation, vor allem für die notwendige Selbststeuerung der Lernprozesse. Augmented-Learning-Anwendungen erlauben es durch einen Edutainment-Ansatz, die Stärken von (aus der Freizeit bekannten) Computer- und Konsolenspielen auch für Personalentwicklung und Hochschullernen zu nutzen, indem z.B. Rollenspiele als real-virtuell-gemischte Konzepte die Vorteile von Spielen (intrinsische Motivation, Spaß) mit einem realistischen Anwendungskontext verbinden. Ein *Synergieeffekt* lässt sich bei der Überwindung des Spannungsfelds zwischen Reichweite und Reichhaltigkeit erzeugen. Hier sorgt bereits Blended Learning für eine Reduzierung des Konflikts, indem einerseits die Reichweite durch organisatorische Virtualität (asynchrones, ortsunabhängiges und organisationsübergreifendes Lernen) erhöht, andererseits durch die Mischung mit Präsenzlernen auch eine höhere Medienreichhaltigkeit gewährleistet wird. Die mediale Reichhaltigkeit lässt sich durch den hohen Grad der Gestaltbarkeit von Augmented Learning (vgl. Abschnitt 1.2) noch weiter verbessern.

Ein weiterer synergetischer Effekt der Kopplung von Blended und Augmented Learning resultiert aus der Verbindung der beiden Stärken »organisatorische Reichweite« (durch Blended Learning) und »Bereitstellungsqualität« (durch Augmented Learning). Im oben vorgestellten Beispiel des Reality Training mit Augmented Learning stehen die virtuell repräsentierten Arbeitsumgebungen mit einem höheren Servicegrad, im 24/7-Modus und in der Regel auch mit einer höheren Geschwindigkeit zur Verfügung, als dies bei realen Umgebungen der Fall ist. Auch die Kombination einer spezifischen Komponente der organisatorischen Virtualität – nämlich räumliche Verteiltheit – mit der hohen Gestaltbarkeit von Augmented Learning erzeugt Synergie. Die Portabilität von Handhelds ermöglicht beispielsweise die räumliche Entkopplung der Lerner.

Konflikte im Gefolge hybrider Mischungen 2. Ordnung ergeben sich einerseits, wenn es nicht gelingt, die beiden Softwareinfrastrukturen (für eLearning und Virtual Learning) kompatibel zu integrieren. Aufgrund der Neuartigkeit von Augmented-Learning-Konzepten muss davon ausgegangen werden, dass noch keine integrierte Software für eLearning und Virtual Learning existiert, sondern Medienbrüche auftreten. Ein solcher Konflikt kann auch durch nicht technische Inkompatibilitäten zwischen den beiden gemischten Lernumgebungen induziert werden, z.B. wenn bei Präsenzmeetings nicht dieselben Personen versammelt sind, die auch in der virtuellen Lernumgebung (z.B. als Avatare in Rollenspielen) auftreten. Eine *Schwächenbündelung* ergibt sich z.B. dann, wenn einseitig konservative Medienpräferenzen vorhanden sind, wenn also eine Aversion sowohl gegenüber eLearning (z.B. gegen vom Lernenden zu steuerndes WBT) als auch gegenüber Virtual Learning (z.B. gegenüber virtuellen Rollenspielen) besteht.

4   Literatur

[Abawi 2007] *Abawi, D. F.:* Authentische Integration von virtuellen Objekten in Augmented Reality-Anwendungen. Konzeption und Umsetzung eines autorenorientierten Integrationsprozesses und abgeleiteter Autorenwerkzeuge. Dissertation, Frankfurt/M., 2007.

[BiBB 2007] BiBB-Studie Fernlernen; *www.bibb.de/ dokumente/pdf/a32_dokumente_befragung_fern lernen_2007_gesamtauswertung.pdf*; Zugriff am 04.05.2009.

[Blended Learning@University 2008] Blended Learning@University – Results Overview; *www.bwi. uni-stuttgart.de/fileadmin/abt2/sonstiges/Blend ed_Learning/BL_U_results.pdf*; Zugriff am 04.05. 2009.

[Bryant et al. 2005] *Bryant, S.; Kahle, J.; Schafer, B.:* Distance Education: A Review of the Contemporary Literature. In: Issues in Accounting Education, 20 (3), 2005, S. 255-272.

[Burdea & Coiffet 2003] *Burdea, G. C.; Coiffet, P.:* Virtual Reality Technology. Wiley & Sons, Hoboken, 2003.

[de Freitas 2008] *de Freitas, S.:* Serious Virtual Worlds. A scoping study; *www.jisc.ac.uk/me dia/documents/publications/seriousvirtualworld sv1.pdf*; Zugriff am 09.02.2009.

[Doswell et al. 2008] *Doswell, J. T.; Blake, M. B.; Gilbert, J.:* Report on VIPRG 2007. In: The International Journal of Virtual Reality, 7 (1), 2008, S. 91-92.

[IFIM 2008] *IFIM:* Die Entwicklung interkultureller Trainings in Deutschland; *www.ifim.de/reports /entwicklung.pdf*; Zugriff am 09.02.2009.

[Kirkley & Kirkley 2005] *Kirkley, S. E.; Kirkley, J. R.:* Creating Next Generation Blended Learning Environments Using Mixed Reality, Video Games and Simulations. In: TechTrends: Linking Research & Practice to Improve Learning, 49 (3), 2005, S. 42-54.

[Kleimann et al. 2008] *Kleimann, B.; Özkilic, M.; Göcks, M.:* Studieren im Web 2.0. Studienbezogene Web- und E-Learning-Dienste. HIS-BUS-Kurzinformation Nr. 21, 2008; *www.mm-kh.de/upload/dokumente/Studieren_im_Web_2.0 _HISBUS-Kurzbericht21.pdf*; Zugriff am 10.12.2008.

[Klopfer 2008] *Klopfer, E.:* Augmented Learning. Research and Design of Mobile Educational Games. The MIT Press, Cambridge, MA, 2008.

[Kondo 2006] *Kondo, T.:* Augmented Learning Environment using Mixed Reality Technology. In: Reeves, T.; Yamashita, S. (Hrsg.): Proceedings of World Conference on E-Learning in Corporate, Government, Healthcare, and Higher Education 2006, S. 83-87.

[Kuhlmann & Sauter 2008] *Kuhlmann, A. M.; Sauter, W.:* Innovative Lernsysteme – Kompetenzentwicklung mit Blended Learning und Social Software. Springer-Verlag, Berlin, Heidelberg, 2008.

[Milgram & Kishino 1994] *Milgram, P.; Kishino, F:* A taxonomy of mixed reality visual displays. In: IEICE Transactions on Information Systems, 77 (12), 1994, S. 1-15.

[MMB 2008] MMB Trendmonitor I/2008; *www.mmb-institut.de/2004/pages/trendmonitor/Trendmonitor-Downloads/Trendmonitor_I_2008.pdf*; Zugriff am 04.05.2009.

[Reinmann-Rothmeier 2003] *Reinmann-Rothmeier, G.:* Didaktische Innovation durch Blended Learning. Leitlinien anhand eines Beispiels aus der Hochschule. Verlag Hans Huber, Bern, 2003.

[Reiss & Steffens 2009] *Reiss, M.; Steffens, D.:* Augmented Learning mit Potenzialen für die Personalentwicklung. Personalentwicklung in virtuell-realen Lernwelten. In: Personalführung, 42. Jg., 2009, Heft 3, S. 40-45.

[Reiss et al. 2006] *Reiss, M.; Bernecker, T.; Steffens, D.:* Kommunikationsinfrastruktur virtueller Unternehmen auf dem Prüfstand. In: Meißner, K.; Engelien, M. (Hrsg.): Virtuelle Organisation und Neue Medien 2006. TUDpress, Dresden, 2006, S. 231-242.

[Sharples et al. 2009] *Sharples, M.; Arnedillo-Sánchez, I.; Milrad, M.; Vavoula, G.:* Mobile Learning. Small Devices, Big Issues. In: Balacheff, N.; Ludvigsen, S.; de Jong, T.; Lazonder, A.; Barnes, S. (Hrsg.): Technology-Enhanced Learning. Principles and Products. Springer-Verlag, Dordrecht, Netherlands, 2009, S. 233-249.

[Siemens 2004] *Siemens, G.:* Connectivism: a Learning Theory for the Digital Age; *www.elearnspace.org/Articles/connectivism.htm*; Zugriff am 08.02.2009.

[Steffens & Reiss 2009] *Steffens, D.; Reiss, M:* Blended Learning in der Hochschullehre. In: Wirtschaftswissenschaftliches Studium (WiSt), 38 (6), 2009, S. 322-324.

Prof. Dr. Michael Reiss
Dirk Steffens M.A.
Universität Stuttgart
Lehrstuhl für Allgemeine Betriebswirtschaftslehre und Organisation
Keplerstr. 17
70174 Stuttgart
{michael.reiss, dirk.steffens}
@bwi.uni-stuttgart.de
www.bwi.uni-stuttgart.de/lfo

Seminare 2010

Informationen und Anmeldung
auch im Internet:
http://www.dia-bonn.de

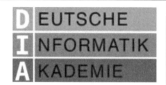

Seminar	Datum	Ort
Agile Methoden für die Entwicklung von Qualitätssoftware	04.03. - 05.03.	Köln
Installation und sicherer Betrieb einer Oracle 11g Datenbank-Instanz unter MS Windows	08.03.	Köln
Integrationsarchitekturen: EAI, ETL, SOA	11.03. - 12.03.	Heidelberg
Sicherheit und Zuverlässigkeit eingebetteter Systeme	11.03. - 12.03.	Heidelberg
Zielorientierte Software-Messung	12.03.	Stuttgart
Crashkurs .NET Framework: Strategien und Überblick	15.03.	Köln
Produktmanagement für erfolgreiche Software- und IT-Produkte	16.03. - 17.03.	Mannheim
Geschäftsprozessmodellierung mit der Business Modeling Notation (BPMN)	18.03.	Berlin
Inkrementeller Entwurf: Voraussetzung erfolgreicher agiler Softwareentwicklung	22.03. - 23.03.	Köln
Dokumenten-Management: Konzepte, Systeme, Anwendungen	25.03. - 26.03.	Heidelberg
Geschäftsprozesse explorieren, modellieren und optimieren	08.04. - 09.04.	Neu-Ulm
Soft Skills	13.04. - 14.04.	Mannheim
Virtualisierung als Grundlage Adaptiver und Kosteneffizienter IT	15.04. - 16.04.	Heidelberg
Grundlagen des Web und der Web-Entwicklung	19.04.	Münster
Web 2.0 für Unternehmen	20.04. - 21.04.	Münster
Praxisseminar: CMMI, Six Sigma und Lean Development	20.04. - 21.04.	Mannheim
Sicherheit Service-orientierter Architekturen: Herausforderungen und Lösungen für die Praxis	22.04.	Berlin
Business Process Management: Technologien, Konzepte, Architekturen	22.04. - 23.04.	Heidelberg
IT-Sicherheit und Business Continuity: Was tun vor und nach digitalen Einbrüchen	23.04.	Berlin
Cloud Computing: Technologien, Anwendungen und Geschäftsmodelle	27.04. - 28.04.	Berlin
Testautomation: Werkzeugunterstützte Prüfung von Software und Systemen	29.04.	Heidelberg
IT-Forensik	29.04.	Berlin
Information Retrieval: Konzepte, Systeme, Anwendungen	29.04. - 30.04.	Heidelberg
Data Mining für das analytische Kundenmanagement	30.04.	Köln
Mit Projektreviews zu erfolgreichen IT-Projekten	03.05.	Berlin
Management von Wartungsprojekten	04.05.	Berlin
Web Services: Technische Grundlage von Service-Oriented Architectures (SOA)	06.05. - 07.05.	Heidelberg
Service-orientierte Architekturen (SOA) in der Praxis	10.05. - 11.05.	Heidelberg
Data-Warehouse-Systeme als Basis eines Corporate Memory	17.05.	Dresden
Software-Qualitätsmanagement konkret: Vom reifen Managementprozess zum Produkt hoher Qualität	10.06. - 11.06.	Heidelberg
IT-Controlling: Konzeption und Praxis	10.06. - 11.06.	Köln
Risikomanagement	11.06.	Mannheim
Middleware-Technologien für SOA im Vergleich	17.06. - 18.06.	Köln
Agile Dokumentation von Software-Projekten	18.06.	Köln
Praxis-Workshop Geschäftsprozess-Modellierung: Von der Prozessmodellierung zum ausführbaren Prozess	24.06. - 25.06.	Neu-Ulm
Enterprise Computing Business Case	28.06. - 29.06.	Heidelberg
Konstruktionstechniken und Architektur für hochwertige Software	30.06. - 02.07.	Dagstuhl
Performance-Messung komplexer Anwendungen in virtueller Umgebung: Fallbeispiel SAP Enterprise Portal	01.07. - 02.07.	München

Deutsche Informatik-Akademie (DIA) gGmbH, Prinz-Albert Str. 53, D-53113 Bonn
Tel: 0228 / 92 12 90 66, Fax: 0228 / 37 86 90, E-Mail: dia@dia-bonn.de

Glossar* zu Web 3.0 & Semantic Web

Folksonomy
Das zusammengesetzte Kunstwort Folksonomy basiert auf den Begriffen Folk (das Volk der Internetnutzer) und Taxonomy (→ Taxonomie). Durch → Tagging entsteht ein Ordnungssystem, das von Internetnutzern gepflegt wird. Über Schnittmengen von gemeinsamen → Tags lassen sich Beziehungen zwischen verschiedenen Objekten herstellen. Zudem können mit einer Folksonomy Tag Clouds (Wortwolken) konstruiert werden.

Linked Data Web
Das World Wide Web Consortium (W3C) koordiniert die Veröffentlichung von Linked Data im Web. Dabei werden Datenbestände in das RDF-Format (→ Resource Description Framework) übertragen. Durch Datenlinks entsteht ein globaler Graph, der Datenquellen im Web verbindet und die Entdeckung neuer Datenquellen unterstützt.

Ontologie
Ontologien sind Wissensmodelle, die Begriffe und Beziehungen zwischen Begriffen repräsentieren. Sie erlauben, domänenspezifisches Wissen abzulegen, Klassifikationsstrukturen herzuleiten und Abbildungen zwischen verschiedenen Klassifikationsstrukturen aufzudecken.

Resource Description Framework
Das Resource Description Framework oder RDF bildet die Grundstruktur des → semantischen Web. RDF ist eine Auszeichnungssprache für wahre Aussagen über Ressourcen im Web. Aussagen werden als Tripel aufgefasst, bestehend aus Subjekt (Ressource, über die eine Aussage gemacht wird), Prädikat (eine Eigenschaft des Subjekts) und Objekt (Argument des Prädikats). Die Menge der Tripel bildet einen gerichteten Graphen. Mithilfe eines RDF-Schemas kann ein Vokabular für eine bestimmte Domäne aufgebaut und benutzt werden. Abfragen sind über OWL (Web Ontology Language) oder SQL-ähnliche Sprachen wie SPARQL möglich.

Semantisches Mashup
Mashup, abgeleitet vom englischen Wort mash oder mischen, bezeichnet die Zusammenstellung neuer Webinhalte aus bereits vorhandenen Webinhalten. Inhalte des Web wie Text, Bild, Audio oder Video werden dabei kollagenartig zusammengestellt. Auf der Basis des → Linked Data Web kann ein semantisches Mashup neue Datenquellen laufend entdecken und einbringen, indem es den Datenlinks folgt.

Semantisches Web
Das semantische Web oder Semantic Web zielt darauf ab, Informationen und multimediale Inhalte aufgrund ihrer Bedeutung (Semantik) miteinander zu verknüpfen. Es verfolgt das Ziel, Inhalte des Web für Maschinen verarbeitbar zu machen. Dazu müssen die Inhalte des semantischen Web durch Software interpretiert und miteinander in Beziehung gebracht werden. Wesentlich dafür sind standardisierte Wissensmodelle (→ Ontologien) sowie die entsprechende Auszeichnung der Metadaten (semantisches Markup).

Social Bookmarks
Bei Social Bookmarks handelt es sich um persönliche Linksammlungen, die öffentlich sind und von den Benutzern mit → Tags verschlagwortet werden. Jeder Benutzer kann nicht nur seine eigenen Favoriten sehen, sondern das gesamte Verzeichnis nach bestimmten Schlagwörtern durchsuchen oder die kompletten Listen von anderen Benutzern mit einem ähnlichen Interessenprofil durchforsten.

Social Tagging
In diesem Prozess fügen Benutzer Metadaten (→ Tags) in Form einfacher Schlüsselwörter zu gemeinsamen Inhalten hinzu; das Ergebnis (die Sammlung der entstandenen Tags) wird als → Folksonomy bezeichnet. Social Tagging kann in verteilten Tätigkeiten genutzt werden, um das Auffinden und die Wiederverwendung von Objekten zu fördern.

Tag
Ein Tag ist ein Etikett oder eine Markierung, die an einen Gegenstand oder ein Datenobjekt zur Kennzeichnung angeheftet wird. Tags bilden die Grundlagen für Auszeichnungssprachen wie HTML und XML. Sie werden durch Anfangs-Tag (<...>) und End-Tag (</...>) eingeschlossen. Der Inhalt der Tags gibt an, um welche Art der Auszeichnung es sich handelt.

Tagging
Tagging ist der Vorgang zur Auszeichnung von Datenobjekten. Ins Web gestellte Inhalte werden mit Schlagworten versehen. Die → Tags beschreiben den Webinhalt, um ihn z.B. für Suchmaschinen leichter auffindbar zu machen.

Taxonomie
Darunter versteht man ein Klassifikationssystem für Inhalte. Eine Taxonomie kann durch die Erfassung von Schlagwörtern bzw. → Tags aufgebaut werden, die den Inhalt beschreiben. Im Internet ist die Taxonomie eine hierarchische Klassifikation von Informationen. Zunehmend wird diese durch eine → Folksonomy, also das gemeinsame Verschlagworten (→ Tagging), abgelöst.

Text Mining
Text Mining bezweckt, Muster, Zusammenhänge und Erkenntnisse in Texten zu erkennen und daraus zu extrahieren. Texte liegen meistens in natürlicher und wenig strukturierter Form vor und müssen von geeigneter Software verarbeitet werden. Dazu wird der Text in seine Bestandteile zerlegt und anhand vorgegebener oder dynamisch trainierter Regeln hinsichtlich Syntax und Semantik untersucht.

Web 2.0
Web 2.0 stellt einen weit gefassten Sammelbegriff dar, unter dem erweiterte Internettechnologien und -anwendungen sowie ein neues Verständnis des Internets durch den Nutzer subsumiert sind. Hauptmerkmal ist dabei die aktive Mitwirkung des Nutzers an der Erstellung und Verteilung der Webinhalte. Neben Internettechnologien wie z.B. Webservice-APIs, Ajax (Asynchronous JavaScript and XML), → Weblogs oder Abonnementdiensten (z.B. RSS) werden auch Social Software bzw. Social Networks als Bestandteil von Web 2.0 angesehen.

Web 3.0
Unter Web 3.0 wird ein ein Social Semantic Web verstanden, das sowohl die Eigenschaften des → Web 2.0 (Social Web) als auch die des → semantischen Web besitzt.

Weblog
Unter einem Weblog (Kunstwort aus »Web« und »Logbuch«, abgekürzt durch Blog) versteht man eine Website, auf der zeitlich geordnet neue Einträge publiziert werden. Blogs fungieren häufig als (private) Tagebücher, in denen Blogger eigene Erfahrungen kundtun. Sie sind oft durch Subjektivität und Individualität geprägt. Zudem existieren Fach-Weblogs, die sich aus Beiträgen zu einem bestimmten Thema zusammensetzen. Corporate Blogs wiederum helfen der Imagebildung von Organisationen.

---

* Im Zuge der Weiterentwicklung der Informationstechnologie und ihrer Anwendungen entstehen laufend neue, auch synonyme und leider oft unscharf gegeneinander abgegrenzte Begriffe. Das ab Heft 227 aufgenommene Einzelheft-Glossar zum jeweiligen Schwerpunktthema soll Ihnen, liebe Leserinnen und Leser, den Umgang damit erleichtern. HMD-Beiträge werden aktuell erstellt und kurzfristig abgegeben. Deshalb lassen sich die Autoren nur schwer auf eine einheitliche Terminologie verpflichten, die zudem Ihrer Praxiserfahrung widersprechen könnte. Auch in diesem Zusammenhang hoffen wir, dass das Glossar für Sie hilfreich ist, insbesondere bei Schwerpunktthemen, die Ihnen noch wenig vertraut sind. Das HMD Gesamt-Glossar finden Sie unter *http://hmd.dpunkt.de/glossar*.

Notizen

W3C Semantic Web

Das World Wide Web Consortium (W3C) hat das Resource Description Framework (RDF, siehe Glossar) entwickelt, »that allows data to be shared and reused accross application, enterprise, and community boundaries«. Neben diesem Framework sind Sprachen wie OWL (Web Ontology Language) oder SPARQL (SPARQL Protocol And RDF Query Language) entwickelt worden, um Ontologien (siehe Glossar) aufzubauen bzw. semantische RDF-Graphen abfragen zu können. Auf der Website des W3C zum semantischen Web findet der Interessierte neben technischen Anleitungen weiterführende Veranstaltungen, Literatur, Publikationen, Videos und Interviews zum Thema Semantic Web. Zudem kann jedermann einen RSS-Feed abonnieren, um über die Entwicklungen des Web 3.0 auf dem Laufenden zu bleiben.

Kontaktadresse: *www.w3.org/2001/sw/*

Kevin Kelly in Bild und Ton über Webperspektiven

Kevin Kelly, der bekannte Verfasser des Buches »Out of Control: The New Biology of Machines, Social Systems, and the Economic World« (siehe Film »The Matrix« von Andy und Larry Wachowski, 1999), hat im Rahmen der Northern California Grantmakers & The William and Flora Hewlett Foundation seine Sicht der Entwicklung des Web dargestellt. Das entsprechende Video kann unter Youtube inklusive einer anregenden Diskussion angeschaut werden (Dauer Referat ca. 23 Minuten, Diskussion ca. 20 Minuten). Kevin Kelly sieht das Web der Zukunft als eine einzige Maschine, die alle Dinge und uns Menschen verbindet und keinen Unterschied mehr zwischen virtueller und realer Welt entstehen lässt. Er beendet sein Referat mit:

- There is only One machine.
- The web is its OS.
- All screens look into the One.
- No bits will live outside the web.
- To share is to gain.
- Let the One read it.
- The One is us.

Auch wenn man mit einigen Aussagen von Kevin Kelly nicht einverstanden ist, lohnt sich das Verfolgen des Videos und der Diskussion.

Video über Web 3.0: *www.youtube.com/watch?v=J132shgIiuY*

Website von Kevin Kelly: *www.kk.org/*

Semantic Web Health Care and Life Sciences

Eine Interessengruppe des World Wide Web Consortium (W3C) nutzt die Errungenschaften des semantischen Web im Bereich eHealth und Medizin. Im Zentrum stehen der Aufbau von Ontologien für Patientinnen und Patienten, semantische Webapplikationen in der Neuromedizin oder der Aufbau von Online-Communities für Erfahrungs- und Wissensaustausch in der Gesundheitsversorgung.

Kontaktadresse: *www.w3.org/2001/sw/hcls/*

Prof. Dr. Andreas Meier
andreas.meier@unifr.ch

Semantic Web Challenge

Im Rahmen der internationalen Semantic-Web-Konferenz wird jedes Jahr eine Semantic Web Challenge durchgeführt. Vor sechs Jahren (2003) fand der erste Wettbewerb statt. Dieser Wettbewerb verfolgt das Ziel, anhand von Applikationen das Potenzial des semantischen Web aufzuzeigen und die semantischen Webtechnologien für Endbenutzer zu verbreiten. Dabei werden Applikationen ausgezeichnet, die heterogene und verteilte Daten nutzen, um einen Mehrwert für den Benutzer zu erzeugen. Eine weitere Bedingung zur Teilnahme ist, dass diese Applikationen formale Beschreibungen, die die Bedeutung der eigentlichen Daten interpretierbar machen, ausnutzen. Die nächste Semantic Web Challenge wird auf der neunten International Semantic Web Conference (ISWC 2010) in Shanghai, China, stattfinden.

Kontaktadresse:
http://challenge.semanticweb.org/

Open-Data-Bewegung
Die Open-Data-Bewegung zielt darauf ab, gewisse Informationen für jeden frei zugänglich und online verfügbar zu machen. Diese frei verfügbaren Informationen sollen ohne Restriktionen, wie Copyrights, Patente oder andere Kontrollmechanismen, als Open Data Sets zur Weiterverarbeitung zur Verfügung stehen. Wichtig ist, dass sich nicht absehen lässt, was mit den Informationen geschieht. Offenheit ist hier nicht nur eine idealistische Forderung, sie ist die Voraussetzung, damit das Potenzial der vorhandenen Informationen für das semantische Web besser genutzt werden kann. Die Bewegung hat einen ähnlichen Charakter, wie er in der Open-Source-Bewegung in Erscheinung tritt. Die Open-Source-Bewegung ermöglicht es, Programmcode effizienter und technisch besser zu entwickeln, die Open-Data-Bewegung versucht, mit Rekombination und Katalogisierung die Qualität der Information zu erhöhen.

Kontaktadresse:
http://en.wikipedia.org/wiki/ Open_Data

Das W3C SWEO Linking Open Data (LOD) Community Project
Die Hauptmotivation dieses Projektes ist die praktische Umsetzung der Prinzipien von Linked Data auf große Datenmengen unter den Mottos:

- Don't talk about the Semantic Web, but do it, NOW!
- Get as much Linked Data as possible online, NOW!
- Get as many people engaged as possible.
- Solve the easy problems first, do the hard ones later.

Das W3C SWEO Linking Open Data (LOD) Community Project ist ein kollaborativer Ansatz, der durch die Veröffentlichung von (Open) Data Sets im RDF-Format, dem Semantic Web eine bessere Akzeptanz verschaffen möchte. In Bezug auf das semantische Web stellen die verlinkten Open Data Sets die Basis dar, auf der neue Applikationen aufbauen können, um semantische Technologien einer breiten Öffentlichkeit näherzubringen.

Kontaktadresse: *http://esw.w3.org/topic/ SweoIG/TaskForces/CommunityProjects/Linking OpenData*

Dr. Urs Hengartner
urs.hengartner@canoo.com

Bücher

Dean Allemang, Jim Hendler
Semantic Web for the Working Ontologist
Effective Modeling in RDFS and OWL
Morgan Kaufmann Publishers, Burlington, 2008, 334 S., € 29,00, ISBN 978-0-12-373556-0

Dean Allemang ist Forscher in der Firma TopQuadrant Inc., USA, die sich mit Web Consulting, Schulung und Entwicklung auf dem Gebiet Semantic Web spezialisiert hat. Jim Hendler arbeitet als Professor am Cognitive Science Department des Rensselaer Polytechnic Institute in Troy, USA. Er ist ein ausgewiesener Experte auf dem Gebiet Semantic Web, Mitwirkender des W3C und Mitentwickler der Web Ontology Language OWL. Für beide Forscher ist es ein Anliegen, die Werkzeuge des Semantic Web nicht nur Informatikern und Wirtschaftsinformatikern näherzubringen, sondern allen Interessierten, die mit dieser Technologie arbeiten möchten. Mit diesem Anspruch ist das vorliegende Werk zu verstehen, das dem »Working Ontologist« bzw. dem Praktiker des Web 3.0 auf verständliche Art und mit erklärenden Beispielen eine fundierte Einführung ins Semantic Web und seine Sprachen gibt.

Das Werk ist in dreizehn Kapitel gegliedert. Die ersten beiden Kapitel führen auf einfache und verständliche Weise in die Themen Web, Semantic Data und Semantic Modeling ein. Insbesondere werden Modellierungsgrundsätze des Web diskutiert, da hier teilweise andere Regeln gelten als beispielsweise bei der Modellierung eines lokalen Informationssystems. Im Web gilt nach Allemang und Hendler nämlich der AAA-Slogan: Anyone can say Anything about Any topic. Bei der semantischen Modellierung im Web müssen demnach unterschiedliche, eventuell sogar individuelle Sachverhalte mitberücksichtigt werden. Als anschauliches Beispiel wird der Expertenstreit der Astrologen diskutiert, was nun eigentlich ein echter Planet sei und was nicht. Bei der semantischen Modellierung im weltumspannenden Web muss Pluto sowohl als Planet wie als Plutoid (eine Unterklasse der Zwergplaneten gemäß der International Astronomical Union) behandelt werden.

Kapitel 3 bis Kapitel 8 beschäftigen sich mit dem Resource Description Framework oder RDF. Dieses bildet die Basis von Wissensmodellen oder Ontologien, bei der Begriffe und Beziehungen zwischen Begriffen repräsentiert werden. Aussagen werden im RDF als Tripel aufgefasst, bestehend aus Ressource (Subjekt), Eigenschaft (Prädikat) und Objekt. Mit der Hilfe solcher Tripel kann ein Vokabular für eine bestimmte Anwendungsdomäne als gerichteter Graph aufgebaut und benutzt werden. Als Anwendungsbeispiele werden mit dem RDF soziale Netzwerke entwickelt, indem Individuen oder Eigenschaften miteinander kombiniert werden.

Die Web Ontology Language oder OWL wird in den Kapiteln 9 bis 11 vorgestellt und vertieft. Hier wird aufgezeigt, wie Fragen und Antworten formuliert werden. Wichtig dabei ist die Möglichkeit, Restriktionen z.B. auf Eigenschaften von Klassen ausdrücken zu können. So sind in OWL Restriktionen wie someValuesFrom oder allValuesFrom möglich. Im ersten Fall werden z.B. alle Individuen gesucht, für die mindestens eine Eigenschaft aus einem bestimmten Wertevorrat zutrifft. Mit diesen Sprachmöglichkeiten lassen sich komplexe Beziehungsmuster analysieren und neues Wissen ableiten. OWL ist mengenorientiert, d.h., es können Mengenoperationen wie Vereinigung, Durchschnitt oder Komplementärmenge gebildet werden. Als Beispiele werden Ontologien für unternehmensweite Architekturen oder für die Krebsforschung diskutiert.

Kapitel 12 fasst nochmals gute und schlechte Modellierungspraktiken für die Entwicklung semantischer Webanwendungen zusammen. Kapitel 13 verweist kurz auf weitere OWL-Dialekte und unterschiedliche Modellierungsphilosophien.

Das Werk von Allemang und Hendler ist für Praktiker geschrieben, die die Werkzeuge des Semantic Web (semantische Modellierung und

Sprachen für den Aufbau und die Benutzung von Ontologien) anwenden möchten. Mit anschaulichen Beispielen werden die Konzepte untermauert. Ohne mathematisch anspruchsvolle und logische Exkurse werden wichtige Grundlagen semantischer Modellierung und semantischer Sprachen vermittelt. Anstelle der vielen Anwendungsfälle wäre ein durchgehendes Fallbeispiel für das Verständnis und Interesse der Leserschaft wünschenswert. Trotz dieser Kritik ist dieses Werk für das angesprochene Zielpublikum (Praktiker mit dem Entwicklungswunsch für semantische Webanwendungen) herausragend.

Prof. Dr. Andreas Meier
Universität Fribourg
Departement für Informatik
Boulevard de Pérolles 90
CH-1700 Fribourg
andreas.meier@unifr.ch
http://diuf.unifr.ch/is

Andreas Blumauer, Tassilo Pellegrini (Hrsg.)
Social Semantic Web
Web 2.0 – Was nun?
Springer-Verlag, Berlin, 2009, 509 S., € 49,95, ISBN 978-3-540-72215-1

Das Buch Social Semantic Web richtet sich nach Meinung der Herausgeber an interessierte Laien und themenfremde Experten, die sich ein differenziertes Bild über die technologischen und methodischen Entwicklungen, Anwendungen und Möglichkeiten des Social Semantic Web machen wollen. Das Herausgeberwerk ist in vier Abschnitte gegliedert mit insgesamt 24 Beiträgen verschiedener Autoren.

Abschnitt I bietet einen Einstieg in das Thema Social Semantic Web und Web 2.0. Im ersten Beitrag erläutern die Herausgeber, was unter Social Semantic Web zu verstehen ist, nämlich »die funktionelle Erweiterung von Social Software zur strukturierten Anreicherung von Web 2.0 Content mit maschinenverarbeitbaren Metadaten« (Semantically Enabled Social Software) bzw. »die kollaborative Bereitstellung von großen strukturierten Datenbeständen zur Ermöglichung von Mashups und Rich Content Applikationen« (Socially Enabled Semantic Web). Beitrag 2 geht auf die Geschichte des Web 2.0 ein und Beitrag 3 auf dessen Entwicklungsperspektiven, insbesondere für Unternehmen. Beitrag 4 erläutert die Anwendungen (z.B. Blogs, Wikis, Podcasts) und Technologien des Web 2.0 (z.B. Mikroformate, RSS, Mashups, Ajax). Beitrag 5 betrachtet Rich Internet Applications aus Sicht der Usability und Beitrag 6 leitet mit der Zusammenführung des Web 2.0 und Semantic Web zum Abschnitt II über.

Abschnitt II gibt einen Überblick über die zentralen Technologien und Methoden des Social Semantic Web. Der lesenswerte Beitrag 7 behandelt die Wissensmodellierung (Wissensorganisation) im Semantic Web und geht auf unterschiedliche Ordnungs- und Relationstypen sowie auf Begriffslisten, Klassifikationen und auf Spezifikationen (RDF, OWL) ein. Beitrag 8 fokussiert auf das semantische HTML, auf Mikroformate und auf das Framework RDFa. Der 9. Beitrag thematisiert die Modellierung des Anwenderverhaltens und der 10. Beitrag das Auffinden von Experten (anhand von RDF-Vokabularen und -Ontologien). Besonders erwähnenswert ist der 11. Beitrag, der das Thema semantische Content-Management-Systeme behandelt. Gams und Mitterdorfer erläutern die neuen Herausforderungen an CM-Systeme (z.B. Integration neuer Content-Quellen, Wissensmanagement, Metadaten, Suche, Klassifikation und Personalisierung von Inhalten) und stellen als Lösungsvorschlag eine generische Systemarchitektur vor, die einerseits Inhalte für das Semantic Web generiert, andererseits Content aus dem Web 2.0 syndiziert. Um die Tag-Recommender-gestützte Annotation von Webdokumenten geht es in Beitrag 12. Beitrag 13 geht näher auf semantische Wikis ein und Beitrag 14 auf semantische Mashups auf Basis vernetzter Daten.

Abschnitt III thematisiert bestehende Anwendungen und Perspektiven im Social Semantic Web. Die Beiträge 15 bzw. 16 starten mit der Beschreibung der »Plattform Wissensmanagement« bzw. von explorativen, visuell orientierten Tools und Analysen. Beitrag 17 geht näher auf die Idee, Inhalte, Komponenten und Realisierung eines Semantic Desktop ein, wo persönlich relevante Daten aus verschiedenen Quellen integriert werden. Beitrag 18 widmet sich den Social-Bookmarking-Systemen, wobei auf die Funktionsweise und Architektur des kooperativen Verschlagwortungssystems BibSonomy eingegangen wird. Dank Folksonomies (Tagging, Lesezeichenverwaltung) können Wissenschaftler und Forschungsinstitute unter *www.bibsonomy.org* ihre Literaturrecherche und -verwaltung mit anderen Benutzern, z.B. mit ähnlichen Interessen, austauschen und optimieren. Beitrag 19 (Semantic Wikipedia) erläutert, wie Wissen mit MediaWiki erfasst, mit semantischen Attributen und Beziehungen angereichert, strukturiert, abgefragt und exportiert werden kann. Beitrag 20 wagt einen visionären Blick in die Zukunft und erahnt Szenarien, wie künftig Zeitung gelesen werden könnte, nämlich online und auf einer biegsamen Folie mit elektronischer Tinte. Dabei werden die semantische Annotation (z.B. Tagging von Zeitungsartikeln) und die semantische Suche wohl eine wichtige Rolle spielen. Beitrag 21 macht einen Ausflug in die biomedizinische Forschung und beantwortet die Frage, wie deren große Mengen an Webdaten anhand von Ontologien effizient verarbeitet, organisiert und genutzt werden können.

In Abschnitt IV behandelt Beitrag 22 kommunikationssoziologische Reflexionen und der einzige englischsprachige Beitrag 23 taucht ein in die Welt des Data Mining. Der letzte Beitrag spricht berechtigt den komplizierten Punkt der »Privacy« an. Im Zusammenspiel zwischen Recht, Ethik und Technik sollen private Daten im Social Semantic Web (zum Schutz der Privatsphäre) kontrolliert preisgegeben und deren Nutzungszweck bzw. -recht in Datenschutzgesetzen und -richtlinien (zum Schutz vor Missbrauch) angemessen geregelt werden. Bei der Diskussion um die Bedeutung des Privaten müssen die Nutzer eingebunden werden.

Fazit: Das Buch Social Semantic Web ist thematisch ziemlich breit angelegt und bietet Webinteressierten daher eine große Auswahl an vielversprechenden Themen, wobei für jedermann das eine oder andere interessante Thema dabei ist. Es werden einige spannende Fragen aufgeworfen, über die im angebrochenen Jahrzehnt sicherlich noch viel geschrieben und geforscht wird. Webexperten und Wirtschaftsinformatiker lernen im Buch jedoch nicht viel Neues und die wenig aufeinander abgestimmten Beiträge bleiben leider oft oberflächlich.

Darius Zumstein M.A.
Universität Fribourg
Information Systems Research Group
Boulevard de Pérolles 90
CH-1700 Fribourg
darius.zumstein@unifr.ch
http://diuf.unifr.ch/is/

John Davies, Rudi Studer, Paul Warren (Hrsg.)
Semantic Web Technologies
Trends and Research in Ontology-based Systems
John Wiley & Sons, Ltd, Chichester, 2006, 326 S., € 79,90, ISBN 978-0-470-02596-3

Dr. John Davies leitet die Forschungsgruppe Next Generation Web bei British Telecom (BT). Sein aktueller Forschungsschwerpunkt sind Applikationen des Semantic Web, Wissensmanagement und semantische Webservices. Er ist Mitorganisator der European Semantic Web Conference, Projektleiter des SEKT-EU-integrated-Projektes (Semantically-Enabled Knowledge Technologies) und hat mehrere Bücher und Arbeiten zu seiner Forschung verfasst. Rudi Studer ist Professor am Institut für Angewandte Informatik und formale Beschreibungsverfahren (AIFB) der Universität Karlsruhe (TH). Seine

Forschungsrichtung umfasst Wissensmanagement, Semantic-Web-Technologien und -Anwendungen, Ontologiemanagement, Data and Text Mining, Service Science und Semantic Grid. Auch er verfasste mehrere Beiträge zum Themengebiet Semantic Web. Paul Warren arbeitet innerhalb des IT Future Centre bei BT und ist zurzeit Projektdirektor des von der EU geförderten Forschungsprojektes ACTIVE. Paul Warren hat mehrere Arbeiten im Bereich Technologiemanagement, Technologieanalyse und semantischer Technologien geschrieben.

Die drei Herausgeber haben einen vielfältigen, auf Beispielen aufgebauten Sammelband über anwendbare Technologien des Semantic Web zusammengestellt. Das Buch gibt einen umfassenden Überblick über das Forschungsgebiet und die aktuellen Schlüsseltechnologien.

Das Buch ist eine Sammlung von Artikeln verschiedener Autoren, die in 14 Kapitel gegliedert sind. Der Fokus liegt auf Diskussionen der Datensuche im Web und der Schlussfolgerungen der damit verbundenen Datenkonsistenz. Es wird dabei untersucht, wie semantische Technologien im Wissensmanagement angewendet werden und wie die nächste Generation von Webapplikationen mit Informationen im Web umgehen wird.

Nach zwei einführenden Kapiteln wird in Kapitel 3 (Semantic Annotation and Human Language Technology) qualitativ gut die Problematik semantischer Annotation aufgezeigt und eine Fülle verdichteter Fakten mit aktuellen Referenzen angeboten.

Das Kapitel 4 (Ontology Evolution) ist besonders interessant und originell, da eine in der Literatur wenig beschriebene Art der Evolution einer Ontologie vorgestellt wird. Die Kapitel 5 (Reasoning With Inconsistent Ontologies: Framework, Prototype, and Experiment), Kapitel 6 (Ontology Mediation, Merging, and Aligning), Kapitel 7 (Ontologies for Knowledge Management) und Kapitel 9 (Ontology Engineering Methodologies) diskutieren die Grundprobleme beim Aufbau von systematischen Ontologien ausführlich. Vertieft werden die (halb-)automatische Generierung und Extraktion von Metainformationen mit der dazugehörenden Verwaltung der dabei entstandenen Ontologien behandelt.

Das Kapitel 8 (Semantic Information Access) und das Kapitel 10 (Semantic Web Services – Approaches and Perspectives) zeigen im Detail, wie die semantische Webtechnologie den Zugriff auf die Information durch Webservices hardwareunabhängig ermöglichen kann.

Die Kapitel 11 bis Kapitel 13 präsentieren drei Fallstudien, die die in den vorangegangenen Kapiteln besprochenen Technologien anwenden. Die erste und anschaulichste ist dabei die Fallstudie einer digitalen Bibliothek. In Kapitel 12 wird als zweite Fallstudie ein ontologiebasiertes System mit Aufgaben in Bezug auf das spanische Gerichtswesen erstellt. In Kapitel 13 wird eine interessante Applikation für die semantische Mediation (Zusammenführung von verschiedenen Ontologien und deren semantischer Konfliktbewältigung) aus dem Bereich der Telekommunikationsindustrie vorgestellt.

Das Buch eignet sich für Studenten, Wissenschaftler und Industrieforscher, die sich über die neuesten Entwicklungen der Webtechnologien informieren und mögliche Auswirkungen auf eBusiness-Systeme frühzeitig entdecken möchten.

Für den Leser ist nicht gleich klar, dass es sich bei diesem Werk um einen Sammelband handelt, da im Inhaltsverzeichnis keine Hinweise auf die Autoren der Kapitel gegeben werden. Trotz einer beeindruckenden Gruppe von ausgewiesenen Autoren des Themengebietes sind die Kapitel von recht unterschiedlicher Qualität. Meine eigene Erfahrung hat gezeigt, dass nur wenige Sammelbände von Artikeln zu einem bestimmten Themengebiet aussagekräftige und nützliche Beiträge zu jedem Kapitel liefern. Da ist auch dieses Werk keine Ausnahme, aber alles in allem wird doch eine recht gute Gesamtnote erreicht, die es lohnenswert macht, dieses Buch zu beschaffen.

*Pascal Hitzler, Markus Krötzsch,
Sebastian Rudolph, York Sure*

Semantic Web

Grundlagen

Springer-Verlag, Heidelberg, 2008, 277 S., € 24,95,
ISBN 978-3-540-33993-9

Das Autorenteam hat den erfolgreichen Versuch unternommen, ein weitgehend vollständiges Bild über die Technologien und Standards, auf denen das Semantic Web beruht, zu sammeln und zu beschreiben. Dies war bislang nur durch mühsame Internetrecherchen und das Kombinieren von unterschiedlichen Informationen möglich. Die Autoren sind Mitarbeiter am Institut für Angewandte Informatik und Formale Beschreibungsverfahren (AIFB) der Universität Karlsruhe (TH). Die Schwerpunkte der Forschungsgruppe sind intelligente Methoden zur Unterstützung des Wissensmanagements sowie die Realisierung der Vision des Semantic Web.

Durch Verwendung neuer Technologien soll die vorhandene Information im heutigen World Wide Web um eine formal maschinenlesbare Semantik ergänzt werden. Dadurch soll eine Grundlage für den Aufbau einer globalen Wissensdatenbank mit automatisierten Schlussfolgerungen geschaffen werden. Suchmaschinen können dann die unterschiedlichen Bedeutungen eines Begriffes, wie z.B. »Jaguar«, unterscheiden. Die Autoren legen dabei das Hauptgewicht in ihrem Buch auf die W3C-Standards Extensible Markup Language (XML), Resource Description Framework (RDF) und Web Ontology Language (OWL). Diese bilden gegenwärtig die wichtigsten Komponenten des Semantic Web und werden schon heute in verschiedenen Applikationen vielfältig eingesetzt.

Das Werk ist ein Lehrbuch und zeichnet sich durch eine übersichtliche und klare Gliederung in sechs Hauptkapitel aus. Im ersten Kapitel wird auf die Motivation zu einer Ergänzung des heutigen Web mit semantischen Annotationen mit Metadaten eingegangen. In den Kapiteln 2 bis 6 werden dann die W3C-Standards XML, RDF und OWL und deren formale Bedeutung in einer verständlichen, aber äußerst fundierten Form besprochen. Da diese Technologien gewissermaßen aufeinander aufbauen, ist es wichtig, dass der Leser auf eine einprägsame Art in die jeweilige Thematik der Standards eingeführt wird. Dies gelingt den Autoren anhand von vielen einleuchtenden Beispielen in einer guten Weise. Die Autoren bemühen sich dabei um einen Mittelweg zwischen wissenschaftlichem Anspruch und Praxisrelevanz. Dem Leser wird dabei die Denkarbeit nicht abgenommen und gerade die Spezifikationen, die in Kapitel 4 (Formale Semantik von RDF(S)) und in Kapitel 6 (Formale Semantik von OWL) behandelt werden, sind recht anspruchsvoll. Die Grundverständnisse der Konzepte in diesen Kapiteln kann sich der Leser trotzdem gut erarbeiten, da am Ende jedes Kapitels hilfreiche Übungsaufgaben als Ergänzung und zur Überprüfung des Lernfortschritts mitgegeben werden. Dazu gehören zum Beispiel die Validierung einer Beispielspezifikation oder die Modellierung von Pizza-Beilagen.

Das Buch ist nicht bloß eine Referenz oder eine Übersetzung der frei verfügbaren Spezifikationen und Dokumentationen des W3C (World Wide Web Consortium), vielmehr liefern die angegebenen praxisrelevanten Beispiele und Übungsaufgaben neben der technischen Sicht auch einen anschaulichen Zugang zu den Technologien. Eine dafür eigens eingerichtete Webseite *(http://semantic-web-grundlagen.de/)* unterstützt den Leser. Es werden dort weiterführende Quellen, eine Mailingliste für offene Fragen, ausgewählte Lösungen und der Zugang zu Vorlesungsfolien des Lehrbuches angeboten.

In der heutigen Informationsgesellschaft ist das World Wide Web zu einem wichtigen und unabdingbaren Eckpfeiler der Gesellschaft geworden. Das Semantic Web könnte sich dabei zu einem nützlichen Werkzeug entwickeln, mit dem künftig die wachsende Informationsflut eingedämmt, organisiert und strukturiert werden könnte. Die Autoren Hitzler, Krötzsch, Rudolph und Sure führen in die Hauptkomponenten der Architektur dieses neuen Web ein. Anhand vieler anschaulicher Beispiele und Erläuterungen wird dem Leser ein guter Einstieg in die Herausforderungen der Technologie gegeben. Dieses Lehrbuch eignet sich sowohl für Studenten der Informatik als auch für interessierte Praktiker, die sich mit den neuen Webtechnologien auseinandersetzen wollen. Das Buch motiviert für die vertiefte Auseinandersetzung und Anwendung der Konzepte der neuen »Web-Welt«.

Weitgehend unberührt bleibt aber das »Social Semantic Web« und die Frage, wie man Metadaten und Ontologien kostengünstig erstellen und auf eine vernünftige Art und Weise zeitaktuell halten kann. Trotz dieser Kritik ist das besprochene Buch eine hervorragende Quelle, um in die Technologien des Semantic Web einzusteigen.

Dr. Urs Hengartner
Canoo Engineering AG
Kirschgartenstr. 5
CH-4051 Basel
urs.hengartner@canoo.com
www.canoo.com

Vorschau*

HMD 272: Materialwirtschaft & Produktion (04/10)

- Überblick: Materialwirtschaft & Produktion
- Die Future Factory Initiative der SAP
- Vertikale Integration in der chemischen Industrie
- Kanban mit RFID: 3 Praxisbeispiele
- Webbasierte Fertigungssteuerung in der Praxis
- Erfolgsfaktor Integration in der Disposition
- Integriertes Master Planning mit SAP APO

HMD 273: IT-basiertes Innovationsmanagement (06/10)

IT ist nicht nur Gegenstand vieler Innovationen, sondern auch Werkzeug für das Management der hierzu führenden unternehmerischen Aktivitäten. Unter dem Stichwort IT-basiertes Innovationsmanagement wird eine Vielzahl an Anwendungen und Konzepten verstanden, die das Trendmonitoring, Foresight-Prozesse, den dazugehörigen Wissensaustausch und das Management von Erfahrungswissen, die Handhabung und kostenoptimierte Abwicklung des Gesamtprozesses sowie die Vernetzung von unterschiedlichen Beteiligten auch aus unterschiedlichen Unternehmen unterstützen. Ein wesentlicher Trend ist auch die Realisierung von Open-Innovation-Konzepten. Dynamische Entwicklungen existieren ebenfalls im Bereich neuartiger Simulations- und Visualisierungswerkzeuge aus dem Bereich des Virtual Prototyping und des gesamten Virtual Engineering. Von Interesse sind zudem Ansätze, das Innovationscontrolling technologisch zu optimieren.

Dieses Schwerpunktheft zeigt den aktuellen Status der Realisierung des IT-basierten Innovationsmanagements unter der Perspektive der Wirtschaftsinformatik auf. Es stellt wichtige Entwicklungslinien und Anwendungsbereiche vor und beschreibt wesentliche Erfahrungen aus Projekten mit Leuchtturmcharakter bzw. Fallstudien.

Dr. Josephine Hofmann
josephine.hofmann@iao.fhg.de

HMD 274: Green Computing & Sustainability (08/10)

Neben der wirtschaftlichen und sozialen Dimension unternehmerischen Handelns kommt der Wirtschaftsinformatik auch im Bereich der ökologischen Dimension eine herausragende Rolle zu. So ist sie zum einen dafür verantwortlich, Energieeffizienz und Nachhaltigkeit bei der Gestaltung von Informationsinfrastrukturen maßgeblich zu berücksichtigen, zum anderen nimmt sie eine Schlüsselrolle ein, wenn es darum geht, in anderen Unternehmensbereichen und ganzen Wertschöpfungsnetzwerken durch Nutzung von Optimierungspotenzialen Ressourcenschonung und Energieeffizienz herbeizuführen. Nicht zuletzt ist sie zudem zuständig dafür, eine der ökologischen Dimension Rechnung tragende Informationslogistik bereitzustellen und durch betriebliche Umweltinformationssysteme (BUIS) aktiv zu unterstützen. BUIS stellen eine notwendige Voraussetzung für die erfolgreiche Etablierung eines betrieblichen Nachhaltigkeitsmanagements in Unternehmen dar. Durch systematische Erfassung, Verarbeitung und Bereitstellung umweltrelevanter Informationen unterstützen sie einerseits die informatorische Absicherung unternehmerischer Entscheidungen und bilden andererseits die Basis für eine entsprechende Kommunikation und Berichterstattung.

Das Schwerpunktheft HMD 274 beleuchtet verschiedene Aspekte der ökonomischen und ökologischen Dimension des Nachhaltigkeits-

---

* Änderungen vorbehalten

managements in Unternehmen und Wertschöpfungsnetzwerken durch und mit Informationsverarbeitung. Es behandelt und diskutiert Forschungsfragen, Perspektiven und State-of-the-Art-Anwendungen in diesem Feld.

> Prof. Dr.-Ing. Jorge Marx Gómez
> jorge.marx.gomez@uni-oldenburg.de
>
> Prof. Dr. Susanne Strahringer
> susanne.strahringer@tu-dresden.de
>
> Prof. Dr. Frank Teuteberg
> frank.teuteberg@uni-osnabrueck.de

HMD 275: Cloud Computing & SaaS (10/10)

Software as a Service – SaaS – und Cloud Computing: Was steckt hinter diesen Schlagwörtern? Handelt es sich nur um neue Distributionsmodelle oder verbergen sich dahinter innovative und zukunftsfähige Geschäftsmodelle für die Softwarebranche und ihre Kunden? Welches Selbstverständnis von Softwareherstellern steckt dahinter? Warum und wie entwickeln sie sich von Produkterstellern und -vertreibern zu Dienstleistern? Welche operativen, wirtschaftlichen und rechtlichen Implikationen resultieren für IT-Abteilungen und Anwender aus SaaS und Cloud Computing? Wie werden die Konzepte umgesetzt und welches Entwicklungspotenzial steckt in den Ansätzen? Löst SaaS die klassische Standard- oder Individualsoftwaredistribution ab und welche Auswirkungen hat es auf die Softwareentwicklung? Ersetzt Cloud Computing große firmeneigene Serverfarmen? Welche Abhängigkeiten und Beziehungen bestehen zwischen SaaS und Cloud Computing?

HMD 275 wird diesen Fragen nachgehen, Umsetzungsbeispiele vorstellen und fundierte Konzepte präsentieren. Praktiker aus IT, Geschäftsleitung, Business Development und Controlling werden aus dieser HMD-Ausgabe Implikationen und Anregungen für ihr Tagesgeschäft, unternehmensinternes Optimierungspotenzial oder neue Geschäftsoptionen ableiten können. Für Akademiker wird der Status quo und weiteres Forschungspotenzial aufgezeigt werden. Der interessierte Branchenfremde wird einen breit gefächerten Überblick über eine weitere interessante Ausbaustufe der Internettechnologie und ihre Einsatzmöglichkeiten erhalten.

> Hans-Peter Fröschle M.A.
> hpf@i-t-consult.de
>
> Dr. Stefan Reinheimer
> sr@bik.biz

HMD 276: Geo-Spatial Web (12/10)

> Kontakt: Karl Rehrl
> karl.rehrl@salzburgresearch.at
>
> Dr. Siegfried Reich
> siegfried.reich@salzburgresearch.at

Neben dem jeweiligen Schwerpunkt werden auch andere aktuelle Themenstellungen behandelt.

Wenn Sie zu einem der oben genannten Hefte einen Beitrag leisten wollen oder Anregungen haben, wenden Sie sich bitte an den zuständigen Herausgeber oder die Redaktion (Anschrift siehe Impressum). Wenn Sie sichergehen wollen, dass Ihr Vorschlag bei entsprechender Eignung berücksichtigt werden kann, wenden Sie sich bitte spätestens ca. 6–8 Monate vor Erscheinungstermin des jeweiligen HMD-Heftes an uns.

Stichwortverzeichnis

Dieses Stichwortverzeichnis umfasst alle HMD-Beiträge ab Heft 271 (Februar 2010). Stichwörter vor Heft 271 finden Sie im Jahresregister 2005–2009 unter http://hmd.dpunkt.de/archiv.

A
Augmented Learning 271/102
Automatische Kategorisierung 271/70

B
Blended Learning 271/102
Business Intelligence (BI) 271/91

C
Callcenter 271/91
Computerlinguistik 271/35

D
Datenintegration 271/59
Dokumentenklassifikation 271/35

E
eLearning 271/102
Extraktion 271/81

F
Fact Recognition 271/35
Folksonomy 271/26, 47, 81
Frühwarnsystem 271/91

G
Gewährleistung 271/91

H
Hybridstrukturen 271/102

I
Information Retrieval 271/13, 47, 70
Information-on-Demand (IOD) 271/91
Informationsextraktion 271/70
Inverse Dokumentenhäufigkeit 271/70

K
Kartografie 271/81
Keyword Recognition 271/35

L
Linked Data 271/59

M
Map Reduce 271/26
Mashups 271/59
Mixed Worlds 271/102

N
Networking 271/26

O
Ontologien 271/6, 35, 81

P
Personalentwicklung 271/102
Publication Management 271/47

R
Ressourcenbeschreibungen 271/6

S
Semantic Search 271/13
Semantic Web 271
Semantisches Tagging 271/70
Social Bookmarking 271/47
Social Tagging 271/26
Soziale Netzwerke 271/26
Soziale Webanwendungen 271/6
Suchmaschinen 271/13

T
Tag 271/26
Tagging 271/35, 47
Text Mining 271/35, 91
Textanalysen 271/91

U
Unscharfe Segmentierung 271/81
Unstrukturierte Daten 271/91

V
Vertrauen 271/6
Videosuche 271/13
Visualisierung 271/81

W
Web 2.0 271/47
Web 3.0 271
Webbasierte Systeme 271/59
Weblog 271/81
Wikipedia 271/70
Wortformenanalyse 271/70

X
XING 271/26

Impressum

HMD – Praxis der Wirtschaftsinformatik wurde 1964 als »Handbuch der maschinellen Datenverarbeitung« gegründet. Ab Heft 150 bis Heft 201 lautete der Titel »HMD – Theorie und Praxis der Wirtschaftsinformatik«. – ISSN 1436-3011 – 47. Jahrgang – ISBN 978-3-89864-624-6

Verlag und Vertrieb: dpunkt.verlag GmbH • Ringstraße 19 b • 69115 Heidelberg • Tel. 0 62 21/14 83 40 • Fax 0 62 21/14 83 99 • wilbert@dpunkt.de

HMD-Redaktion: Nina Lötsch • Christa Preisendanz • HMD@dpunkt.de • http://hmd.dpunkt.de

Anzeigen: Julia Griebel • Vanessa Wittmer • Tel. 0 62 21/14 83 30 anzeigen@dpunkt.de

Anzeigenpreisliste Nr. 28 vom 1. 1. 2010.

Herausgeber:
Prof. Dr. Susanne Strahringer (verantwortliche Schriftleitung) • Technische Universität Dresden • Fakultät Wirtschaftswissenschaften • Lehrstuhl Wirtschaftsinformatik, insb. Informationssysteme in Industrie und Handel • 01062 Dresden • Tel. 0351/46334990 • Mobil 0172/6649145 • Susanne.Strahringer@tu-dresden.de
Hans-Peter Fröschle M.A. • i.t-consult GmbH • Alexanderstr. 20 • 70184 Stuttgart • Tel. 0711/7829595-10 • Mobil 0171/3197810 • hpf@i-t-consult.de • www.i-t-consult.de
Prof. Dr. Knut Hildebrand • Hochschule Darmstadt • Fachbereich Wirtschaft • Schöfferstr. 10 • 64295 Darmstadt • Tel. 06151/16-8395 • Mobil 0177/3884400 • knut.hildebrand@t-online.de
Dr. Josephine Hofmann • Competence Center Business Performance • Fraunhofer-Institut für Arbeitswirtschaft und Organisation, Stuttgart • Tel. 0711/970-2095 • Mobil 0175/4118277 • josephine.hofmann@iao.fraunhofer.de • www.businessmanagement.iao.fhg.de
Prof. Dr. Andreas Meier • Universität Fribourg • Bd de Pérolles 90 • CH-1700 Fribourg • Tel. 0041/26/3008322 • andreas.meier@unifr.ch
Dipl.-Kfm. Stefan Meinhardt • SAP Deutschland AG & Co. KG • Hasso-Plattner-Ring 7 • 69190 Walldorf • Tel. 06227/74/3801 • Mobil 0171/3363279 • stefan.meinhardt@sap.com • http://www.sap.de • http://www.sap.de/consulting
Dipl.-Physiker Michael Mörike • Vor dem Kreuzberg 28 • 72070 Tübingen • Tel. 0172/7400482 • michael.moerike@gmx.de • www.moerike.net
Univ.-Doz. Dr. Siegfried Reich • Salzburg Research Forschungsgesellschaft m.b.H. • Jakob-Haringer-Straße 5/III • A-5020 Salzburg • Tel: +43 662 2288 211 • Fax: +43 662 2288 222 • siegfried.reich@salzburgresearch.at • www.salzburgresearch.at

Dr. Stefan Reinheimer • BIK GmbH • Kersbacher Weg 6 • 90482 Nürnberg • Tel. 0911/58 672 34 • Mobil 0179/59 693 24 • sr@bik.biz • www.bik.biz
Prof. Dr. Heinz Sauerburger • Hochschule Furtwangen • Gerwigstraße 11 • 78120 Furtwangen • Tel. 0171/5515974 • sauerburger@fh-furtwangen.de

Gastherausgeber:
Dr. Urs Hengartner • Canoo Engineering AG • Kirschgartenstr. 5 • CH-4051 Basel • urs.hengartner@canoo.com • www.canoo.com

Copy-Editing: Ursula Zimpfer, Herrenberg
Satz und Herstellung: Frank Heidt
Umschlaggestaltung: Helmut Kraus, Düsseldorf
Druck: Media-Print Informationstechnologie, Paderborn

Bezugsbedingungen (Stand 1. 1. 2010): Erscheinungsweise: 6 Ausgaben pro Jahr • Lieferung im Jahresabonnement gegen Vorausberechnung. 6 Lieferungen = € 122,00 (D) zzgl. Versandpauschale (Inland € 9,40, Ausland € 15,00). Schuber € 8,00; der Schuber ist gesondert zu bestellen. Das Abonnement verlängert sich zu den jeweils gültigen Bedingungen um ein Jahr, wenn es nicht 8 Wochen vor Ablauf des Bezugszeitraums schriftlich gekündigt wird. ASQF-/GI-/SwissICT-/DOAG-/itSMF- und BITKOM-Mitglieder erhalten eine Ermäßigung von 25 %, Studenten erhalten eine Ermäßigung von 50 % auf das Abo. Einzelheft € 24,00 (D) zzgl. Versandkosten.

Die Zeitschrift sowie alle in ihr enthaltenen einzelnen Beiträge und Abbildungen sind urheberrechtlich geschützt. Jede Verwertung, die nicht ausdrücklich vom Urheberrechtsgesetz zugelassen ist, bedarf der vorherigen Zustimmung des Verlags. Fotokopien für den persönlichen und sonstigen eigenen Gebrauch dürfen nur von einzelnen Beiträgen oder Teilen daraus als Einzelkopien hergestellt werden. Jede im Bereich eines gewerblichen Unternehmens hergestellte oder benützte Kopie dient gewerblichen Zwecken gemäß § 54 (2) UrhG und verpflichtet zur Gebührenzahlung an die VG WORT, Abteilung Wissenschaft, Goethestraße 49, 80336 München, von der die Zahlungsmodalitäten zu erfragen sind.

Die Wiedergabe von Warenbezeichnungen in dieser Zeitschrift berechtigt auch ohne Kennzeichnung nicht zu der Annahme, dass solche Namen im Sinne der Warenzeichen- und Markenschutzgesetzgebung als frei zu betrachten wären.